KATYŃ

W serii historycznej Rebisu ukazały się m.in.

Mark Sołonin

22 CZERWCA 1941,
CZYLI JAK ZACZĘŁA SIĘ WIELKA WOJNA OJCZYŹNIANA

23 CZERWCA. DZIEŃ „M"
NA UŚPIONYCH LOTNISKACH...

Wiktor Suworow

CIEŃ ZWYCIĘSTWA
COFAM WYPOWIEDZIANE SŁOWA
AKWARIUM
LODOŁAMACZ
DZIEŃ „M"
OSTATNIA REPUBLIKA
OSTATNIA DEFILADA
WYZWOLICIELE

Matthew Parker

MONTE CASSINO

Marek Grajek

ENIGMA

Tadeusz A. Kisielewski

ZAMACH
ZABÓJCY
KATYŃ
GIBRALTAR I KATYŃ

Andrew Nagorski

NAJWIĘKSZA BITWA

Kenneth Slepyan

PARTYZANCI STALINA

Bryan Perrett

RYCERZE CZARNEGO KRZYŻA

Richard Hargreaves

NIEMCY W NORMANDII

Łukasz Piechocki

NIEMIECKA BROŃ V-1 I V-2

TADEUSZ A. KISIELEWSKI

KATYŃ

ZBRODNIA I KŁAMSTWO

REBIS
DOM WYDAWNICZY REBIS
Poznań 2010

Redaktor
Grzegorz Dziamski

Opracowanie graficzne i projekt okładki
Zbigniew Mielnik

Fotografie na okładce
© Peter Turnley/CORBIS
© CORBIS

Fotografie na wkładce
Instytut Zachodni – Archiwum II Wojny Światowej

Wydanie I (dodruk)

ISBN 978-83-7510-219-2

Dom Wydawniczy REBIS Sp. z o.o.
ul. Żmigrodzka 41/49, 60-171 Poznań
tel. 61-867-47-08, 61-867-81-40; fax 61-867-37-74
e-mail: rebis@rebis.com.pl
www.rebis.com.pl
Fotoskład: *Akapit*, Poznań, ul. Czernichowska 50B, tel. 61-879-38-88

Olegowi Zakirowowi,
wnukowi wroga ludu, majorowi KGB,
który dla wyjaśnienia sprawy katyńskiej
poświęcił więcej niż ktokolwiek z żyjących

Dzieje nie przekazały nam wypadku tak totalnego mordu,
dokonanego w sposób tak nikczemny i w jeszcze bardziej
nikczemny sposób zatajonego.

Zygmunt Nowakowski, *Castrum doloris*

Co jest moralnie złe, nie może być politycznie dobre.

Abraham Lincoln

SPIS TREŚCI

PRZEDMOWA

Europa do tej pory jest pod wpływem wstrząsu, jaki wywołała masakra w Srebrenicy w lipcu 1995 roku. Serbscy żołnierze dowodzeni przez Nasera Oricia wymordowali wówczas około ośmiu tysięcy muzułmańskich Bośniaków, dorosłych mężczyzn, chłopców i starców. Stacjonujący tam holenderski oddział UNPROFOR* nie bronił ich, do czego był zobowiązany. Jego dowódca, pułkownik Tom Karremans, tłumaczył się później, że UNPROFOR nie udzielił mu wsparcia lotniczego (zdecydował o tym francuski generał Bernard Janvier), ponadto zależało mu na ocaleniu trzydziestu holenderskich żołnierzy wziętych do niewoli przez Serbów, którzy zagrozili, że ich zabiją. Generał Ratko Mladić jako warunek ich uwolnienia postawił ewakuowanie z holenderskiego obozu wojskowego tysięcy Bośniaków, po uprzednim rozbrojeniu mężczyzn. 13 lipca, gdy zapasy żywności w obozie zaczęły się kończyć, a pogarszające się warunki sanitarne groziły wybuchem epidemii, Holendrzy przyjęli propozycję Mladicia, który obiecał, że ewakuacja uchodźców w głąb strefy bośniackiej będzie przeprowadzona humanitarnie. Jednak Serbowie natychmiast oddzielili mężczyzn – w wieku od

---

* United Nations Protection Force – Siły Ochronne Narodów Zjednoczonych (w byłej Jugosławii).

12 do 77 lat – od kobiet i dzieci, a następnie rozpoczęli trwającą kilka dni masakrę. Między innymi w Grbavicy zabili około tysiąca osób strzałami w tył głowy, a 16 lipca rozstrzeliwania na farmie Braniewo trwały pięć godzin. Do tej daty włącznie Serbowie zamordowali przynajmniej 7414 Bośniaków. Dopiero wtedy pozwolili holenderskim żołnierzom wyjść z obozu w Potocari, bez broni i sprzętu.

Masakra w Srebrenicy była największą zbrodnią wojenną w Europie po 1945 roku.

W kwietniu i maju 1940 roku sowiecki NKWD zamordował w Katyniu 4410 polskich jeńców wojennych, niemal wyłącznie oficerów, wziętych do niewoli głównie we wrześniu 1939 roku. W tym samym czasie dokonano egzekucji polskich jeńców i więźniów w Charkowie, Twerze, Kijowie i kilku innych, znanych i nie poznanych jeszcze miejscach w Związku Radzieckim – łącznie zginęło w nich 21 857 osób, trzy razy tyle, ile w Srebrenicy i jej okolicach. Europejska, a nawet polska opinii publiczna niewiele wie o tej zbrodni; w najlepszym razie wiedza ta ogranicza się do samego Katynia.

Winni masakry w Srebrenicy stają kolejno przed Międzynarodowym Trybunałem Karnym dla byłej Jugosławii w Hadze, chociaż wspólnota międzynarodowa wciąż ma opory przed doprowadzeniem tam dwóch głównych podejrzanych: Radovana Karadžicia i Ratko Mladicia, których miejsca pobytu są znane.

Winni zbrodni katyńskiej nigdy nie stanęli przed żadnym trybunałem, a Federacja Rosyjska, dobrowolny sukcesor państwa, którego najwyższe władze wydały rozkaz zamordowania niemal dwudziestu dwóch tysięcy polskich obywateli, a po pięćdziesięciu latach przyznały się do jej popełnienia, nie chce przyjąć odpowiedzialności za skutki tej zbrodni.

Waga zbrodni katyńskiej nie sprowadza się do liczby zamordowanych. Nie chodzi tylko o to, że zginęły prawie dwadzieścia dwa tysiące polskich obywateli, chociaż

> Z drugiej strony, rząd amerykański i brytyjski włożyły ogromny wysiłek, aby ukarać zbrodniarzy niemieckich, którzy mordowali jeńców z ich krajów. Na przykład, aby odnaleźć zabójców niemieckich, którzy zamordowali 50 jeńców alianckich z obozu Sagan [Żagań] – przesłuchano ponad 200 tys. ludzi. Trzynastu Niemców odpowiedzialnych za tę zbrodnię powieszono w 1948 roku. Poszukiwania o tej samej intensywności były prowadzone, aby odnaleźć oficera, który dał rozkaz rozstrzelania 90 żołnierzy angielskiej piechoty [w Pradis, w departamencie Pas de Calais] w 1940 roku. Został on po wojnie odnaleziony i powieszony w 1948 roku. Amerykanie prowadzili badania, odnaleźli i ukarali sprawców masakry [od 72 do 84] jeńców amerykańskich w lesie Malmédy [17 grudnia 1944 roku].*

Jednak chodzi także o to, że zbrodnia katyńska była zbrodnią wojenną najpierw ukrywaną, a następnie najbardziej i najdłużej zakłamywaną (dlatego też jej sprawcy nie zdążyli ponieść kary). Najgłębiej pojęte znaczenie tej zbrodni polega zaś na tym, że na jej fundamencie mianowano władze państwa polskiego, które przez czterdzieści pięć lat (1944–1989) podporządkowywały to państwo Związkowi Radzieckiemu. Była to więc także zbrodnia przeciwko narodowi polskiemu.

---

* Janusz K. Zawodny, *Katyń*, „Przegląd Katolicki", nr 31, 1989. Również tenże: *Death in the Forest: The Story of the Katyn Forest Massacre*, 2nd ed., Hippocrene Books, New York 1988 (pierwsze wydanie: University of Notre Dame Press, 1962, przedruki tamże 1965, 1972, 1980).

Zarówno w tym cytacie, jak i w innych dopiski ujęte w nawiasy kwadratowe pochodzą ode mnie – T.A.K.

Właśnie dlatego, aby utrzymać Polskę w podległości, zbrodnia katyńska była tak długo, tak bardzo i tak głęboko zakłamywana. Aby utrzymać tę zbrodnię w tajemnicy, posuwano się do kolejnych zbrodni, tym razem jednostkowych. Będzie o tym mowa w tej książce.

Prawdopodobnie nie żyją już wszystkie osoby, które wydały rozkaz zamordowania prawie dwudziestu dwóch tysięcy polskich obywateli wiosną 1940 roku albo bezpośrednio popełniły tę zbrodnię, lub przyczyniły się do jej popełnienia. Celem autora tej książki nie jest zatem apelowanie o to, żeby wymierzyć, zgodnie z prawem międzynarodowym, sprawiedliwość karną, ale o to, by oddać ofiarom sprawiedliwość moralną. Jak napisał profesor Janusz Kazimierz Zawodny, historyk,

> Nie o zemstę tu chodzi, ale o uznanie faktu, że masowe zabójstwo jeńców wojennych w tej skali miało miejsce i że w skali międzynarodowej winno być ustanowione nowe prawodawstwo, aby tego rodzaju morderstwo nigdy się nie powtórzyło. Trudno jest ustalić regulaminy postępowania dla suwerennych krajów, jednak kilka zasad, w imię dobra ludzkości, winno być przestrzeganych, a między innymi – że jeńców wojennych bezkarnie nie można mordować!*

Konwencja z 26 listopada 1968 roku w sprawie nieprzedawnienia zbrodni wojennych, uchwalona – z inicjatywy Polski – przez Zgromadzenie Ogólne Narodów Zjednoczonych, w preambule zawiera stwierdzenie, że zbrodnie wojenne i zbrodnie przeciwko ludzkości należą do „najcięższych zbrodni w prawie międzynarodowym", oraz przekonanie, że skuteczne karanie zbrodni wojennych i zbrodni przeciwko ludzkości „stanowi ważny element zapobiegania takim

---

* Ibidem.

zbrodniom, ochrony praw człowieka i podstawowych wolności, zwiększania zaufania, współpracy między narodami i umacniania międzynarodowego pokoju i bezpieczeństwa".

Z konwencji tej wynika, że sprawcy zbrodni wojennych i zbrodni przeciwko ludzkości winni być ścigani dopóty, dopóki można domniemywać, że żyją, a w razie ujęcia i udowodnienia winy muszą być skazani na karę stosowną do winy. Nie znaczy to, że kara ta musi być wykonana – w przypadkach uzasadnionych względami humanitarnymi, jak podeszły wiek czy zły stan zdrowia skazanego, sąd może odstąpić od jej egzekucji. W takiej sytuacji ma ona charakter moralnego napiętnowania sprawcy zbrodni i przestrogi dla innych.

W takiej procedurze zawarta jest zarazem odpowiedź na zadawane czasem pytanie, szczególnie przez bardzo młode osoby, jak długo można zajmować się zbrodnią sprzed lat, której sprawcy najprawdopodobniej już nie żyją. Otóż można i należy zajmować się nią tak długo, aż wszystkie jej okoliczności zostaną ujawnione, wszystkie (w miarę możliwości) ofiary zostaną nazwane po imieniu, a państwo, którego organy nakazały popełnić tę zbrodnię (jeśli tak było, jak w tym wypadku), przyjmie za nią pełną odpowiedzialność. Tak oto wymierzona zostaje kara w wymiarze moralnym, niejako zastępcza wobec niemożliwej do orzeczenia kary kodeksowej lub wynikającej z umów międzynarodowych.

Ściganie zbrodni wojennej lub zbrodni przeciwko ludzkości, gdy zmarli już jej rozkazodawcy, wykonawcy i pomocnicy, nie jest więc wyrazem zaciekłości lub nieprzyjaźni, lecz nakazem prawnym i moralnym, który musi wykonać każde cywilizowane państwo. Jak nakazuje sprawiedliwość, jeśli była wina, musi być i kara, choćby symboliczna. Trzeba także dodać, że chociaż zbrodnia katyńska została popełniona w 1940 roku, to jej ściganie nie trwa bynajmniej prawie siedemdziesiąt lat, lecz niespełna osiemnaście, bo formalnie zaczęło się dopiero u schyłku 1990 roku. Procedurę tę mogło już dawno uwieńczyć sprawiedliwe postanowienie, gdyby nie postawa władz Federacji Rosyjskiej, zwłaszcza za drugiej kadencji prezydenta Władimira W. Putina.

Zbrodnia katyńska jest także zbrodnią przeciwko rodzinom ofiar. Prawne i moralne zadośćuczynienie należy się więc przede wszystkim rodzeństwu, żonom i dzieciom. Większość z nich żyła lub wciąż będzie żyć w traumie. Śmierć bliskiej osoby zawsze wywołuje głęboki uraz, ale naturalne mechanizmy obronne sprawiają, że po kolejnych etapach wyciszenia łagodnieje on, a wreszcie zanika. Ludzie, których dotknął taki wstrząs, stopniowo z niego wychodzą. Bardzo w tym pomaga ceremoniał pogrzebowy, który wyraźnie zamyka okres współżycia. Później nadchodzi czas żałoby, a wreszcie oswajania się z myślą o nieodwracalnej nieobecności bliskiej osoby. Ten właśnie mechanizm zablokowało kłamstwo katyńskie – rodziny ofiar tej zbrodni nie przeszły przez ów proces uspokojenia, pogodzenia się z losem. Szczególnie dotyczy to żon i dzieci ofiar. Winna temu była trwająca pół wieku sytuacja, w której rodziny nie tylko nie mogły ostatecznie pożegnać swoich zmarłych, ale i musiały godzić się na publiczne zakłamywanie ich śmierci – tego, kiedy zginęli i kto ich zabił. Ucierpiały na tym zwłaszcza dzieci. Wiele z nich rozpamiętywało to całe życie oraz czekało, kiedy zakłamywanie dobiegnie końca, kiedy cała prawda zostanie ujawniona. Zarazem psychikę wielu dzieci, może głównie córek, spaczyła nadmierna idealizacja ojca, którego im brakowało, a którego często w ogóle nie pamiętały. Skutek był taki, że z jednej strony były one pokrzywdzone oficjalnym kłamstwem, a z drugiej – choć nie we własnych oczach – tym, że żyły w cieniu kompleksu heroicznego ojca, którego wyobrażeniu starały się sprostać. A czyż można sprostać ideałowi?

Zbrodni katyńskiej nie powinniśmy zapomnieć z jeszcze jednego, nie najmniej ważnego powodu. Odnosi się on wyłącznie do Polaków, rodaków ofiar, oraz do Rosjan, rodaków zbrodniarzy. Jak to ujęła profesor Barbara Szacka, socjolog, „Wiemy, kim jesteśmy, tylko dlatego, że wiemy, co robiliśmy wczoraj i przedwczoraj". Człowiek cierpiący na zanik pamięci jest człowiekiem chorym, bez tożsamości. Naród cierpiący na zanik pamięci historycznej również jest chory, wykorzeniony, bez tożsamości. A zbrodnia katyńska jest częścią polskiej i rosyjskiej historii.

Autorowi tej książki zaproponowano, żeby ją napisał, wiosną 2005 roku. Wówczas uchylił się od przyjęcia tej propozycji, a przyczyną była nie tylko konieczność ukończenia innych prac badawczych i terminowego wywiązania się z podjętych wcześniej zobowiązań, ale i przeświadczenie, że o zbrodni katyńskiej i sprawie katyńskiej napisano już tak wiele, że kolejna książka nie wniesie nic nowego. Mylił się.

W kwietniu 2007 roku zostały opublikowane wyniki ogólnopolskiego sondażu opinii publicznej mającego określić stopień świadomości historycznej w odniesieniu do zbrodni katyńskiej. Były to wyniki zastraszające* i skłoniły one autora do zmiany decyzji. Nazwę „Katyń" zna co praw-

---

* Badanie TNS OBOP z 18–19 kwietnia 2007 r. na zlecenie TVP i „Rzeczpospolitej" („Rzeczpospolita", 23 kwietnia 2007).

da aż 94 procent obywateli polskich, ale tylko 61 procent wie (albo odgadło prawidłową odpowiedź), że zbrodnię katyńską popełnił Związek Radziecki. 19 procent sądzi, że sprawcy nie zostali ustaleni. 9 procent uważa, że „trudno odpowiedzieć". 11 procent respondentów jako sprawców wskazało Niemców. 40 procent badanych oświadczyło, że dowiedziało się o zbrodni katyńskiej w okresie PRL, a 55 procent – że później.

W podobnym badaniu, przeprowadzonym w 1988 roku, prawidłowej odpowiedzi na pytanie o sprawców zbrodni katyńskiej udzieliło aż 88 procent respondentów...

Jak się zatem zdaje, wiedza o zbrodni katyńskiej jest głównie udziałem osób starszych, które w większości zdobyły ją w okresie PRL, wbrew ówczesnemu zakazowi publicznego poruszania tej sprawy. Tak więc to ludzie młodzi „psują statystykę" świadomości historycznej*. I to przede wszystkim do nich autor kieruje tę książkę.

---

* Nie tylko w Polsce. W Szwecji „90 proc. respondentów w wieku 15–20 lat nigdy nie słyszało o sowieckich łagrach gułagu [...]. Aż 43 proc. młodych Szwedów uważa, że liczba represji komunistycznych na całym świecie nie przewyższa miliona. A jedna piąta badanych była przekonana, że liczba ofiar nie przekracza 10 tys. osób! [...] 40 proc. młodzieży zza Bałtyku uważa, że komunizm przyczynił się do wzrostu dobrobytu na świecie, a 22 proc. postrzega go jako demokratyczną formę rządu. [...] Kontrastuje to ze stosunkowo dobrą wiedzą o zagładzie Żydów – aż 95 proc. młodzieży wiedziało o obozie zagłady w Auschwitz". Szwedzki dziennikarz polskiego pochodzenia, Maciej Zaręba, wskazuje, że kilkanaście lat temu wiedza młodych Szwedów o Holocauście była równie nikła jak wiedza o zbrodniach komunistycznych. Jednak „Rozpętała się wielka debata polityczna, powołano instytucję propagującą wiedzę o zbrodni na Żydach – Żywą Pamięć – finansowaną z państwowej kasy. Kulminacją tej akcji była wielka konferencja na temat Holocaustu w Sztokholmie w 2000 r." (wyniki badań w „Dagens Nyheter", 9 maja 2007, za: „Gazeta Wyborcza", 10 maja 2007, s. 2). W Szwecji działa jedynie pozarządowa organizacja Informacja o Komunizmie.

WSTĘP

Wielki europejski trakt z Paryża do Moskwy wiedzie przez Berlin, Warszawę, Mińsk i Smoleńsk. Przez Bramę Smoleńską, gdzie zbliżają się do siebie Dźwina i Dniepr, na początku XVII wieku ciągnęły na Moskwę wojska polsko-litewskie, dwieście lat później La Grande Armée Napoleona, a w 1941 roku hitlerowski Wehrmacht. W drugą stronę maszerowały tamtędy wojska rosyjskie, czasem w pogoni za najeźdźcami, a częściej – aby „zebrać ziemię ruską", utraconą kiedyś przez księstwo kijowskie na rzecz Litwy, lub opanować cudze ziemie, by Rosja stała się imperium. Sam Smoleńsk, prastare ruskie miasto, założone nie później niż w IX wieku, przechodził z rąk do rąk. Formalnie przyłączony do Litwy w 1414 roku, podobnie jak – między innymi – położone jeszcze dalej na wschód Masalsk, Mceńsk i Kozielsk, został odbity przez Moskwę w 1514 roku. W 1611 roku zdobyły go wojska polsko-litewskie i pozostawał w granicach Rzeczypospolitej do 1654 roku, a formalnie do 1686. Od tej pory jest drugim co do wielkości – po założonym w 1703 roku Sankt Petersburgu – najbardziej na zachód położonym miastem rosyjskim, lecz zamieszkiwali go również Żydzi, Białorusini i Polacy.

Między szosą smoleńską a Dnieprem rozciągają się głębokie, stare lasy. Na ich skraju położone są liczne wsie i osady. Jedna z nich, odległa od Smoleńska o czternaście kilometrów na zachód, zwie się Gniezdowo (Gniezdowaja). Wchodziła ona w skład klucza folwarków Iwiszcze (Niewiszcze), należącego do polskiej rodziny Koźlińskich. W XIX wieku Piotr Koźliński ożenił się z Leokadią Lefftreu, córką dyrektora angielskiej firmy budującej – także w Rosji – drogi żelazne; w Gniezdowie powstała wtedy stacja kolejowa. Na mocy intercyzy klucz Iwiszcze stał się wówczas współwłasnością polsko-angielską. Wieś Katyń, leżąca już po drugiej stronie Dniepru, wchodziła w skład sąsiadującego z Gniezdowem majątku Borek, będącego w latach 1896–1917 własnością innej polskiej rodziny, Lednickich. Niecałe cztery kilometry od Gniezdowa, na wschodnim krańcu długiego pasma leśnego ciągnącego się wzdłuż Dniepru na zachód, rośnie nieduży las, zwany przez miejscową ludność Kosogory (Kozie Góry). W 1943 roku zyskał on światową, choć ponurą sławę, jako lasek katyński.

Kiedy w 1918 roku, w wyniku klęski wszystkich trzech mocarstw zaborczych – Rosji, Niemiec i Austro-Węgier – Polska po 123 latach odzyskała niepodległość, a następnie w wojnie toczonej w latach 1919–1920 odparła agresję bolszewickiej Rosji, wytyczono nową granicę polsko-rosyjską, która została zatwierdzona w traktacie ryskim z 18 marca 1921 roku. Przeprowadzono też na zasadzie dobrowolności wymianę ludności, w wyniku której praktycznie wszyscy polscy ziemianie opuścili Związek Radziecki. Folwarki Iwiszcze przeszły pod zarząd bolszewików, a las katyński – i inne, przylegające do niego lasy – dostał się we władanie radzieckiej policji bezpieczeństwa, w różnych okresach noszącej różne nazwy*. Tutaj, ze względu na interesujący nas

* Pierwszą radziecką tajną służbą była Czeka, czyli powołana jeszcze 20 grud-

okres historyczny, będziemy się posługiwać nazwą NKWD. W środku lasu katyńskiego, nieopodal brzegu Dniepru, powstała placówka NKWD, a wokół niej, na wielkiej przestrze-

---

nia 1917 r. Wszechrosyjska Nadzwyczajna Komisja do Walki z Kontrrewolucją i Sabotażem (Wsierossijskaja czriezwyczajnaja komissija po bor'bie s kontrriewolucyjej i sabotażem), której organizatorem i szefem był polski szlachcic Feliks Dzierżyński, zmarły w 1926 r. W 1922 r. Czeka została przekształcona w GPU (Gosudarstwiennoje politiczeskoje uprawlenije – Państwowy Zarząd Polityczny), podległe NKWD Rosyjskiej Socjalistycznej Federacyjnej Republiki Radzieckiej. Rok później GPU przemianowano na OGPU (Objedinionnoje GPU – Zjednoczone GPU), podporządkowane Radzie Komisarzy Ludowych, rządowi ZSRR. W 1934 r., po śmierci następcy Dzierżyńskiego, Wiaczesława Mienżynskiego, OGPU włączono do nowo powstałego NKWD ZSRR jako GUGB (Gławnoje uprawlenije gosudarstwiennoj biezopastnosti – Główny Zarząd Bezpieczeństwa Państwowego). W NKWD ZSRR znalazł się również kontrwywiad, wywiad (V Wydział) i wydział prowadzący zagraniczne operacje specjalne, czyli zajmujący się skrytobójstwami „wrogów ZSRR", a szczególnie osobistych wrogów sekretarza generalnego partii komunistycznej, Iosifa Wissarionowicza Dżugaszwilego – Stalina.

3 lutego 1941 r. specjalne sekcje NKWD odpowiedzialne za kontrwywiad wojskowy przeniesiono do Armii Czerwonej i Floty Czerwonej. GUGB również zostało wyprowadzone ze struktur NKWD i przemianowane na NKGB (Narodnyj komissariat gosudarstwiennoj biezopastnosti – Ludowy Komisariat Bezpieczeństwa Państwowego), czyli zyskało rangę odrębnego ministerstwa. 20 lipca 1941 r. NKWD i NKGB znów połączono, a w styczniu 1942 r. także kontrwywiad powrócił do NKWD.

W kwietniu 1943 r., po zwycięskiej dla ZSRR bitwie pod Stalingradem, gdy było już niemal pewne (a całkowicie pewne po letniej bitwie pod Kurskiem), że Armia Czerwona ruszy do generalnej ofensywy przeciw Niemcom, kontrwywiad wojskowy znów przeniesiono do Armii Czerwonej i Floty Czerwonej, nadając mu nazwę Smiersz (Smiert' szpionom), a NKGB ponownie oddzielono od NKWD.

W 1946 r. wszystkie komisariaty ludowe przemianowano na ministerstwa, w związku z czym NKWD stał się Ministerstwem Spraw Wewnętrznych (MWD – Ministierstwo wnutriennych dieł), NKGB zaś Ministerstwem Bezpieczeństwa Państwowego (MGB – Ministierstwo gosudarstwiennoj biezopasnosti).

W 1953 r. MWD i MGB znów połączono, a w 1954 r. ostatecznie je rozdzielono, przy czym MGB otrzymało nazwę KGB (Komitiet gosudarstwiennoj biezopasnosti – Komitet Bezpieczeństwa Państwowego). Jego pierwszym przewodni okolicznych lasów, założono obozy koncentracyjne, *łagry*, jedne z licznych „wysp Archipelagu GUŁag", rozsianych na całym terytorium ZSRR, których pierwszymi ofiarami były miliony obywateli radzieckich*. Z upływem lat las katyński, a także inne okoliczne lasy, stał się również wielkim cmentarzyskiem więźniów – najpierw radzieckich, a następnie także polskich.

Skąd się tam wzięli Polacy? Kim byli? Dlaczego ich uwięziono? Dlaczego ich zamordowano? Jakie były międzynarodowe następstwa tej zbrodni? Jakie były jej społeczne i polityczne skutki dla Polski?

Aby udzielić w miarę pełnej odpowiedzi na te pytania, należy przywołać znacznie wcześniejsze wydarzenia historyczne.

---

niczącym został gen. Iwan Sierow, organizator deportacji Polaków w głąb ZSRR w latach 1939–1941 i w 1945 r., który w marcu 1945 r. podstępnie uwięził i uprowadził do Moskwy szesnastu członków polskich legalnych władz uznających zwierzchność emigracyjnego rządu w Londynie, a w 1956 r. krwawo stłumił powstanie w Budapeszcie.

11 września 1991 r., kilkanaście dni po upadku puczu przeciwko prezydentowi ZSRR Michaiłowi Gorbaczowowi, KGB został rozwiązany. Na jego miejsce utworzono między innymi Służbę Wywiadu Zagranicznego i Federalną Służbę Bezpieczeństwa.

* Stalinowskie obozy koncentracyjne podlegały Głównemu Zarządowi Poprawczych Obozów Pracy, Osiedli Pracy i Miejsc Uwięzienia (Gławnoje uprawlenije isprawitielno-trudowych łagieriej, trudowych posielenij i miest zakluczenija – GUŁag). Od 1934 r. GUŁag był częścią NKWD – Ludowego Komisariatu (ministerstwa) Spraw Wewnętrznych, a od 1946 r. MSW i (przejściowo, tuż po śmierci Iosifa Stalina) Ministerstwa Sprawiedliwości. GUŁagowi podlegało 80 systemów obozowych, w których mogło jednocześnie przebywać do 12 mln więźniów. W 1950 r. w łagrach więziono 2,6 mln osób. GUŁag został formalnie zlikwidowany w 1960 r., jednak jego ostatni więźniowie wyszli na wolność w 1987 r.

Obecnie w Rosji wciąż istnieją liczne obozy pracy przymusowej; jednym z ich najbardziej znanych więźniów jest były szef koncernu naftowego Jukos, Michaił Chodorkowski, skazany na 8 lat.

ROZDZIAŁ 1

Akt pierwszy: Bitwa warszawska 1920 roku

Wbrew obiegowym poglądom, podtrzymywanym przez niektórych polityków, w minionym tysiącleciu polsko-niemiecka granica należała do jednej z najtrwalszych i najbardziej spokojnych w Europie. Od 1466 roku, kiedy w Toruniu zawarto kończący wojnę trzynastoletnią układ pokojowy między Polską a Zakonem Krzyżackim, do 1772 roku, czyli do pierwszego rozbioru Polski, granica polsko-niemiecka trwała w nie zmienionym kształcie. Wyjątkiem był okres inwazji szwedzkiej w połowie XVII wieku, kiedy to elektor brandenburski Fryderyk Wilhelm, który jako sukcesor państwa Zakonu Krzyżackiego był lennikiem polskim, wykorzystując nadarzającą się okazję, przeszedł na stronę agresora. Ceną za odstąpienie przez niego od tego sojuszu była rezygnacja Polski ze zwierzchnictwa lennego nad Prusami Wschodnimi oraz oddanie elektorowi w lenno ziemi bytowsko-lęborskiej. Nawet później, po trzecim rozbiorze, stosunki między Polakami i Niemcami nie były złe. Emigrujących w 1831 roku na Zachód powstańców listopadowych przyjmowano w Niemczech ciepło, a nawet entuzjastycznie, jako weteranów walki przeciwko absolutystycznemu caratowi.

Podobne propolskie nastroje panowały w Niemczech w okresie Wiosny Ludów. Nastawienie to zmieniło się drastycznie dopiero w wyniku polityki premiera Prus, a następnie kanclerza Rzeszy, Ottona von Bismarcka, która zapoczątkowała wejście Niemiec w fazę imperialistyczną. Szczególną rolę odegrała tu *Kulturkampf*, kładąca nacisk na walkę z Kościołem katolickim (co automatycznie kierowało jej ostrze również przeciw Polakom, będącym w większości katolikami) oraz na germanizację wszelkich mniejszości narodowych, z których największą byli Polacy. Tak rozpaliły się nacjonalizmy, wsparte następnie pseudonaukowymi teoriami o „wyższości i niższości ras", które znalazły zbrodniczą kulminację podczas drugiej wojny światowej.

Inaczej rzeczy się miały na wschodniej granicy Rzeczypospolitej. Zawierając liczne unie z Litwą, Polska przejmowała jednocześnie ciężki spadek litewskiej polityki podbojów ziem ruskich – i zobowiązała się go bronić. W gruncie rzeczy było to powolne wycofywanie się Rzeczypospolitej ze wschodu pod militarnym naporem Moskwy, przerywane takimi epizodami jak opanowanie Kremla przez wojska polsko-litewskie z początkiem XVII wieku.

W wyniku trzech rozbiorów Polska utraciła niepodległość, a Rosja „weszła do Europy", anektując terytoria aż po Kalisz i Górny Śląsk.

W marcu 1917 roku pod naciskiem zdesperowanych mas ludowych, głodnych i wynędzniałych, nieudolnie dowodzonych na froncie, padł carat, a pół roku później bolszewiccy spiskowcy – kierowani przez Włodzimierza Lenina i Lwa Trockiego, którzy przedostali się ze Szwajcarii do Rosji dzięki pomocy niemieckiego sztabu generalnego – obalili rosyjski rząd tymczasowy. W lutym 1918 roku Rosja została pokonana przez Niemcy, z którymi (oraz z Austro-Węgrami, Bułgarią i Turcją) zmuszona była zawrzeć w marcu traktat pokojowy w Brześciu, na mocy którego zrzekła się Finlandii, Estonii, Łotwy, Litwy, Polski i Ukrainy – w sumie, z przekazanymi Turcji okręgami Ardagan, Kars i Batumi, prawie miliona kilometrów kwadratowych. Jednak już jesienią Niemcy przegrały wojnę na froncie zachodnim, a monarchia habsburska rozpadła się na wiele państw narodowych. Tak oto klęska dotknęła kolejno wszystkie trzy państwa zaborcze i Polska znalazła się przed szansą odzyskania niepodległości, którą wykorzystała.

O ile granice Polski na północy, zachodzie i południu były ustalane na konferencji wersalskiej i kilku kolejnych w drodze dyplomatycznej, o tyle granica polsko-rosyjska wykuwała się w długotrwałych bojach. Wojska niemieckie, pokonane na Zachodzie, jeszcze długo w 1919 roku trwały na swoich pozycjach na froncie wschodnim. Ustępowały powoli, zarówno na skutek rozkazów dowództwa zachodnich aliantów, jak i tajnych pertraktacji niemiecko-rosyjskich, a później również polsko-niemieckich. W ślad za wycofującymi się Niemcami posuwały się na zachód oddziały bolszewickie, którym na terenach dawnej Rzeczypospolitej wychodziły naprzeciw wojska polskie. Już w lutym 1919 roku doszło między nimi do pierwszych starć.

Polska miała wówczas do czynienia z dwiema rosyjskimi siłami politycznymi. „Biali" Rosjanie walczący ze skutkami bolszewickiego przewrotu, jeśli w ogóle mieli zamiar uznać niepodległość Polski, widzieli ją „w granicach etnograficznych", przez które rozumieli na wschodzie linię Bugu. Dla strony polskiej takie stanowisko było nie do przyjęcia z dwóch powodów. Po pierwsze, godząc się na granicę na Bugu, Polska sprowadziłaby się do państewka z grubsza odpowiadającego terytorialnie Księstwu Warszawskiemu. Po drugie, za północnymi, zachodnimi i południowymi granicami zostały znaczne mniejszości polskie, Rzeczpospolita nie mogła sobie zatem pozwolić jeszcze na utratę swojej wielomilionowej mniejszości na wschodzie. Wilno i Lwów były w przeważającej mierze polskie etnicznie, w pozostałych większych miastach dawnych Kresów Wschodnich największy odsetek stanowiła ludność polska lub żydowska, na wsi zaś, zdominowanej liczebnie przez Białorusinów i Ukraińców, lokalnymi ośrodkami zwyczajowej władzy i cywilizacji były polskie dwory.

W polskiej polityce wobec Rosji Radzieckiej ścierały się dwa podejścia. Naczelnik Państwa Józef Piłsudski opowiadał się za powstaniem łańcucha niepodległych państw oddzielających Polskę od Rosji i połączonych z Rzeczpospolitą węzłami federacyjnymi. Roman Dmowski, przywódca Narodowej Demokracji, dla którego najgroźniejszym przeciwnikiem były Niemcy, pragnął przyłączenia bezpośrednio do Polski tylko takich obszarów wschodnich i tylko takiej liczby ludności niepolskiej, jaką uda się – według jego przewidywań – spolonizować. W kategoriach terytorialnych oznaczało to, że Piłsudski był skłonny zaakceptować Polskę mniejszą niż Dmowski, pod warunkiem że powstaną wolne Ukraina i Białoruś – a także Litwa – sfederowane z Polską, ale gdyby zamysł federalny się nie powiódł, zamierzał przesunąć granicę wschodnią tak daleko, jak to będzie możliwe ze względów militarnych. Jednak zarówno Piłsudski, jak i Dmowski jasno zdawali sobie sprawę, że odtworzenie granicy z 1772 roku jest niemożliwe i niekorzystne.

Bolszewicy teoretycznie opowiadali się za prawem narodów do samostanowienia, co mogło oznaczać bezwarunkowe uznanie niepodległości Polski „w granicach etnograficznych". Byli więc hojniejsi niż „biali", niejednoznacznie i niechętnie wypowiadający się w kwestii niepodległości Polski (i zresztą wszystkich innych narodów, które żyły we władzy caratu). W konsekwencji Piłsudski postanowił nie udzielać pomocy „białym" generałom w ich wojnie z bolszewikami. W tej strategii kryła się też kalkulacja, że po ustaniu wojny domowej Rosja tak czy owak będzie zbyt wyczerpana, aby pokusić się o zbrojną zmianę swej granicy zachodniej, a „czerwona" Rosja będzie na dodatek państwem chaosu i anarchii. Kiedy zaś rząd bolszewicki w końcu upadnie, „biali" będą zbyt zajęci przywracaniem porządku wewnętrznego, by zwrócić się zbrojnie przeciw Polsce, która zyska czas na to, żeby się wzmocnić.

Niemniej gdy oddziały bolszewickie usiłowały przywrócić rosyjskie panowanie w Estonii, na Łotwie, Litwie, Białorusi i Ukrainie, zbliżając się do linii Niemna i Bugu, zbrojne starcie o kształt polskiej granicy wschodniej stało się nieuniknione.

Bolszewikom jednak nie chodziło o terytorialne odtworzenie państwa carów, w każdym razie miał to być tylko środek do osiągnięcia podstawowego dla nich celu – odzyskania wspólnej granicy z Niemcami. Porażka państw centralnych w starciu z mocarstwami zachodnimi wywołała bowiem rewolucyjny ferment prawie w całych Niemczech, a także na Węgrzech. W listopadzie 1918 roku zbuntowali się marynarze w Kilonii, w styczniu 1919 roku wybuchł krótkotrwały, krwawo stłumiony bunt w Berlinie, w kwietniu powstała Bawarska Republika Rad. W marcu budapeszteńscy komuniści proklamowali Węgierską Republikę Rad, która przetrwała do sierpnia 1919 roku. W zwycięskich państwach Ententy, wykrwawionych i wymęczonych wojną, mnożyły się strajki robotnicze. Wydawało się, że powstały warunki do eksportu rosyjskiej rewolucji na Zachód, za czym opowiadał się przede wszystkim Trocki. Bolszewicy uważali Rosję jedynie za zapalnik rewolucji światowej, a zgodnie z tezą Karola Marksa „wiodącą rolę" przyznawali klasie robotniczej najbardziej rozwiniętych gospodarczo krajów zachodnich. Na przeszkodzie chętnym „nieść płomień rewolucji" na zachód i wesprzeć tamtejszych komunistów stała jednak Polska.

Walki polsko-bolszewickie trwały przez cały 1919 rok. Oddziały polskie odniosły znaczne sukcesy, w czym pomocne było zaangażowanie głównych sił bolszewickich w starcia z „białymi". Jednak stawało się oczywiste, że do decydującej rozgrywki dopiero dojdzie. Obie strony przygotowywały się do niej całą zimę. Równocześnie Lenin wysyłał sygnały, że Rosja nie chce wojny z Polską, że jest skłonna zgodzić się na dowolnie daleko wysuniętą na wschód wspólną granicę. Jak jednak ostatecznie dowiodły niedawne odkrycia w archiwach polskiego wywiadu*, dzięki złamaniu przez polskich kryptografów bolszewickich szyfrów Józef Piłsudski wiedział, że rosyjskie propozycje pokojowe z 28 stycznia 1920 roku były jedynie zasłoną dymną, która miała ukryć rosyjskie przygotowania do uderzenia na Polskę.

Inwazję uprzedziło polsko-ukraińskie uderzenie na Kijów, rozpoczęte 25 kwietnia 1920 roku. 7 maja Kijów został zajęty, lecz już po kilku tygodniach oddziały polskie i ukraińskie, podległe atamanowi Semenowi Petlurze, zmuszone były

---

* Grzegorz Nowik, *Zanim złamano „Enigmę"... Polski radiowywiad podczas wojny z bolszewicką Rosją 1918–1920*, Oficyna Wydawnicza Rytm, Warszawa 2005.

opuścić miasto w wyniku niekorzystnego dla nich rozwoju sytuacji zarówno na południowym, jak i na północnym odcinku frontu. 2 lipca Michaił Tuchaczewski, dowódca Frontu Zachodniego, atakującego przez Białoruś, wydał rozkaz numer 1896, głoszący, że „po trupie Polski wiedzie droga do ogólnoświatowego pożaru. Na Wilno, Mińsk, Warszawę – marsz!" Dwa dni później ruszyło główne natarcie Frontu Zachodniego, a Front Południowo-Zachodni, dowodzony przez Aleksandra Jegorowa, z Iosifem Stalinem jako komisarzem politycznym, po niedługim czasie obległ Lwów i rozpuścił zagony 1. Armii Konnej Siemiona Budionnego w kierunku Zamościa i Lublina.

W pierwszej połowie sierpnia Warszawa została obroniona przed natarciem czołowym, a 5. Armia generała Władysława Sikorskiego zapobiegła oskrzydleniu stolicy od północy i zachodu i przystąpiła do kontrnatarcia. 16 sierpnia rozpoczęła się realizacja planu polskiej kontrofensywy strategicznej znad Wieprza, przygotowanego przez generała Tadeusza Rozwadowskiego i zatwierdzonego przez Piłsudskiego*. Jak

* Polscy przeciwnicy polityczni Piłsudskiego rozpowszechniali pogłoskę, że autorem planu kontrofensywy był francuski doradca polskiego sztabu, gen. Maxime Weygand. Weygand początkowo energicznie temu zaprzeczał, jednak z biegiem lat widocznie spodobała mu się rola zbawcy Zachodu przed bolszewikami, gdyż sam zaczął głosić swoją chwałę. Tymczasem był on teoretykiem i praktykiem wojny pozycyjnej, mającym nie tylko słabe pojęcie o wojnie manewrowej – taka zaś była cała wojna polsko-bolszewicka, a szczególnie kontratak znad Wieprza – ale i wyraźną awersję do niej. Jego wkładem we współpracę sztabową z Polakami był pomysł oparcia obrony przed bolszewikami na linii Sanu i Wisły, oczywiście odrzucony przez polskich wojskowych i polityków. Rozkaz o fikcyjnym numerze 10 000, zawierający plan kontrofensywy, przygotował i podpisał szef sztabu generalnego, gen. Rozwadowski, i był on skierowany do wszystkich dowódców liniowych, w tym do Piłsudskiego, który po wprowadzeniu kilku korekt podpisał go jako głównodowodzący.

wynika ze wspomnianych ustaleń archiwalnych, plan ten nie był rozpaczliwą próbą odwrócenia nadciągającej klęski, lecz został sporządzony dzięki dokładnej znajomości dyslokacji bolszewickich oddziałów i zamierzeń ich dowódców. Odwrót bolszewickich wojsk wkrótce zamienił się w paniczną ucieczkę, a powodzenie polskiej kontrofensywy należy w znacznej mierze przypisać niesubordynacji, ignorancji i ambicji Stalina, który wbrew rozkazom naczelnego dowództwa i ponagleniom Tuchaczewskiego namówił Jegorowa do zaniechania marszu na Lublin i Warszawę – co zagroziłoby tyłom polskiego zgrupowania uderzeniowego nad Wieprzem – by w zamian skierować się ku karpackim przełęczom, za którymi leżały Węgry, Czechosłowacja i Austria. Ostatecznie, zamiast zostać zbawcą rewolucji w Europie Środkowej, Stalin doczekał się w Moskwie surowej reprymendy Lenina i Trockiego. Upokorzenie to zapamiętał na zawsze, a Tuchaczewski i Jegorow, późniejsi marszałkowie ZSRR, padli ofiarami jego zemsty w 1937 i 1939 roku.

„Osiemnasta decydująca bitwa w dziejach świata", jak ją określił lord Edgar Vincent D'Abernon, której wynik ocalił Europę przed niszczącym przyborem fali rewolucyjnej, została wygrana przez Polaków. Niewątpliwie jeszcze dobitniej uzmysłowiło to Sowietom, że podstawowym warunkiem wyrwania się z „imperialistycznego okrążenia" i przełamania samotności za „kordonem sanitarnym" jest militarne pokonanie i polityczne podporządkowanie sobie Polski.

Do następnego starcia doszło w 1939 roku, a po obu stronach wzięli w nim udział weterani z 1920 roku.

---

* E. V. vhr. D'Abernon, *Osiemnasta decydująca bitwa w dziejach świata. Pod Warszawą 1920 r.*, wyd. 2, Wyd. 6 Sierpnia, Kraków 1989.

ROZDZIAŁ 2

Akt drugi: Wrzesień 1939 roku

1 września 1939 roku hitlerowskie Niemcy zaatakowały Polskę. Przewaga sił była po stronie agresora. Niemieckie siły zbrojne liczyły 1,85 miliona żołnierzy, wyposażone były między innymi w 2,7 tysiąca czołgów, mniej więcej 10 tysięcy dział i moździerzy oraz około 2 tysięcy samolotów. Polska mogła im przeciwstawić mniej niż milion żołnierzy (faktycznie około 700 tysięcy), 670 czołgów (przeważnie lekkich i rozpoznawczych) oraz samochodów pancernych, 4,3 tysięca dział i 400 w większości przestarzałych samolotów bojowych. Ponadto słaby system łączności właściwie uniemożliwił utrzymywanie kontaktu zarówno między polskimi oddziałami, jak i pomiędzy nimi a naczelnym dowództwem. Dysproporcja w sile żywej, uzbrojeniu i wyposażeniu była więc ogromna, a pogłębił ją skrajnie niekorzystny dla Polski jej ówczesny kształt geograficzny, który skłonił polskie dowództwo naczelne do rozciągnięcia linii obrony na 1600 kilometrów, a zarazem umożliwił Niemcom atak z trzech stron – od zachodu, północnego wschodu (z Prus Wschodnich) oraz południa (po zajęciu Czech i wejściu części niemieckich wojsk

na Słowację)*. Mimo tej dysproporcji ostatnie większe polskie oddziały złożyły broń dopiero 6 października, czyli po trwających pięć tygodni walkach, a samodzielny oddział kawalerii majora Henryka Dobrzańskiego „Hubala" walczył w lesistych Górach Świętokrzyskich, w samym centrum kraju, do maja 1940 roku. Walki we wrześniu 1939 roku były tak zaciekłe, że – jak stwierdził podczas procesu w Norymberdze generał Alfred Jodl, szef sztabu Wehrmachtu – gdyby potrwały jeszcze dziesięć do piętnastu dni, wojskom niemieckim zabrakłoby amunicji. Uzupełnienie uzbrojenia i odbudowanie zapasów zajęło agresorom pół roku – o tyle Polska opóźniła inwazję Trzeciej Rzeszy na swoich zachodnich sojuszników. Nie byłoby to możliwe, gdyby opór trwał tydzień, jak często utrzymują ignoranccy zachodni publicyści, a nawet historycy.

Pomimo że Niemcy zajęli zachodnią i środkową Polskę, opór jej armii niewątpliwie trwałby dłużej niż owe pięć tygodni i dziesięć dni, o których wspomniał Jodl, gdyby 17 września 1939 roku na całej długości liczącej 1412 kilometrów wschodniej granicy Rzeczypospolitej nie zaatakowała jej Armia Czerwona. Ponad jedna trzecia terytorium Polski wolna była wówczas od wojsk niemieckich, co przez jakiś czas dawałoby jeszcze polskiej armii pewne pole manewru**.

* Polski rząd i sztab generalny obawiały się też, że oddanie Niemcom bez walki terenów przygranicznych skłoni agresorów do aneksji tylko tych obszarów i na tym wojna się zakończy, a w takim wypadku zachodni alianci poczują się zwolnieni ze swoich zobowiązań przyjścia Polsce z pomocą wojskową.

** Dokonując agresji na Polskę, ZSRR złamał: polsko-rosyjski traktat pokojowy podpisany 18 marca 1921 r. w Rydze; układ z 9 lutego 1929 r. zawarty między Polską, ZSRR, Litwą, Łotwą, Estonią i Rumunią; polsko-radziecki pakt o nieagresji z 25 lipca 1932 r.; protokół z 5 maja 1934 r. przedłużający pakt o nieagresji do 31 grudnia 1945 r.; pakt Ligi Narodów z 28 czerwca 1919 r.; traktat o wyrzecze-

Użyte w tej operacji siły radzieckie liczyły prawie milion żołnierzy, ponad cztery tysiące czołgów i samochodów pancernych oraz co najmniej tysiąc samolotów. Naprzeciw nich stały – i podjęły z nimi walkę – jedynie znakomicie wyszkolone w działaniach pozycyjnych, lecz nieliczne jednostki Korpusu Ochrony Pogranicza* oraz słabo uzbrojone oddziały tyłowe i zapasowe, ochraniające liczne na wschodnich terenach Rzeczypospolitej składy i magazyny wojskowe. W tej sytuacji radzieckie oddziały pancerne i kawaleryjskie błyskawicznie posuwały się na zachód.

Stworzyło to bezpośrednie zagrożenie dla polskich najwyższych władz państwowych i wojskowych, które ulokowały się nad granicą rumuńską. Polski plan awaryjny zakładał bowiem utworzenie silnego ośrodka oporu przeciw wojskom niemieckim na liczącym około piętnastu tysięcy kilometrów kwadratowych obszarze przylegającym do tej granicy, jednoczesną obronę przed Niemcami wschodniej

niu się wojny jako narzędzia polityki międzynarodowej (pakt Kellogga–Brianda) z 27 sierpnia 1928 r., uzupełniony protokołem Litwinowa, podpisanym w Moskwie 9 lutego 1929 r.; konwencję londyńską z 3 lipca 1933 r. w sprawie definicji agresji, której był stroną.

* Jak pisze w swoim „Sprawozdaniu z działalności podczas wojny" gen. Wilhelm Orlik-Rueckemann, dowódca KOP od 31 sierpnia 1939 r., „w ostatnich miesiącach przed wojną, po stronie Polski, w dużym stopniu zredukowano możliwości bojowe [na wschodniej granicy] – przez wyciągnięcie kilkunastu baonów – przez prawie całkowite wyciągnięcie kawalerii KOP – a nawet przez przeznaczenie oddziałów fortyfikacyjnych (a więc specjalnie przygotowanych do danych odcinków) pułku KOP Sarny, gdzie indziej. Ponadto wielkie jednostki [Wojska Polskiego] przeznaczone do osłony wschodniej [granicy], zostały po zmobilizowaniu, jeszcze przed wybuchem wojny, przerzucone na zachód". (Przedruk oryginału, przechowywanego w Instytucie Polskim i Muzeum gen. Sikorskiego w Londynie, w: „Polityka", nr 37, 16 września 1989, s. 14; także w: Karol Liszewski (wł. Ryszard Szawłowski), *Wojna polsko-sowiecka 1939*, Polska Fundacja Kulturalna, Londyn 1986.)

części kraju i prowadzenie walki partyzanckiej na terenach, które już zajęli. Oparcie się na granicy Rumunii, formalnie sojusznika Polski, pozwalało utrzymać łączność telefoniczną i telegraficzną z Zachodem, odbierać spodziewaną pomoc materiałową od aliantów zachodnich, a nawet – jak się wówczas wydawało polskim politykom i wojskowym – dawało szansę doczekania się angielsko-francuskiego korpusu ekspedycyjnego, który włączyłby się do walki po podjęciu przez Francję i Wielką Brytanię ofensywy na froncie zachodnim. I choć te daleko idące nadzieje zapewne by się nie ziściły, inwazja radziecka rozwiała je ostatecznie. W nocy z 17 na 18 września prezydent, rząd i najwyższe dowództwo ewakuowały się do Rumunii, gdyż chodziło o zachowanie w całości władz cywilnych i wojskowych, jednego z trzech atrybutów suwerennego państwa.

Inwazja radziecka była konsekwencją postanowień tajnego protokołu do układu o nieagresji podpisanego 23 sierpnia 1939 roku na Kremlu, w obecności Iosifa Stalina, przez ministra spraw zagranicznych Rzeszy Joachima von Ribbentropa i komisarza spraw zagranicznych Wiaczesława Mołotowa*.

Do listopada 1940 roku Adolf Hitler pilnie przestrzegał zasady, że „Niemiec nie stać na wojnę na dwa fronty". Dopiero gdy podczas wizyty Mołotowa w Berlinie przekonał się, że ekspansjonizm Moskwy jest niemal nieograniczony i na dłuższą metę ułożyć się z nią nie sposób, podjął decy-

* Już 24 sierpnia pełny tekst tajnego protokołu został przekazany przez Hansa Herwartha von Bittenfelda, osobistego sekretarza niemieckiego ambasadora w Moskwie, Charlesowi Bohlenowi z ambasady amerykańskiej. Także rządy Wielkiej Brytanii i kilku innych państw wkrótce poznały treść protokołu, lecz nie dzięki Amerykanom. Nikt nie podzielił się tą wiedzą z rządem polskim.

zję o uderzeniu na Związek Radziecki (18 grudnia 1940 roku nakazał opracować Plan Barbarossa), mimo że ciągle miał otwarty front zachodni. Jednak latem 1939 roku nie zamierzał jeszcze ryzykować. Jego początkowym zamiarem było uderzenie na zachód po zapewnieniu sobie neutralności Polski, chociaż domagał się od niej koncesji terytorialnych. Wielka Brytania była wówczas – i jeszcze długo później – słaba militarnie, dlatego jej rząd uznał, że aby zyskać na czasie, należy skierować niemiecką agresję na wschód. W tym celu 31 marca 1939 roku udzielił rządowi polskiemu gwarancji wsparcia na wypadek niemieckiego uderzenia. Londyn, który obawiał się, że bez owych gwarancji Warszawa politycznie podporządkuje się Berlinowi, zapewne uważał to posunięcie za niezwykle chytre i wyrafinowane, lecz było ono zbędne, ponieważ Polska nie potrzebowała zachęty do obrony, a w razie uderzenia Niemiec na Francję nie uchyliłaby się od wykonania postanowień układu sojuszniczego, który zawarła z Paryżem. Berlin również nie powinien był mieć co do tego żadnych złudzeń. Jednak gwarancje Wielkiej Brytanii rzeczywiście spowodowały pożądany przez nią zwrot w polityce Hitlera. Dopiero wtedy uświadomił on sobie, że jeśli skieruje swoje wojska na zachód, z całą pewnością będzie zmuszony toczyć wojnę na dwa fronty, zatem postanowił odwrócić kolejność uderzeń: zdecydował, że najpierw szybko upora się z Polską, utrzymując pozycje obronne na zachodzie, a dopiero później, prawdopodobnie na przełomie września i października, ruszy na Francję. Führer miał bowiem poważne wątpliwości, których zasadność potwierdził bieg wydarzeń, czy zachodni alianci Polski w ogóle wywiążą się wobec niej ze swoich zobowiązań. Aby wykonać ten nowy plan, musiał jednak uzupełnić go o jeszcze jeden element – Związek Radziecki. Wielka Brytania i Francja prowadziły bowiem latem 1939 roku nieszczere i raczej pozorowane pertraktacje z Kremlem, których cel wciąż trudno określić. Być może chodziło im o szachowanie Niemiec do nadejścia jesieni i zimy, kiedy inwazja nie tylko na Polskę, ale i na Francję byłaby niezwykle utrudniona; być może usiłowały pchnąć Hitlera jeszcze bardziej na wschód, by opanowawszy Polskę, ruszył na Związek Radziecki, co zapowiadał już kilkanaście lat wcześniej w *Mein Kampf*; być może Zachód rzeczywiście zamierzał zmontować antyhitlerowską koalicję z udziałem ZSRR.

Stalin od marca 1939 roku prowadził podwójną grę. Z jednej strony coraz wyraźniej dążył do zbliżenia z Niemcami, z drugiej zaś nie uchylał się od skierowanych przeciw nim rozmów z Zachodem. Wynik tej gry był kwestią ceny. W drugiej połowie sierpnia na Kremlu uznano, że więcej zapłaci Hitler. Pierwsza rata została sprecyzowana we wspomnianym już tajnym protokole z 23 sierpnia, skorygowanym przez jeden z tajnych protokołów dodatkowych do niemiecko-radzieckiego traktatu o granicy i przyjaźni z 28 września 1939 roku: ZSRR miała przypaść połowa terytorium Polski*, prawie cała Litwa (okręg Kłajpedy Niemcy zajęli

* Układ ten dzielił terytorium Polski między Niemcy (188 tys. km^2 i 22,140 mln mieszkańców) i ZSRR (197 tys. km^2 i 13,2 mln mieszkańców, w tym ponad 5 mln Polaków). Tajny protokół do układu Ribbentrop–Mołotow z 23 sierpnia przewidywał, że granica niemiecko-radziecka będzie przebiegała na Narwi, Wiśle i Sanie, czyli Lubelszczyzna miała zostać po stronie radzieckiej. Jednak już 20 września ambasador Schulenburg depeszował z Moskwy do Berlina, że „Mołotow napomknął, iż pierwotne nastawienie przyjęte przez radziecki rząd i osobiście przez Stalina, aby pozwolić na istnienie szczątkowej Polski, ustąpiło miejsca nastawieniu na podzielenie Polski wzdłuż linii Pisa–Narew–Wisła–San". 22 września nastąpił ostateczny zwrot: obie strony zgodziły się, że Pisa, Narew, Bug, Wisła

już w marcu), cała Łotwa i Estonia oraz część terytorium Finlandii i Rumunii*. Nakazawszy Mołotowowi, żeby podpisał ten pierwszy protokół, Stalin sprawił, że Hitler odważył

---

i San będą linią rozgraniczającą ich armie. Prawdopodobnie Stalin nie życzył sobie zbyt dużej liczby ludności polskiej w swoim zaborze. (Warto zauważyć, że ta zmiana stanowiska przeczy oficjalnej radzieckiej i – obecnie – rosyjskiej tezie, że ZSRR zdecydował się na rozbiór Polski, aby zyskać większą głębię obrony przed spodziewaną w przyszłości agresją niemiecką.) Mimo to Niemcy ciągle sondowali możliwość utworzenia marionetkowego państwa polskiego na zachód od linii Grodno–Przemyśl, jako buforu między Trzecią Rzeszą a ZSRR. Objęłoby ono głównie tereny zajęte przez Armię Czerwoną na zachód od Bugu, ale także część przyszłego Generalnego Gubernatorstwa na zachód od Wisły. Jednak Stalin sprzeciwił się reaktywacji państwowości polskiej w jakiejkolwiek formie. W rezultacie tajny protokół do traktatu z 28 września odzwierciedlał życzenie Kremla. Lubelszczyzna przeszła pod okupację niemiecką, a w zamian ZSRR otrzymał zgodę na zajęcie w przyszłości Litwy.

* W liście do redakcji („Polityka", nr 37, 16 września 1989) Hieronim Jankowski zwrócił uwagę na mapy Europy zamieszczone w: *MEYERS GROSSER HAUSATLAS*, ed. Dr Edgar Lehmann, Bibliographisches Institut AG, Leipzig 1938. „Na tablicach-mapach nr 4, 5, 11–13, 72, 73, 76, 84 – w 1939 r. – POLSKA NIE ISTNIEJE.

Terytorium nad Wartą, Wisłą, Bugiem i dalej na wschód jest b e z i m i e n n e. [...]

Przez [to] terytorium [...] przebiega wykreślona czerwona kropkowana linia oznaczająca «Deutsch-Russische Interessengrenze», która biegnie od północy: wschód m. Druskienniki, płn. Augustów i następnie od zachodu m. Kolno, wsch. Ostrołęka, Małkinia i dalej rzeką Bug do płd. m. Sokal, Bełz. Następnie biegnie w kierunku płd.-zachodnim płn. Lubartów, wsch. Jarosław, płn. Przemyśl i dalej rzeką San do źródeł do wsch. m. Sanok, Lisko [Lesko], do przełęczy Użok, oznaczonej wysokością 889 m.

Mało tego, granica zachodnia obszaru województwa wileńskiego jest przesunięta na wschód, a miasto Wilno znajduje się na terytorium «LITAUEN» – Litwy. Górny Śląsk z Katowicami znajduje się w granicach III Rzeszy.

Obszar Kłajpedy jest terenem «Ostpreussen». Na terytorium Czechosłowacji jest «Protektorat Böhmen und Mähren», jest «Slowakei» i «Ungar. Prot.» (Protektorat Węgier) w «Karpato-Ukrainie».

Jest Śląsk Zaolziański w obszarze bezimiennego terytorium [czyli Polski].

W tablicach 4, 11–13, 72, 73, 84 Gdańsk leży w obszarze «Ostpreussen»".

Autor listu uważa, że mapy te świadczą, iż porozumienie między Hitlerem a Stalinem istniało już od dawna. Wydaje się jednak, że niemiecki atlas był raczej propozycją Hitlera, którą Stalin wstępnie podjął na XVIII Zjeździe Wszechzwiązkowej Komunistycznej Partii (bolszewików) w marcu 1939 r.

się wszcząć drugą wojnę światową. Nie zabezpieczony od strony ZSRR Hitler by tego nie zrobił. „Porównanie tego paktu [Ribbentrop–Mołotow] z Monachium jest kuriozalne. Jakkolwiek byśmy potępiali ówczesną postawę Brytyjczyków i Francuzów, oni chcieli pokoju, uznali, że jeżeli rzucą Czechosłowację na żer, wygrają pokój dla świata. Pakt Ribbentrop–Mołotow był zaś zmową w imię wojny, dzielił łupy, zanim jeszcze ta wybuchła"*. Trzeba jednak zaznaczyć, że Moskwa rzeczywiście ma specyficzne powody, by nawet obecnie stawiać znak równości między paktem Ribbentrop–Mołotow i układem monachijskim z 30 września 1938 roku, skoro czechosłowacki poseł w Moskwie Zdenek Fierlinger depeszował 22 września 1938 roku, że „Moskwa doradzając Czechom ostrożność w rokowaniach z Polską o Zaolzie sugerowała, iż w razie «sprzyjającego rozwoju wypadków» Sowieci będą dążyli do wspólnej granicy z Czechosłowacją, wiążącej się z okupacją Małopolski Wschodniej przez Armię Czerwoną"**. Dla Kremla każda okazja była dobra, by wykorzystać ją do ekspansji.

Polska nie doczekała się pomocy zachodnich aliantów – wynikało to z ich niechęci do przekształcenia trwającej od 3 września pozorowanej wojny z Niemcami (*drôle de guerre*, *funny war*, w Polsce zwana śmieszną lub siedzącą wojną) w działania zbrojne na pełną skalę. A trzeba podkreślić, że Niemcy mieli wówczas na „froncie" zachodnim jedynie 33 dywizje (Francuzi 80, lecz wiele dopiero w stadium organizacji), w tym 25 rezerwowych, zapasowych i obrony terytorialnej, które dysponowały zapasem amunicji na trzy dni

* Prof. Wojciech Materski, wywiad w: „Nowe Państwo", 6 maja 2005.

** Cyt. za: Krzysztof Grygajtis, *Sowiecka strategia geopolityczna w Europie a Polska – 1924–1943*, Wydawnictwo Sprawy Polityczne, Warszawa 2006, s. 36.

walki i nie miały ani jednego czołgu. Defetyzm Francuzów był niewątpliwie w dużej mierze pokłosiem straszliwych ofiar ludzkich, jakie ponieśli oni podczas pierwszej wojny światowej*. Natomiast brytyjskie bombowce zrzucały na Niemcy ulotki zamiast bomb, ponieważ premier Neville Chamberlain – podobnie jak naczelny dowódca wojsk francuskich, generał Maurice Gamelin – obawiał się niemieckiego odwetu, a jeden z najwyższych dowódców brytyjskich uważał za niedopuszczalne niszczenie prywatnej własności obywateli niemieckich. Ale nawet w sferze finansowej i logistycznej alianci zawiedli. Przyznane Polsce kredyty wynosiły 600 milionów franków (około 17 milionów dolarów, czyli 0,7 procent francuskich nadzwyczajnych kredytów wojennych) i 5 milionów funtów (prawie pięć razy tyle dolarów, czyli 1 procent odpowiednich kredytów brytyjskich). Ostatecznie 12 września w Abbeville, podczas spotkania premierów Wielkiej Brytanii i Francji, z udziałem Najwyższej Rady Wojennej, czyli szefów sztabów i dowódców rodzajów sił zbrojnych, zaakceptowano pogląd generała Gamelin, że „dalsze" (sic) działania przeciw Niemcom zostaną wstrzymane, ponieważ „w żaden sposób nie mogą one mieć wpływu na wydarzenia w Polsce". Słusznie uznano, że wojna rozstrzygnie się na Zachodzie, lecz ofensywę zaplanowano dopiero na następne lata. O decyzjach podjętych w Abbeville nie poinformowano polskiego rządu. Uczestnicy narady znali już postanowienia tajnego protokołu do paktu Ribbentrop–Mołotow.

Wkroczenie wojsk radzieckich zaskoczyło polskie władze państwowe i wojskowe. Nawet gdy doszło do inwazji, nie

* 1,4 mln zabitych i 3,5 mln rannych na 41 mln mieszkańców.

miały one pewności, jakie są zamiary Sowietów: czy współdziałają oni z Hitlerem, czy też występują przeciw niemu, aby korzystając z okazji, anektować wschodnią część Polski. (1 września Sowieci wywiesili białe flagi na całej długości granicy polsko-radzieckiej. 3 września po południu flagi te zostały zdjęte – czyżby miało to jakiś związek z wypowiedzeniem tego dnia wojny Niemcom przez Anglię i Francję?)* Odbiciem tej niepewności był ostatni rozkaz (dyrektywa generalna) marszałka Edwarda Rydza-Śmigłego: „Sowiety wkroczyły. Zarządzam ogólne wycofanie na Rumunię i Węgry najkrótszymi drogami. Z Sowietami nie walczyć, tylko w razie [natarcia] z ich strony lub próby rozbrojenia naszych oddziałów. [...] Miasta, do których podeszły Sowiety, powinny z nimi pertraktować w celu wyjścia garnizonów do Rumunii lub Węgier". W myśl tego rozkazu postąpił generał Władysław Langner, dowódca obrony Lwowa, za-

---

* Według relacji st. mar. Józefa Maleszewskiego, podanej z powołaniem się na słowa kpt. mar. Narcyza Małuszyńskiego, 8 września „wojska sowieckie przekroczyły granicę, prowokacyjnie wkraczając do czterech miejscowości. Nikogo jednak nie zatrzymywali, ani nikt ich nie zatrzymywał. Faktem było, że w tych miejscowościach nasze wojsko nie stacjonowało. Władz i policji nie ruszali. Jak zakończyło się ich wkroczenie, nie było mi wiadome". Ponadto 12 września „oddziały radzieckie dotarły do Dawidgródka, a następnie się wycofały(?)". (Cyt. za: Mariusz Borowiak, *Nie dopisany rozdział. Jeszcze o Flotylli Pińskiej*, „Express Wieczorny – Kulisy", 2–4 czerwca 1989, s. 7.)

Według relacji st. mar. Witolda Wójcika, w połowie trzeciej dekady września w okolicach Kamienia Koszyrskiego (ok. 100 km na południowy wschód od Brześcia) doszło do bitwy pieszego batalionu morskiego utworzonego z marynarzy Flotylli Pińskiej ze znacznymi siłami sowieckimi. „Nasza artyleria konna otworzyła ogień niszcząc 6 czołgów. [...] Około 200 żołnierzy wzięliśmy do niewoli, a rannych opatrzyliśmy. Mieliśmy okazję z nimi porozmawiać. Mówili, że to oficerowie zmusili ich do walki. Sądzili, że idą Polsce na pomoc. Maszerując dalej nie mogliśmy zabrać jeńców i dlatego puściliśmy ich wolno" (tamże).

wierając z Sowietami porozumienie gwarantujące swobodne opuszczenie miasta przez jego obrońców, którzy mogli udać się do domów lub wyruszyć na Węgry. Sowieci porozumienie to natychmiast złamali – aresztowania uniknęli tylko ci oficerowie i żołnierze, którzy postanowili się ukryć lub na własną rękę wydostać ze Lwowa, jednak około dwóch tysięcy oficerów w służbie czynnej i rezerwy zastosowało się następnie do apelu generała Langnera, wzywającego do zarejestrowania się u władz radzieckich, i po pewnym czasie zostało aresztowanych (oficerowie ze Lwowa stanowili później około połowy liczby jeńców obozu w Starobielsku). Nie dotrzymano również umowy z generałem Mieczysławem Smorawińskim, która zapewniała swobodne przejście podlegających mu oddziałów z Włodzimierza Wołyńskiego na lewy brzeg Bugu. Władze polskie nie ogłosiły też stanu wojny z ZSRR, a po ewakuacji do Rumunii i internowaniu rząd nie miał już możliwości działania, nie mógł nawet wydawać oświadczeń. Nie jest zresztą pewne, czy zadeklarowanie stanu wojny z Sowietami byłoby pomocne w międzynarodowej działalności politycznej i dyplomatycznej polskiego rządu emigracyjnego, wydaje się natomiast, że znacznie pogorszyłoby położenie obywateli polskich pod okupacją radziecką. Mało znany jest jednak fakt, że przyszły premier i naczelny wódz generał „Władysław Sikorski w szeregu oficjalnych wystąpień stwierdził, iż Rosja zdradziła idąc zbrojnie na pomoc Niemcom i uderzając nas w umówionym z nimi momencie nożem w plecy, wobec czego odtąd jesteśmy w stanie wojny z Sowietami na równi z Niemcami"*. Oczywiście te wypo-

* „Dziennik Poznański", 17 września 1939.

wiedzi generała Sikorskiego nie miały żadnego znaczenia prawnomiędzynarodowego czy choćby politycznego, ponieważ nie pełnił on wówczas żadnych funkcji państwowych, a nawet wojskowych. Jednak były one zgodne z konwencją w sprawie określenia napaści, zawartą w Londynie 3 lipca 1933 roku przez Polskę, Estonię, Rumunię, Turcję, ZSRR, Persję i Afganistan*.

Ogółem z Armią Czerwoną walczyło około 300 tysięcy polskich żołnierzy. Samodzielna Grupa Operacyjna „Polesie" generała Franciszka Kleeberga, idąc ku Warszawie, toczyła walki zarówno z wojskami niemieckimi, jak i radzieckimi do 6 października.

Dane – zarówno radzieckie, jak i polskie – dotyczące liczby polskich wojskowych pozbawionych wolności przez Sowietów znacznie się różnią. Największa znana liczba to 242 tysiące osób. Prawdopodobnie jest ona prawdziwa, chociaż późniejsze dane są o wiele niższe, ponieważ wkrótce po ustaniu działań zbrojnych radzieckie władze zwolniły do domu lub przekazały Niemcom wiele tysięcy polskich żołnierzy i podoficerów. 13 września 1940 roku „Krasnaja Zwiezda" podała, że w radzieckich obozach jenieckich znajdowało się 181 223 polskich podoficerów i szeregowych oraz 10 generałów, 52 pułkowników, 72 podpułkowników, 5131 pozostałych oficerów zawodowych i 4096 oficerów rezerwy. Być może odnosi się to tylko do wojskowych wziętych do niewoli podczas walk, a nie tych, których pojmali funkcjonariusze NKWD. Najbardziej dokładną liczbę polskich jeńców wziętych przez Sowietów w 1939 roku podał profesor Janusz

* Dz.U. 1933, nr 93, poz. 712.

Kazimierz Zawodny – 230 672 żołnierzy, od generałów do strzelców. Do tej liczby należy dodać oficerów rezerwy aresztowanych we własnych domach i oficerów internowanych w państwach bałtyckich, a w 1940 roku przejętych przez ZSRR. Według profesora Zawodnego polskich jeńców oraz internowanych było około 250 tysięcy, „z tolerancją do kilkuset osób".

Kim jednak byli w świetle prawa międzynarodowego polscy wojskowi pozbawieni wolności przez władze radzieckie w 1939 roku? Jeńcami wojennymi? Internowanymi? Więźniami? Odpowiedź na to pytanie ma podstawowe znaczenie dla prawnej oceny tego, co ich następnie spotkało. Formalnie nie było stanu wojny między Polską a Związkiem Radzieckim, jednak stan taki zaistniał faktycznie, ponadto osoby, o których mowa, były żołnierzami polskich sił zbrojnych w świadczących o tym mundurach. Osób tych zatem nie można nazwać więźniami*. Czy więc mieli oni status jeńców bądź internowanych? Internowanie to pozbawienie wolności żołnierzy przez obce państwo nie będące stroną konfliktu, zatem nie odnosi się do polskich wojskowych walczących z Armią Czerwoną i pojmanych przez nią lub przez inne siły radzieckie. Nie można więc ich nazwać inaczej jak jeńcami wojennymi. (W „Książce zapisów" polskiej cenzury z 1975 roku stwierdzono, że „Należy eliminować określenie «jeńcy wojenni» w odniesieniu do żołnierzy i oficerów polskich internowanych przez Armię Czerwoną we wrześniu 1939 r.") Zresztą same władze sowieckie dopiero latem 1940 roku, kiedy zaczęto zwozić do obozów polskich wojskowych

---

* Z wyjątkiem, o którym dalej.

ujętych w państwach bałtyckich, nakazały określać ich jako internowanych. W tym wypadku termin ten został użyty prawidłowo. Wcześniej Polaków pojmanych w starciach z Armią Czerwoną nazywano w oficjalnych, wewnętrznych dokumentach radzieckich *wojennoplennymi*, czyli jeńcami wojennymi, i to również było właściwym terminem.

ZSRR nie przystąpił do IV konwencji haskiej z 18 października 1907 roku dotyczącej praw i zwyczajów wojny lądowej*, natomiast z konwencji genewskich z 27 lipca 1929 roku o polepszeniu losu rannych i chorych w armiach czynnych oraz o traktowaniu jeńców wojennych nie podpisał drugiej**, jednak oprócz prawa stanowionego istnieją powszechnie uznane normy zwyczajowe, które we wstępie do IV konwencji haskiej nakazuje się przestrzegać wszystkim państwom, również nie będącym stronami tej czy innych konwencji. Nie podporządkowując się tym wypracowanym przez wieki międzynarodowym normom zwyczajowym, mającym oparcie w poczuciu humanitaryzmu, Związek Radziecki postawił się poza wspólnotą państw cywilizowanych. Normy te ustaliły się również w efekcie dobrze rozumianej zasady wzajemności: traktujmy pojmanego przeciwnika tak, jak byśmy chcieli, aby on traktował nas w takiej sytuacji. Jednak akurat to nie miało żadnego znaczenia dla Stalina, który własnych żołnierzy wziętych do niewoli uważał za zdrajców i tak też ich traktował. Nawet własnego starszego syna, Jakowa.

---

* Konwencja ta składa się z 8 artykułów oraz aneksu zatytułowanego *Regulamin dotyczący praw i zwyczajów wojny lądowej*, zawierającego 56 artykułów. Art. 23, pkt. c i d *Regulaminu* zakazuje zabijania lub ranienia nieprzyjaciela, który złożył broń i poddał się, oraz grożenia, że nikomu nie będzie darowane życie.

** Konwencja ta została zrewidowana i opracowana na nowo jako konwencja genewska z 12 sierpnia 1949 r. Pierwsza jej wersja powstała 22 sierpnia 1864 r.

„Dopiero 1 lipca 1941 r. Rada Komisarzy Ludowych ZSRR wydała dekret o jeńcach wojennych, a 17 lipca wyraziła gotowość stosowania konwencji haskiej, protokołu genewskiego o zakazie wojny gazowej i konwencji genewskiej o traktowaniu jeńców wojennych"*. Trzeba jednak podkreślić, że w świetle radzieckiego stanowiska, według którego aneksja ponad połowy terytorium Polski była „przyłączeniem" do ZSRR „Zachodniej Ukrainy" i „Zachodniej Białorusi", kwestia polskich jeńców wojennych była traktowana jako wewnętrzna sprawa Związku Radzieckiego, regulowana prawem krajowym, nie zaś międzynarodowym. Walcząc z Armią Czerwoną na „przyłączonych" przez nią terenach, polscy wojskowi stawali się w najlepszym razie agresorami, a w najgorszym – członkami zbrojnych band antysowieckich. Jednak interesujące, że nic nie wiadomo o tym, by dekret o obywatelstwie ZSRR z 29 listopada 1939 roku, po którym zaczęto przymusową „paszportyzację" Polaków (odmowa przyjęcia obywatelstwa i radzieckiego dowodu tożsamości była karana zsyłką), objął również polskich oficerów. Wciąż byli nazywani jeńcami, podlegali więc prawu międzynarodowemu.

Odkąd tylko wtargnęły w granice Polski, Armia Czerwona i NKWD z pozornie dziwną zaciekłością dążyły do odcięcia dróg odwrotu polskim oddziałom, grupkom żołnierzy, a nawet cywilom, którzy starali się przejść na Węgry lub do Rumunii. Na przykład 19 września 1939 roku dowódca Frontu Ukraińskiego, późniejszy marszałek Siemion Timoszenko, nakazał „niezwłocznie zamknąć granicę państwową na od-

* Czesław Madajczyk, *Dramat katyński*, Książka i Wiedza, Warszawa 1989, s. 16.

cinku rzeki Zbrucz. W żadnym wypadku nie dopuszczać do ucieczki polskich oficerów z Polski do Rumunii". (Ciekawe, że mówiąc o Polsce, Timoszenko bezwiednie dopuścił się podwójnej gafy w świetle ówczesnego stanowiska Moskwy: po pierwsze, tereny na zachód od Zbrucza oficjalnie uznała ona za „wyzwoloną część Ukrainy", a po drugie – „państwo polskie przestało istnieć", jak głosiła nota radziecka, którą 17 września nad ranem zastępca komisarza spraw zagranicznych Władimir Potiomkin usiłował wręczyć polskiemu ambasadorowi Wacławowi Grzybowskiemu.) Szybciej i łatwiej byłoby podbić oraz opanować tereny częściowo wyludnione i bez sił zbrojnych, dla Kremla jednak najwyraźniej ważniejsze było co innego. Zapewne, przynajmniej w odniesieniu do wojskowych, władze radzieckie chciały zatrzymać osoby, które mogłyby się wydostać za granicę i szkodzić zbrojnie ZSRR*. Jednak okazało się, że ów pierwotny cel, powstrzymanie emigracji wojskowych i cywilów, był zakrojony znacznie szerzej. Cel ostateczny zaś, który wyszedł na jaw, gdy Sowietom nie udało się zrealizować pierwszego, był jeszcze inny, a środek jego realizacji najlepiej wyraża niemieckie słowo *Entlösung***.

---

* Można sądzić, że jednym z czynników, który jeśli nawet nie zdecydował o śmierci większości polskich oficerów w radzieckiej niewoli, to ją przyspieszył, był zamiar rządu gen. Sikorskiego wysłania Samodzielnej Brygady Strzelców Podhalańskich na pomoc walczącej z radziecką agresją Finlandii. Rząd podjął decyzję 29 stycznia 1940 r., brygadę zaczęto formować 9 lutego, ale nie weszła do akcji, ponieważ 12 marca na froncie fińskim nastąpiło zawieszenie broni. Brygada wzięła udział w bitwie o Narwik w tym samym czasie, gdy polscy oficerowie w ZSRR byli masowo mordowani.

** *Die Entlösung (der Judenfrage)* – ostateczne rozwiązanie (kwestii żydowskiej) – to nazistowski eufemizm „przemysłowej" zagłady Żydów europejskich, zadekretowanej podczas „konferencji Wannsee" (od ulicy Grosser Wannsee w Berlinie) 20 stycznia 1942 r.

ROZDZIAŁ 3

Zbrodnia

Niezależnie od tego, jak polscy wojskowi dostali się w ręce żołnierzy Armii Czerwonej i funkcjonariuszy NKWD – przeważnie w walce, ale także podstępnie aresztowani lub przypadkiem – początkowo w ogromnej większości zostali umieszczeni w 138 niewielkich tymczasowych obozach filtracyjnych. (Niektórych zamknięto w więzieniach lub – jak dwukrotnie rannego generała Władysława Andersa – na początku umieszczono w szpitalach.) Wiele z tych obozów, podlegających Armii Czerwonej, zorganizowano w niewielkiej odległości od polskiej granicy, na przykład w Szepietówce na Ukrainie. Osoby „poprawne klasowo" zwolniono do domu lub zapędzono do obozów pracy (około 26 tysięcy obywateli polskich), resztę zaś, czyli co najmniej 125 tysięcy, na podstawie rozporządzenia z 19 września 1939 roku przekazano NKWD, co było sprzeczne z prawem międzynarodowym dotyczącym jeńców wojennych. Z tej liczby między 7 a 18 października zwolniono około 42 400 szeregowych i podoficerów zamieszkałych w radzieckiej strefie okupacyjnej.

11 października szef NKWD ZSRR Ławrientij Beria wystąpił z propozycją podjęcia negocjacji w sprawie przekazania Niemcom tych jeńców, którzy pochodzili z terenów II Rzeczpospolitej zagarniętych przez Trzecią Rzeszę. W rezultacie między 24 października a 23 listo-

pada 1939 przekazano Niemcom 42 492 osoby. W analogicznej akcji ze strony niemieckiej do ZSRR przekazano przetrzymywanych w obozach niemieckich 13 757 jeńców wojennych, z których tylko oficerów i policjantów odesłano do obozów NKWD, pozostałych zaś zwolniono. Szczegółowych danych co do liczby osób odesłanych do obozów jak dotąd nie ujawniono.

Po uwzględnieniu tych akcji generalny bilans represjonowanych – jeńców przetrzymywanych w obozach sowieckich – kształtował się na poziomie 40 tysięcy osób.*

W październiku, wykonując decyzję Biura Politycznego KC WKP(b) „O jeńcach wojennych" z 2 października i rozkaz ludowego komisarza spraw wewnętrznych Ławrientija Berii z 3 października, uruchomiono dwa wielkie obozy zbiorcze podlegające NKWD: dla oficerów Wojska Polskiego w Starobielsku (wschodnia Ukraina, na południowy wschód od Charkowa) oraz dla żołnierzy Korpusu Ochrony Pogranicza, funkcjonariuszy Policji Państwowej i więziennictwa, żandarmów, pracowników wymiaru sprawiedliwości i wywiadu, łącznie około 6570 osób, w monastyrze na wyspie Stołobnyj i na półwyspie Swietlica na jeziorze Seliger koło Ostaszkowa (prawie w połowie odległości między Moskwą a Leningradem). Ponieważ obóz w Starobielsku okazał się za mały, na przełomie października i listopada utworzono trzeci, w Kozielsku (na południowy wschód od Smoleńska), dawnej posiadłości książąt Puzynów i Ogińskich, jako drugi obóz oficerski. Wszystkie one znajdowały się w zabudowaniach poklasztornych.

---

* Stanisław Ciesielski, Wojciech Materski, Andrzej Paczkowski (red.), *Represje sowieckie wobec Polaków i obywateli polskich*, Ośrodek KARTA, Warszawa 2002, wyd. II, poprawione; rozdz. „Represje 1939–41. Jeńcy wojenni".

Wśród jeńców tych trzech obozów było kilkunastu generałów i jeden kontradmirał, ponad 9,2 tysiąca oficerów niższych rang (w tym 5131 zawodowych oraz 4096 oficerów rezerwy i podchorążych), kilka tysięcy oficerów, podoficerów i szeregowych KOP (ta elitarna formacja ochraniała wyłącznie granicę wschodnią i południowo-wschodnią, stąd wrogość Sowietów dotknęła również niższe szarże), około 300 oficerów policji, kilkuset pracowników wywiadu, sądownictwa, prokuratury i więziennictwa, ponad 100 duchownych (głównie katolickich, ale też innych wyznań chrześcijańskich oraz mojżeszowego), a wreszcie osadników wojskowych (byli to weterani wojny bolszewickiej 1920 roku, którym w uznaniu zasług nadawano gospodarstwa rolne na Kresach Wschodnich) i ziemian. W sumie w wymienionych trzech obozach umieszczono ponad 15 tysięcy osób. Poza tym 11 tysięcy Polaków, w tym około 1,2 tysiąca oficerów, trafiło do więzień w Moskwie, Kijowie, Charkowie, Chersoniu (między innymi siedemdziesięciotrzyletni generał Mariusz Zaruski, malarz, pisarz, żeglarz i taternik) oraz na Białorusi. Osobom tym nie przysługiwał nawet pozór statusu jeńca.

Wśród oficerów zawodowych, do których należeli także pracownicy wojskowych placówek naukowych, jak Wojskowy Instytut Geograficzny, Instytut Przeciwgazowy, Instytut Technicznego Uzbrojenia, a szczególnie wśród oficerów rezerwy byli czołowi przedstawiciele inteligencji: profesorowie wyższych uczelni, nauczyciele, prawnicy, lekarze, farmaceuci czy inżynierowie.

W Kozielsku znalazło się około 4,5 tysiąca jeńców, w tym generałowie Henryk Minkiewicz-Odrowąż, starszy obozu, Bronisław Bohaterewicz, Mieczysław Smorawiński i Jerzy

Wołkowicki, kontradmirał Ksawery Czernicki*, około 400 starszych oficerów, mniej więcej 3500 oficerów młodszych i 500 podchorążych. Było wśród nich w przybliżeniu 200 lotników, 50 marynarzy, a także – wśród rezerwistów, którzy stanowili dwie trzecie jeńców – 21 pracowników wyższych uczelni, około 300 lekarzy, po kilkuset inżynierów oraz nauczycieli, ponad stu dziennikarzy i literatów.

W Starobielsku osadzono około 4 tysięcy jeńców, z których prawie połowę Sowieci ujęli we Lwowie. Byli wśród nich generałowie – Stanisław Haller, Leonard Skierski, Leon Billewicz, Aleksander Kowalewski, Kazimierz Orlik-Łukoski, Konstanty Plisowski, Franciszek Sikorski, Piotr Skuratowicz, a także Czesław Jarnuszkiewicz, którego w zimie przewieziono do więzienia w Moskwie** – oraz 380 oficerów starszych i 3450 młodszych, 30 podchorążych, a ponadto 50–100 cywilów. Do obozu tego trafiło około 300 lotników, kapelani wojskowi, rabin Wojska Polskiego major (według niektórych źródeł pułkownik) Baruch Steinberg***, 20 pra-

* Spośród tych pięciu najwyższych rangą jeńców ocalał tylko gen. J. Wołkowicki. Sowieci zapamiętali, że był on jednym z młodszych oficerów (miczmanem – chorążym marynarki), którzy sprzeciwili się poddaniu rosyjskiej floty Japończykom podczas bitwy pod Cuszimą w maju 1905 r. „Walczyć do końca, a potem wysadzić okręt w powietrze i ratować się" – brzmiały jego słowa podczas narady u adm. Niebogatowa, utrwalone w wydanej w pierwszej połowie lat 30. powieści Aleksieja Nowikowa-Priboja *Cuszima*.

** Ogółem w ręce radzieckie wpadło 62 polskich generałów, żywych wyszło 11. Z tych 7 brało udział w walkach we wrześniu i październiku 1939 r., a następnie wróciło do służby czynnej po zawarciu 31 lipca 1941 r. układu Sikorski–Majski. Z owych 62 generałów 6 zostało rozstrzelanych natychmiast po ujęciu lub wkrótce potem.

*** Wszystkich duchownych z obozu w Starobielsku także wywieziono przed Bożym Narodzeniem. Rabin Steinberg został zamordowany w Katyniu – nie jest jasne, jak się tam znalazł.

Mniej więcej 5 proc. spośród około 25 tys. zamordowanych we wszystkich sowieckich miejscach zagłady stanowili polscy Żydzi, w większości lekarze, lekarze cowników wyższych uczelni, około 400 lekarzy, kilkuset inżynierów, kilkuset prawników, nauczyciele.

Z upływem miesięcy stan osobowy tych trzech obozów nieco się zmieniał. Na przykład w grudniu przewieziono z Ostaszkowa do Kozielska oficerów zawodowych Wojska Polskiego, a także lotników z obozu przejściowego w Bołotnie koło Czernichowa. W Wigilię Bożego Narodzenia wywieziono wszystkich kapelanów, w tym księży katolickich i prawosławnych, biskupa protestanckiego i naczelnego rabina Wojska Polskiego*. Niektórzy jeńcy umierali na skutek chorób (w Starobielsku 48 osób), innych odsyłano do szpitali. Niektórych zabierano z obozów i poddawano specjalnemu śledztwu, po którym już tam nie wracali**. Z Kozielska ubyło

---

weterynarii i farmaceuci, a także prawnicy, inżynierowie i oficerowie zawodowi. Według Simona Schocheta 262 jeńców Kozielska było Polakami pochodzenia żydowskiego – Simon Schochet, *An Attempt to Identify the Polish-Jewish Officers Who Were Prisoners in Katyn*, Yeshiva University, New York 1989, s. 16, za: Louis Robert Coatney, *The Katyn Massacre: An Assessment of Its Significance as a Public and Historical Issue in the United States and Great Britain. 1940–1993*, Department of History, Western Illinois University December 1993 (http://www.ibiblio.org/pub/academic/history/marshall/military/wwii/special.studies/katyn.massacre/katynlrc.txt), także w jęz. polskim: Simon Schochet, *Polscy oficerowie pochodzenia żydowskiego – jeńcy Katynia na tle walk o niepodległość. Próba identyfikacji*, „Niepodległość", tom XXI, Nowy Jork 1988 (w tytule tej pracy jest oczywiście błąd: oficerowie zamordowani w Katyniu byli więzieni w Kozielsku). J. K. Zawodny ocenia, że tylko w Katyniu zginęło nawet 400–500 polskich Żydów.

* Wszelki ślad po tych duchownych zaginął – wyjątkiem był ks. prof. Kamil Kantak, który ocalał, gdyż był obywatelem Wolnego Miasta Gdańska. Natomiast nie wywieziono wówczas z Kozielska ks. Jana Ziółkowskiego, ponieważ odbywał karę karceru. Został później zamordowany w Katyniu z pozostałymi jeńcami. W Kozielsku przebywało około 100 duchownych różnych wyznań, a w Starobielsku 25.

** „Np. ppor. Eugeniusz Piotrowicz (z radia wileńskiego): po paru przesłuchaniach zabrano go i ślad po nim zaginął. Od grudnia 1939 r. zaczęła się «wywózka» małemi grupkami – od pięciu do dwudziestu" (Witold Ogniewicz, *Kozielsk*, wywiad w: „Wiadomości Polskie", nr 25, Londyn 20 czerwca 1943).

również trzech arystokratów. „Zostali oni zwolnieni z obozu. W ich sprawie interweniowały trzy domy panujące Europy – Anglicy wyciągnęli Radziwiłła, Rumuni Mirskiego, a Włosi Lubomirskiego”*. Z drugiej zaś strony przybywało jeńców, którzy wcześniej zataili, że są oficerami wojska lub policjantami i znajdowali się w obozach pracy. Przybyła również pewna liczba księży. W styczniu 1940 roku przyjechała do Kozielska grupa polskich oficerów internowanych na Litwie, których Sowieci zwabili obietnicą odesłania do domu. Ostatecznie jest pewne, że z początkiem marca 1940 roku na listach obozów w Kozielsku, Starobielsku i Ostaszkowie znajdowało się 14 736 jeńców.

We wszystkich trzech obozach NKWD prowadził intensywne „prześwietlanie” jeńców. Wbrew temu, czego można by się spodziewać, śledczym nie chodziło szczególnie o wydobycie jakichś ważnych informacji wywiadowczych, ale o pochodzenie i status społeczny jeńców, ich światopogląd, sympatie polityczne, przynależność do organizacji, stosunek do Związku Radzieckiego, opinie na temat sytuacji międzynarodowej. Najwyraźniej sprawdzano, którzy są niepoprawnymi wrogami Związku Radzieckiego i czy pozostałych można by w przyszłości wykorzystać w interesie ZSRR. W masie prawie 15 tysięcy jeńców znaleziono takich niespełna czterystu (2,7 procent), ale wkrótce okazało się, że ogromna większość z nich to „symulanci”**. W każdym razie tylko tych 395 osób ocaliło życie.

---

* Henryk Gorzechowski, *Na katyńskiej drodze*, wywiad w: „Ład”, nr 23, 24, 25, czerwiec 1989, za: *Katyń. Relacje, wspomnienia, publicystyka*, wstęp i oprac. Andrzej Leszek Szcześniak, Wydawnictwa „Alfa”, Warszawa 1989, s. 44.

** 29 marca 1940 r. V Wydział (wywiad) NKWD ZSRR sporządził listy

Gdy prawie 25 tysięcy obywateli polskich Sowieci pozbawili wolności jako jeńców lub więźniów (a 26 tysięcy zamknęli w obozach pracy), przystąpili do wyłapywania tych obywateli polskich – bez względu na narodowość – których uznali za „element niepewny". Rozpoczęli od aresztowań pojedynczych osób, przede wszystkim związanych ze strukturami państwowymi, ale również tych, które cieszyły się autorytetem w swoich środowiskach zawodowych, społecznych czy terytorialnych, ziemian, przemysłowców (nawet drobnych) i kupców. Historycy Ośrodka KARTA obliczają, że od września 1939 roku do czerwca 1941 roku aresztowano około 110 tysięcy osób (ponad 43 tysiące z nich oskarżono o nielegalne przekroczenie granicy), z czego ponad 1200 skazano na karę śmierci, a około 10 tysięcy zamordowano podczas „marszów śmierci" w czerwcu 1941 roku, kiedy NKWD ewakuował więzienia pod naporem inwazji niemieckiej. Aresztowania pojedynczych osób były zwiastunem wielkiej tragedii, która nadeszła w środku zimy.

10 lutego 1940 roku, w okresie straszliwych mrozów, NKWD rozpoczął pierwszą wielką wywózkę polskich obywateli.

Ofiarami tej deportacji byli głównie osadnicy wojskowi i cywilni koloniści [a także urzędnicy samorządowi] oraz pracownicy służby leśnej z rodzinami. Z dokumentów różnych ogniw NKWD wynika, iż

22 jeńców obozu starobielskiego, 24 obozu kozielskiego (Janusz K. Zawodny podaje, że było ich 21: *Zbrodnia katyńska*, w: *Katyń. Księga cmentarna polskiego cmentarza wojennego*, Oficyna Wydawnicza Rytm, Warszawa 2000, s. XXV, przyp. 60) i 7 ostaszkowskiego, zawierające nazwiska zwerbowanych agentów (co nie oznacza, że wszyscy oni zamierzali szczerze współpracować z Sowietami – jest to jeden z powodów, że opinii publicznej podano tylko ich pseudonimy). Jednocześnie ich mieszkające w Polsce rodziny zostały wykreślone z list osób przeznaczonych do deportacji w głąb ZSRR.

deportowano wówczas 139–141 tysięcy osób, z tego 88–89 tysięcy z tzw. Zachodniej Ukrainy oraz około 51 tysięcy z tzw. Zachodniej Białorusi. Polacy stanowili 81,7 procent, Ukraińcy 8,8 procent, Białorusini 8,1 procent. Deportowanych rozsiedlono w siedemnastu obwodach, krajach i republikach autonomicznych Rosyjskiej FSRR oraz w Kazachstanie. Największe skupiska przesiedlonych w lutym 1940 znajdowały się w obwodzie archangielskim, w Kraju Krasnojarskim, w obwodzie swierdłowskim i irkuckim, w Komi ASRR oraz w obwodzie mołotowskim. Wśród wysiedlonych (według stanu na 1 kwietnia 1941) było 27,7 procent mężczyzn (powyżej 16 roku życia), 28,7 procent kobiet, 8,6 procent dzieci w wieku 14–16 lat i 35 procent dzieci do 14 lat.*

Decyzję o przeprowadzeniu drugiej deportacji, która rozpoczęła się 13 kwietnia, podjęto 2 marca 1940 roku. Tym razem wywózkami objęto głównie rodziny osób wcześniej aresztowanych oraz rodziny jeńców z Kozielska, Starobielska i Ostaszkowa (a także zamożniejszych chłopów, oficjalistów dworskich i służbę leśną). Przesiedlono wówczas do Kazachstanu 61 tysięcy osób,

przeważnie kobiety, dzieci oraz osoby w podeszłym wieku, pochodzące z miast, nie przygotowane do ciężkiej pracy w gospodarstwach rolnych, do życia w prymitywnych warunkach, w surowym klimacie. Oprócz dominujących liczebnie Polaków deportowano w kwietniu również Żydów, Ukraińców i Białorusinów, jednak szczegółowe dane na temat składu narodowościowego tej grupy nie zostały dotąd ujawnione.

W czerwcu 1940 roku doszło do trzeciej deportacji, o której postanowiono również 2 marca. Dotknęła ona tak zwanych bieżeńców, czyli uchodźców z terenów zajętych przez Niemców, w sumie około 80 tysięcy osób.

---

* *Represje sowieckie.*, op. cit., rozdz. „Represje 1939–41. Deportowani".

Byli oni osiedleni w czternastu obwodach, krajach i republikach autonomicznych Rosyjskiej FSRR. Największe skupiska w części europejskiej ZSRR znajdowały się w obwodzie archangielskim i w Komi ASRR, a także w Maryjskiej ASRR oraz obwodzie wołogodzkim i mołotowskim. Liczne grupy skierowano na Syberię, do obwodów: swierdłowskiego, omskiego, irkuckiego, nowosybirskiego i czelabińskiego, do Kraju Ałtajskiego i Krasnojarskiego oraz do Jakuckiej ASRR. Wśród bieżeńców było 84,6 procent Żydów, 11 procent Polaków, 2,3 procent Ukraińców, 0,2 procent Białorusinów. Według danych z 1 kwietnia 1941 było wśród nich 29 437 mężczyzn i 26 459 kobiet, zaś liczba zesłanych dzieci była stosunkowo niewielka i wynosiła 20 172.

Czwarta deportacja rozpoczęła się w maju 1941 roku, a przerwał ją, nie całkiem zresztą, dopiero atak wojsk niemieckich 22 czerwca. Charakter i zasięg tej deportacji zdają się wskazywać, że miała ona związek ze zbliżającą się wojną niemiecko-radziecką. Objęci nią zostali „aktywni członkowie organizacji kontrrewolucyjnych" i członkowie ich rodzin, żandarmi, strażnicy, kadra kierownicza policji, więziennictwa oraz szeregowi policjanci i strażnicy więzienni, obszarnicy, handlowcy, fabrykanci, urzędnicy wraz z członkami rodzin, oficerowie, „wobec których są materiały kompromitujące", członkowie rodzin „uczestników organizacji kontrrewolucyjnych", skazanych na karę śmierci oraz ukrywających się i zakonspirowanych, osoby przybyłe w ramach repatriacji z niemieckiej strefy okupacyjnej oraz osoby, które wyjeżdżały do Niemiec „przy stwierdzeniu materiałów kompromitujących", uchodźcy z Polski, którzy odmówili przyjęcia obywatelstwa sowieckiego, elementy kryminalne oraz prostytutki zarejestrowane przez policję, „uprawiające dotychczasowy proceder".

22 maja rozpoczęły się wysiedlenia z tak zwanej Zachodniej Ukrainy, do obwodów: nowosybirskiego, omskiego, południowokazachstańskiego oraz do Kraju Krasnojarskiego. „Wedle wyliczeń opartych na analizie dokumentów NKWD, z tzw. Zachodniej Ukrainy wywieziono wówczas 11 093 osoby (są źródła mówiące o 12 400). W nocy 12/13 czerwca fala deportacji ogarnęła Mołdawię, a następnego dnia Litwę, Łotwę i Estonię. Z Litwy, według danych NKWD, wywieziono na zesłanie 12 838 (a wedle innych danych 13 170) osób, a nadto do obozów skierowano dalsze 4663 osoby". Deportowanych z Litwy osiedlono głównie w Kraju Ałtajskim, mniejsze grupy trafiły do obwodu nowosybirskiego, Republiki Komi i Kazachstanu. „W nocy 19/20 czerwca deportacje objęły tzw. Zachodnią Białoruś, dane dotyczące deportowanych z tych terenów zawarte w dokumentacji NKWD są niespójne i zamykają się w przedziale 20,4–24,3 tysiąca osób". Ludzi zsyłano między innymi do obwodu nowosybirskiego, Kraju Ałtajskiego, Kraju Krasnojarskiego oraz do Kazachstanu.

Wybuch wojny sowiecko-niemieckiej i silne bombardowania węzłów kolejowych, zwłaszcza Mińska, spowodowały znaczne zakłócenia w przebiegu operacji deportacyjnej, a także straty wśród wywożonej ludności. W maju i czerwcu 1941 wywieziono ogółem 86–91 tysięcy osób. Niestety, brak danych pozwalających ustalić, jaką część tej liczby stanowili Polacy lub obywatele polscy. Precyzyjniejszy rachunek utrudnia zwłaszcza nieznajomość tych danych w odniesieniu do Litwy, której tylko część wchodziła wcześniej w skład Rzeczpospolitej. Obliczenia uwzględniające wskazane wyżej liczby wywiezionych z Białorusi, Ukrainy i Litwy pozwalają przypuszczać, że obywateli polskich deportowanych wiosną 1941 mogło być 34–44 tysięcy.*

* Ibidem.

Na 26 czerwca 1941 roku była zaplanowana specjalna wielka deportacja mieszkańców Litwy.

Najwyraźniej Sowieci oczyszczali szeroko rozumianą strefę przyfrontową, pole przyszłej bitwy granicznej, obawiając się dywersji i sabotażu ze strony „niepewnego elementu". Zresztą nawet oficjalna nazwa wszystkich wywózek brzmiała „oczyszczanie zaplecza". Może to świadczyć za tezą po raz pierwszy wysuniętą przez Wiktora Suworowa, i oczywiście początkowo wyszydzoną przez tak zwanych poważnych historyków*, że ZSRR szykował się do wyprzedzającego uderzenia na Niemcy, choć nie jest wykluczone, że chodziło o zabezpieczenie tyłów na wypadek agresji Niemiec.

Wszystkie deportacje odbywały się na podstawie „Instrukcji o trybie przeprowadzenia operacji wysiedlenia antyradzieckiego elementu", podpisanej przez zastępcę ludowego komisarza spraw wewnętrznych ZSRR Iwana Sierowa. Pierwszy rozdział tego dokumentu zawierał ideologiczny instruktaż dla funkcjonariuszy NKWD mających wziąć udział w wywózkach, a następnych sześć traktowało o technicznych i logistycznych szczegółach operacji. Na przykład ro-

* W. Suworow, *Lodołamacz*, Editions Spotkania, Warszawa 1992. Identyczny pogląd wyraził Borys W. Sokołow w artykule *Did Stalin Intend to Attack Hitler?*, „The Journal of Slavic Military Studies", June 1998 (także: *Wojna prewencyjna Stalina 1940–1941*, „Mówią Wieki", nr 9/2007). Amerykańscy wydawcy zaoponowali przeciw poglądowi Sokołowa w specjalnej nocie wstępnej.

Suworow i Sokołow różnią się w ocenie szans powodzenia hipotetycznego radzieckiego uderzenia wyprzedzającego. Sokołow uważa, że Stalin przegrałby z powodu niższości technicznej radzieckiego uzbrojenia i niedostatecznego wyszkolenia żołnierzy i kadr dowódczych. Nie bierze on jednak pod uwagę, że siły zbrojne nigdy nie są tak bezbronne jak wtedy, gdy wychodzą na pozycje wyjściowe do ataku, a taka była sytuacja wojsk niemieckich w czerwcu 1941 r. Wypada więc przyznać słuszność Suworowowi, że plan Stalina miał duże szanse powodzenia.

dziny wyznaczone do deportacji, przeważnie zerwane ze snu w środku nocy, miały dwie godziny na przygotowanie się do opuszczenia domu i spakowanie niezbędnych rzeczy. „Instrukcja" zawierała wykaz tych rzeczy, ale „trójki wysiedlające" często nie pozwalały zesłańcom skorzystać z przyznanych im przez Sierowa dwóch godzin, niekiedy nawet dając im na spakowanie się zaledwie kwadrans.

W sumie podczas czterech wymienionych deportacji przesiedlono w głąb Związku Radzieckiego od 309 do 327 tysięcy obywateli polskich różnych narodowości (według niektórych dawniejszych ocen było wśród nich nieco ponad 50 procent Polaków i około 30 procent Żydów). Do tej liczby należy dodać indywidualne deportacje rodzin osób wcześniej represjonowanych (prawdopodobnie 1–2 procent tej liczby), deportowanie obywateli polskich w granicach Ukrainy i Białorusi poza strefę przygraniczną (prawdopodobnie kilkadziesiąt tysięcy osób) oraz deportowanie od 13 do 16 tysięcy obywateli polskich – co trzeci z nich był Polakiem – z obwodu lwowskiego i Wołynia do Besarabii i północnej Bukowiny, z których to byłych rumuńskich terytoriów latem 1940 roku wyjechało około 130 tysięcy niemieckich kolonistów.

Należy również pamiętać o 150 tysiącach obywateli polskich wcielonych do Armii Czerwonej. Ponadto nieznana bliżej liczba Polaków – być może 50 tysięcy osób – została ewakuowana w czerwcu i lipcu 1941 roku wraz z wyposażeniem fabryk, w których byli zatrudnieni.

Ocenia się, że podczas wielotygodniowych transportów śmiertelność wśród deportowanych wyniosła około 10 procent, a w miejscach osiedlenia wahała się od ułamka procentu do około 10 procent – do zawarcia układu Sikorski–Majski zmarło tam przypuszczalnie 15 tysięcy osób. Nie można obecnie dokładnie ustalić, ile osób zmarło, poczynając od drugiej połowy 1941 roku. „Trafny natomiast wydaje się wniosek, iż to właśnie na okres po sierpniu 1941 przypada największa część strat obywateli polskich, którzy znaleźli się w głębi ZSRR"*. Jest to logiczny wniosek, ponieważ w miarę przedłużania się pobytu na zsyłce siły zesłańców coraz bardziej się wyczerpywały. Do lata 1941 roku przeżyli dopiero jedną zimę w skrajnie trudnych warunkach, później czekały ich następne, a ich organizmy były coraz bardziej wyniszczone głodem, nadludzkim wysiłkiem i chorobami. Trzeba też koniecznie podkreślić, że powyższe dane dotyczące śmiertelności nie dotyczą zesłanych do obozów o zaostrzonym rygorze, szczególnie na Kołymie i Czukotce. W latach 1940–1941 było ich prawdopodobnie około 10 tysięcy, a zmarło około 90 procent.

Łączna liczba 327 tysięcy deportowanych drastycznie odbiega od wcześniejszych szacunków różnych agend polskiego rządu emigracyjnego i dowodzonej przez Władysława Andersa Armii Polskiej w ZSRR, a także licznych polskich historyków i publicystów**. Szacunki te wahały się od 990 tysięcy przez 1,442 miliona do 1,660 miliona Polaków wywiezionych w głąb ZSRR. Nawet w stosunkowo niedawno wydanej publikacji*** ocenia się, że w czterech wielkich

* Ten i poprzednie cytaty – *Represje sowieckie*, op. cit., rozdz. „Represje 1939–41. Deportowani".

** Dawniejsze polemiki z liczbami podawanymi przez autorów *Represji sowieckich*. – patrz aneks 1. „Liczba deportowanych – polemiki".

*** *Historia Polski w liczbach. Ludność. Terytorium*, GUS, Warszawa 1993, tabl. 168, s. 195.

deportacjach wywieziono 220 000 + 320 000 + 240 000 + + 300 000 = 1 080 000 obywateli polskich, są to jednak obliczenia oparte na wcześniejszych, wyolbrzymionych. Rachunek sporządzony przez historyków Ośrodka KARTA jest natomiast oparty na ujawnionych po ponad sześćdziesięciu latach źródłach radzieckich, jak raporty Wojsk Konwojowych NKWD dokumentujące akcje deportacyjne czy ściśle z nimi powiązane statystyki przewozów kolejowych, a także dokumenty Wydziału Osiedleń Roboczych i Specjalnych GUŁagu NKWD. Autorów tych źródeł nie można podejrzewać o celowe zaniżanie danych, ponieważ wzajemnie się one potwierdzają, ponadto na ich podstawie wykonawcy rozkazu o wywózkach byli rozliczani z wykonania „planu", a w systemie sowieckim niewykonanie go kwalifikowano jako sabotaż, za co groziła kara śmierci. Jak mówi Aleksandr E. Gurjanow, koordynator Polskiej Komisji Międzynarodowego Stowarzyszenia Memoriał, trudno „podejrzewać o manipulacje i zafałszowania" autorów dokumentów NKWD przeznaczonych do użytku wewnętrznego. Chociaż dla wielu osób, w tym niektórych historyków znających wspomniane szacunki polskie, ta weryfikacja strat jest szokująca, wypada się raczej cieszyć, że w rzeczywistości były one od trzech do pięciu razy niższe niż wedle pierwotnych obliczeń. W żadnej mierze jednak nie umniejsza to ani cierpień polskich obywateli, ani zbrodniczości Sowietów.

Podczas gdy trwała pierwsza wielka deportacja, rozpoczęta w lutym 1940 roku, powoli rozstrzygał się los polskich jeńców wojennych.

Jak już wiemy, wpływ na ten los mogła mieć decyzja wysłania Samodzielnej Brygady Strzelców Podhalańskich na pomoc walczącej z ZSRR Finlandii. Jednak czynnikiem decydującym były szersze kwestie natury strategicznej. Dla wszystkich było oczywiste, że wiosną 1940 roku Hitler zaatakuje Francję. W związku z tym Stalin szykował się, aby ponownie – zgodnie ze swoim powiedzeniem – wybrać kasztany z ognia cudzymi rękami. We wrześniu 1939 roku Hitler umożliwił mu zajęcie ponad połowy Polski. Teraz Stalin miał nadzieję, że wojska niemieckie utkną na „niezwyciężonej" linii Maginota, dzięki czemu będzie mógł zaatakować je od tyłu (Hitler pozostawił na wschodzie tylko 12 dywizji osłonowych) i wreszcie – po dwudziestu latach przerwy – ponownie spróbować eksportu rewolucji na Zachód, na razie na terytorium Niemiec. Świadczy o tym nie tylko dyrektywa z 26 lutego 1940 roku dla Floty Czerwonej, w której jako potencjalnych przeciwników ZSRR wymieniono Niemcy, Włochy i Węgry, ale i wystąpienia Stalina na zamkniętych posiedzeniach partyjnych. Oczywiście w chwili ataku na Niemcy Związek Radziecki stałby się naturalnym sojusznikiem Zachodu, a tym samym również polskiego rządu emigracyjnego. W konsekwencji należałoby zwolnić polskich jeńców wojennych. Jednak, jak słusznie zauważa wspomniany już Borys Sokołow, według kalkulacji Kremla

> w żadnym wypadku nie należało oddawać rządowi Sikorskiego polskich oficerów. Nie można też było ich nie oddać. Pozostawało w tajemnicy ich wymordować, a później powiedzieć, że przepadli bez wieści albo zostali zwolnieni i wydaleni gdzieś daleko, np. do Mandżurii. A tam, być może, zabili ich lub uwięzili Japończycy, na co ZSRR nie ma żadnego wpływu. Takie tłumaczenie byłoby potrzebne, jeśli losem rozstrzelanych Polaków zainteresowałyby się władze brytyjskie i francuskie. Ale Stalin miał nadzieję, że nie będzie żadnych pytań. Że

szybko zajmie Polskę i stworzy lojalny Moskwie rząd komunistyczny, a Londyn i Paryż przemilczą sprawę, dziękując, że „wujaszek Joe" wybawił ich od Hitlera.

Głównym powodem likwidacji polskich oficerów i czołowych przedstawicieli polskiej inteligencji było zatem pozbawienie narodu polskiego tych elit, aby w niedalekiej przyszłości zastąpić je swoimi kadrami, które umożliwią zwasalizowanie Polski. Niewątpliwie drugim powodem była chęć zemsty Stalina na oficerach, którzy przyczynili się do klęski Związku Radzieckiego w 1920 roku i do jego osobistej kompromitacji w oczach towarzyszy partyjnych, ale w poczynaniach radzieckiego dyktatora przeważał zmysł polityczny, zatem to polityka, a nie względy osobiste, musiała mieć decydujący wpływ na jego decyzje.

Zamierzając jak najszybciej zakończyć stan wojny z Finlandią, aby przygotować armię do nowych, czekających ją już wkrótce – jak sądził Stalin – zadań na zachodzie, ale też by nie wzbudzać wśród potencjalnych sojuszników nadmiernych podejrzeń, że radziecki udział w przyszłej wspólnej wojnie z Niemcami będzie miał charakter zaborczy, 12 marca 1940 roku Moskwa zawarła z Helsinkami układ pokojowy, w którym zadowoliła się koncesjami terytorialnymi, rezygnując z narzucenia Finom reżimu komunistycznego na wzór Litwy, Łotwy i Estonii. Niemal równocześnie przystąpiła do ostatecznego rozwiązania kwestii polskich jeńców wojennych. Jak pisze Sokołow, „to właśnie z powodu wojny z Hitlerem, która mogła się rozpocząć w ciągu najbliższych miesięcy, Stalin spieszył się do rozprawy z polskimi jeńcami".

20 lutego 1940 roku Piotr Soprunienko (1908–1992), naczelnik Zarządu do spraw Jeńców Wojennych NKWD ZSRR, zaproponował, aby zwolnić chorych i starszych (powyżej sześćdziesiątego roku życia) jeńców, a także oficerów rezerwy pochodzących z zaanektowanych przez ZSRR terenów Polski, „którzy mają zawody przydatne w cywilu, a nie dotyczą ich jakieś materiały obciążające".

[Natomiast] oficerów KOP, oficerów II Oddziału Sztabu Głównego i kontrwywiadu, sądownictwa, prokuratury, działaczy POW*, „Sokoła"** i obszarników skierować na Kolegium Specjalne NKWD, czyli – mówiąc wprost – skazać na śmierć. Pozostałych jeńców należało przetrzymywać nadal w obozach. Propozycja ta zainteresowała Berię, toteż na następny dzień (21 lutego) wyznaczył spotkanie Mierkułowowi*** i Soprunience, aby omówić sprawę.****

---

* Polska Organizacja Wojskowa – tajna organizacja założona w sierpniu 1914 r. w Warszawie przez J. Piłsudskiego. Początkowo działała w Królestwie Polskim, później w Rosji i na Ukrainie, od lata 1917 r. także w Galicji, a od lutego 1918 r. w Wielkopolsce. Prowadziła szkolenie wojskowe młodzieży i działalność wywiadowczą przeciw Rosji, na rzecz Austro-Węgier, jednakże jej perspektywicznym celem było przygotowanie podwalin pod przyszłe wojsko polskie. POW odegrała znaczną rolę w chwili załamania się państw centralnych, kiedy jej członkowie rozbrajali austro-węgierskich i niemieckich żołnierzy i przejmowali władzę na ziemiach polskich po 123 latach zaborów.

** Polskie Towarzystwo Gimnastyczne „Sokół", mające także charakter społeczno-wychowawczy, później zaś paramilitarny, powstało w 1866 r. we Lwowie, a następnie jego „gniazda" założono na wszystkich ziemiach polskich. „Sokół" był prześladowany w zaborze rosyjskim.

*** Wsiewołod N. Mierkułow (1895–1953), pierwszy zastępca ludowego komisarza spraw wewnętrznych i naczelnik Głównego Zarządu Bezpieczeństwa Państwowego NKWD (GUGB).

**** *Katyń. Dokumenty zbrodni*, t. 1. *Jeńcy niewypowiedzianej wojny sierpień 1939–marzec 1940*, Wyd. TRIO, Warszawa 1995, s. XXX–XXXI, dok. 188, s. 424, 462–468.

Beria i Mierkułow przychylili się do propozycji Soprunienki. 22 lutego Mierkułow wydał rozkaz, aby przenieść pracowników więziennictwa, agentów wywiadu, oficerów Oddziału II Sztabu Głównego (wywiad), osadników, obszarników, kupców „i innych" z obozów w Starobielsku, Ostaszkowie i Kozielsku do więzień NKWD w Charkowie, Twerze (Kalininie) i Smoleńsku. Dyrektywę Mierkułowa szczegółowo rozwinął Soprunienko w zarządzeniu numer 25/1869. Na podstawie tych decyzji wkrótce zostały podjęte działania, w wyniku których na przykład z obozu w Kozielsku skierowano do Zarządu NKWD Obwodu Smoleńskiego 60 oficerów i 55 osób cywilnych, które przybyły tam 3 marca 1940 roku.

> Przed 4 marca 1940 roku w Zarządzie ds. Jeńców Wojennych odbyła się jeszcze narada, na której omówiono techniczną stronę „rozładowania" obozów, z założeniem, że wszyscy jeńcy zostaną skazani na 3–8 lat łagrów na Kamczatce. [...] W czasie trwania wspomnianej narady w kierownictwie NKWD opracowywany był już projekt notatki nr 794/B z 5 marca 1940 roku [...].*

Z punktu widzenia sowieckich kryteriów klasowych i interesów społeczno-ekonomicznych propozycja Soprunienki była racjonalna. Starzy i chorzy jeńcy nie byli niebezpieczni, a przyszła praca oficerów rezerwy wykonujących w cywilu zawód lekarza, inżyniera czy nawet nauczyciela – przypomnijmy, że były ich tysiące – mogła być wykorzystana w „ojczyźnie światowego proletariatu" (precedens taki już był: po aneksji wschodniej połowy Polski Sowieci oszczędzili

* J. K. Zawodny, *Zbrodnia katyńska*, op. cit., s. XXX–XXXI.

profesorów lwowskich, zachęcając ich do pozostania na stanowiskach, gdy w tym samym czasie, czyli w listopadzie 1939 roku, Niemcy wywieźli do obozów koncentracyjnych profesorów krakowskich). Ponadto oszczędzenie jeńców tych kategorii zmniejszyłoby obciążenie organów NKWD i ministerstwa transportu czynnościami związanymi z „rozładowaniem" obozów, a trzeba wiedzieć, że „czekiści" traktowali swoje obowiązki przede wszystkim właśnie w kategoriach biurokratycznych. Z 14 736 jeńców ocalałoby może około 4 tysięcy, jeśli nie więcej. Nic więc dziwnego, że Beria i Mierkułow zaakceptowali propozycję Soprunienki (z podobną wystąpił on już w listopadzie 1939 roku*) i postanowili ograniczyć masakrę polskich jeńców do osób uznanych za „obcych klasowo" i nie rokujących nadziei przynajmniej na pogodzenie się z życiem w ustroju sowieckim.

Jednak sprawa przybrała inny obrót.

5 marca 1940 roku szef NKWD Ławrientij Beria w notatce numer 794/B przedstawił Stalinowi projekt decyzji Biura Politycznego dotyczący „rozładowania" obozów jenieckich w Kozielsku, Starobielsku i Ostaszkowie. Oto pełna treść tego czterostronicowego dokumentu, który wciąż bywa kwestionowany w Rosji**:

* Zaproponował on wówczas Berii zwolnienie wszystkich jeńców pochodzących z terenów okupowanych przez Związek Radziecki, a zatrudnionych przy budowie NKWD nr 1 (szosa Nowogród Wołyński–Równe–Lwów), i zastąpienie ich policjantami z obozu w Ostaszkowie.

** Na podstawie kolorowej fotokopii oryginału i tłumaczenia w: „Gazeta Wyborcza" – „Duży Format", nr 36, 24 września 2007, s. 19–20. W innych polskich publikacjach, zarówno książkowych, jak i prasowych, publikowane są czarno-białe kserokopie, poświadczone za zgodność z oryginałem podpisem i pieczęcią Głównego Archiwisty Państwowego R. G. Pichoi (np. „Gazeta Wyborcza", 15 października 1992, s. 5 – z błędem w sygnaturze tłumaczenia notatki Berii).

ZSRR
Ludowy Komisariat
Spraw Wewnętrznych
„...” marca 1940 r.
Nr 794/B
m. Moskwa

Protokół nr 13, p. 144, teczka specjalna
ŚCIŚLE TAJNE
5 III 1940 r.

KC WKP(b)
Dla towarzysza STALINA

W obozach NKWD ZSRR dla jeńców wojennych i w więzieniach zachodnich obwodów Ukrainy i Białorusi w chwili obecnej przetrzymywana jest wielka liczba byłych oficerów armii polskiej, byłych pracowników polskiej policji i organów wywiadu, członków polskich nacjonalistycznych k[ontr]-r[ewolucyjnych] partii, członków ujawnionych k-r organizacji powstańczych, uciekinierów i in. Wszyscy oni są zawziętymi wrogami władzy radzieckiej, pełnymi nienawiści do ustroju radzieckiego.

Jeńcy wojenni, oficerowie i policjanci, przebywający w obozach, próbują kontynuować działalność k-r, prowadzą agitację antyradziecką. Każdy z nich oczekuje oswobodzenia, by uzyskać możliwość aktywnego włączenia się w walkę przeciwko władzy radzieckiej.

Organy NKWD w zachodnich obwodach Ukrainy i Białorusi odkryły szereg k-r organizacji powstańczych. We wszystkich tych organizacjach aktywną rolę przywódczą grali byli oficerowie byłej polskiej armii, byli policjanci oraz żandarmi.

Wśród zatrzymanych zbiegów i przechodzących granicę także ujawniono znaczną liczbę osób, które są uczestnikami k-r organizacji szpiegowskich i powstańczych.

W obozach dla jeńców mieści się (nie licząc żołnierzy i podoficerów) 14 736 byłych oficerów, urzędników, obszarników, policjantów, żandarmów, pracowników służby więziennej, osadników i wywiadowców, ponad 97 proc. z nich jest narodowości polskiej.

W tym:

Generałów, pułkowników i podpułkowników – 295

Majorów i kapitanów – 2080

Poruczników, podporuczników i chorążych – 6049

Oficerów i podoficerów policji, żandarmów, strażników więziennych, wywiadowców – 5138

Szpiegów i dywersantów – 347
Byłych obszarników, fabrykantów i urzędników – 465
Członków różnych k-r organizacji i różnego k-r elementu – 5345
Uciekinierów – 6127

Biorąc pod uwagę, że wszyscy oni są zatwardziałymi, nie rokującymi poprawy wrogami władzy radzieckiej, NKWD ZSRR uważa za niezbędne:

I. Polecić NKWD ZSRR:

1) Sprawy znajdujących się w obozach dla jeńców wojennych 14 700 osób, byłych polskich oficerów, urzędników, obszarników, policjantów, agentów wywiadu, żandarmów, osadników i służby więziennej,

2) jak też sprawy aresztowanych i znajdujących się w więzieniach w zachodnich obwodach Ukrainy i Białorusi 11 000 osób, członków różnorakich k-r organizacji, byłych obszarników, fabrykantów, byłych polskich oficerów, urzędników i uciekinierów – rozpatrzyć w trybie specjalnym, z zastosowaniem wobec nich najwyższego wymiaru kary – rozstrzelania.

II. Sprawy rozpatrzyć bez wzywania aresztowanych i bez przedstawiania zarzutów, decyzji o zakończeniu śledztwa i aktu oskarżenia – w następującym trybie:

a) wobec osób znajdujących się w obozach dla jeńców wojennych – na podstawie informacji przekazanych przez Zarząd do spraw Jeńców Wojennych NKWD ZSRR.

b) wobec osób aresztowanych – na podstawie informacji przekazanych przez NKWD USRR i NKWD BSRR.

III. Rozpatrzenie spraw i podjęcie uchwały zlecić trójce w składzie: tt. Beria, Mierkułow i Basztakow* (Naczelnik 1. Wydziału Specjalnego NKWD ZSRR). [Stalin odręcznie wykreślił nazwisko Berii i między nazwiska Mierkułowa i Basztakowa wpisał – ponad wierszem – Kobułowa**.]

Ludowy Komisarz Spraw Wewnętrznych
Związku SRR
Ł. Beria

---

* Leonid F. Basztakow (1900–1970), naczelnik Wydziału 1 Specjalnego (ewidencyjno-statystycznego) GUGB.

** Bogdan Z. Kobułow (1894 lub 1904–1953), od 1939 r. naczelnik Głównego Zarządu Gospodarczego NKWD.

Na pierwszej stronie pisma Berii zamaszyście podpisali się Stalin, Woroszyłow*, Mołotow** i Mikojan***, a na lewym marginesie sekretarz dopisał „Kalinin**** – za, Kaganowicz***** – za".

Jak już wiemy, propozycję Soprunienki z 20 lutego zaaprobowali dwaj jego bezpośredni zwierzchnicy. Jeżeli została ona zmieniona w tym sensie, że na śmierć zostali skazani wszyscy polscy jeńcy wojenni, to mogło się to stać wyłącznie z woli tego, kto stał nad nimi. Była tylko jedna taka osoba – Stalin. Syn Berii, Sergo, „twierdził, że Ławrientij Pawłowicz był przeciwny zamordowaniu polskich oficerów, uważając, że w obliczu wojny z Niemcami mogą się jeszcze przydać ZSRR, ale nie zaryzykował sprzeciwienia się woli Stalina".

> [Beria] Rozumiał, że w przeciwnym wypadku podzieliłby los polskich oficerów. Uzyskał jedynie wyłączenie ze składu „trójki specjalnej", która wydawała wyroki śmierci na Polaków. Nazwisko Berii zostało

---

* Kliment J. Woroszyłow (1881–1969), marszałek, w latach 1934–1940 ludowy komisarz (minister) obrony.

** Wiaczesław M. Mołotow, wł. Skriabin (1890–1986), w latach 1930––1941 przewodniczący Rady Komisarzy Ludowych (premier), w latach 1939–1949 ludowy komisarz (minister) spraw zagranicznych.

*** Anastas I. Mikojan (1895–1978), od 1937 r. zastępca przewodniczącego Rady Komisarzy Ludowych (wicepremier).

**** Michaił I. Kalinin (1875–1946), formalnie głowa państwa radzieckiego od 1919 r. (przewodniczący Ogólnorosyjskiego Centralnego Komitetu Wykonawczego Rad; od 1938 r. przewodniczący Prezydium Rady Najwyższej ZSRR) prawie do śmierci w 1946 r.

***** Łazar M. Kaganowicz (1893–1991), ludowy komisarz (minister): transportu 1935–1944, przemysłu naftowego i surowców energetycznych 1939–1940. Kilka lat wcześniej zaproponował, aby sprawy osób oskarżonych o przestępstwa polityczne rozpatrywać w trybie pozasądowym. Z inicjatywy Mołotowa zaczęto stosować tę procedurę do całych grup. W tym właśnie trybie skazano na śmierć polskich jeńców wojennych i niektórych więźniów (patrz rozdział 6).

usunięte z dokumentów, a zamiast niego figuruje w nich jego zastępca Wsiewołod Mierkułow.

Postępowanie Berii nie wynikało z przywiązania do zasad humanizmu. Stała za tym zimna polityczna kalkulacja: nie wiadomo, jak w przyszłości ułożą się stosunki z Polską i jej sojusznikami – Wielką Brytanią i Francją, i może się zdarzyć, że Stalin będzie potrzebował kozła ofiarnego, aby wobec mocarstw zachodnich zrzucić na niego odpowiedzialność za zbrodnię. Dlatego Beria, w trosce o własne bezpieczeństwo, wysunął czysto pragmatyczny argument, że niby Polacy mogą się jeszcze przydać na wojnie z Niemcami.

Podane tu za Sokołowem uzasadnienie domniemanej prośby Berii o wycofanie go ze składu „trójki specjalnej" brzmi logicznie, trzeba jednak zauważyć, że już sama taka prośba mogła wzbudzić wątpliwości Stalina co do lojalności szefa NKWD.

Z formalnego punktu widzenia notatka Berii była jedynie propozycją skierowaną do Biura Politycznego. Dlatego – również z datą 5 marca 1940 roku – Biuro Polityczne Komitetu Centralnego Wszechzwiązkowej Komunistycznej Partii (bolszewików) wydało decyzję P13/144 (protokół numer 13, punkt 144). Była ona do tego stopnia zgodna z notatką Berii – bez wątpienia wcześniej uzgodnioną ze Stalinem, a nawet napisaną na polecenie dyktatora – że zawierała po prostu powtórzenie wypunktowanych rekomendacji szefa NKWD.

Anna Maria Cienciala, amerykański historyk polskiego pochodzenia, rozważała kwestię, dlaczego polskich jeńców wojennych trzymano w obozach aż do wiosny 1940 roku, dlaczego nie wysłano ich na przymusowe roboty, lecz rozstrzelano, oraz dlaczego zdecydowano o tym akurat 5 marca 1940 roku. Jej wnikliwa, wszechstronna analiza międzynarodowych uwarunkowań tej decyzji zasługuje na przytoczenie in extenso.

Na te pytania dokumenty nie dają odpowiedzi, lecz istnieją poszlaki pozwalające wysnuć pewne wnioski. Piotr Soprunienko zeznał, że Komisariat Ludowy Spraw Wewnętrznych (NKWD) zamierzał szeregowych żołnierzy wykorzystać do budowy drog, „a oficerów zatrzymać w obozach, licząc na umowę z polskim rządem znajdującym się w Londynie"*. Jest to znamienna wypowiedź ze strony bądź co bądź szefa Administracji [Zarządu] NKWD do spraw Jeńców Wojennych. Można przypuszczać, że wiąże się ona z raportem złożonym w brytyjskim MSZ przez znanego dziennikarza Stefana Litauera na temat wypowiedzi gen. Władysława Sikorskiego (ówczesnego premiera i naczelnego dowódcy sił zbrojnych RP) w rozmowie z Litauerem z 16 listopada 1939 r. (Sikorski przyjechał z Francji z wizytą do Wielkiej Brytanii). Otóż Litauer donosił, że Sikorski uważał przywrócenie przedwojennych granic polskich za „problematyczne". Sądził, że jeśli niemożliwe okaże się odzyskanie ziem zajętych przez Rosję, Polska mogłaby otrzymać rekompensatę w postaci wojskowej kontroli nad Prusami Wschodnimi. Nie wiadomo, co dokładnie powiedział Litauerowi gen. Sikorski, ale wiadomo, że nieco później brał pod uwagę możliwość oddania części Kresów Rosji, zatrzymując tereny z polską większością przy Polsce. W każdym razie można uznać za pewnik, że ambasada sowiecka – z którą Litauer utrzymywał zażyłe stosunki – przekazała jego raport do Moskwy, gdzie wypowiedź Sikorskiego oceniono jako sygnał ewentualnego uznania przez rząd RP zaboru Kresów, a tym samym uznania nowej granicy, do czego dążył rząd sowiecki. Tak więc uwaga Soprunienki odnosi się prawdopodobnie do drugiej połowy listopada 1939 r. Kiedy Moskwa znała już raport Litauera, NKWD zezwoliło jeńcom w trzech obozach specjalnych na korespondencję z rodzinami (jak wiadomo, urwała się ona w marcu 1940 r.).

Pozostaje pytanie, dlaczego decyzja politbiura dotycząca rozstrzelania jeńców zapadła 5 marca 1940 r., a nie wcześniej, skoro z raportów

* Wówczas jeszcze w Angers (Francja).

NKWD wynikało, że znakomita ich większość jest gorąco patriotyczna oraz że „edukację polityczną" (propagandę), której byli poddani, traktują z lekceważeniem lub pogardą. Wiadomo, że na przełomie lutego–marca miała miejsce w Moskwie konferencja w sprawie wywożenia jeńców ostaszkowskich, tj. policji i żandarmerii, na Kamczatkę, gdzie mieli odbywać karę piętnastu lat pracy przymusowej. Jednak w toku konferencji Beria nakazał zawiesić narady. Natalia Lebiediewa słusznie sądzi, że ok. 2–3 marca Beria przedłożył Stalinowi propozycję rozstrzelania jeńców, ale pozostaje pytanie, dlaczego właśnie wtedy? Można się domyślać, że decyzja politbiura wiązała się z decyzją rządu fińskiego z 3 marca, aby zwrócić się poprzez rząd szwedzki do Moskwy z propozycją wszczęcia rokowań pokojowych, i że o tej decyzji Stalin został od razu zawiadomiony przez wywiad sowiecki w Helsinkach. Dokumenty NKWD wskazują, że na początku marca władze sowieckie oczekiwały wielkiej liczby jeńców fińskich. Do tego czasu było ich jednak bardzo mało, bo zaledwie tysiąc, podczas gdy Finowie wzięli do niewoli pięć tysięcy żołnierzy sowieckich. Nie wiadomo, dlaczego spodziewano się dużej liczby jeńców, co wymagałoby opróżnienia trzech obozów specjalnych. Być może więc odegrał tu rolę zgoła inny czynnik. Otóż znikła groźba wylądowania w Finlandii wojsk sojuszniczych mających pomóc Finom w ich walce z ZSRR, a w nich jednostki polskiej. Można się domyślać, że Stalin wiedział o tych planach już od stycznia, choć mógł jeszcze czekać na jakiś znak ze strony Sikorskiego w sprawie uznania nowej granicy polsko-sowieckiej, być może w zamian za uwolnienie jeńców polskich. Tak czy owak jest jasne, że ci jeńcy nie przedstawiali już dla Moskwy żadnej wartości przetargowej. Natomiast ich lojalność wobec Sikorskiego mogła Stalina tylko drażnić, nie mówiąc już o jego bolesnych wspomnieniach klęski sowieckiej w wojnie 1920 r., w której miał swój udział, a w której to wojnie walczyła przeciw Sowietom znaczna część starszych oficerów polskich trzymanych w obozach. Zresztą sam Soprunienko wspomniał, że w 1940 r. „chodziły słuchy" (zapewne w wyższych kołach NKWD) o rozstrzelaniu polskich jeńców wojennych „na mocy decyzji Stalina, który nie mógł wybaczyć klęski Armii Czerwonej pod Warszawą w 1920 r." Klęski tej na pewno nie wybaczył, ale licząc od października 1939 r. czekał aż pięć miesięcy, zanim kazał niemal wszystkich jeńców rozstrzelać. Czekał chyba dlatego, że mieli oni dla niego jakąś wartość przetargową, którą stracili na początku marca 1940 r. (W międzyczasie byli poddani nieustającym i męczącym przesłuchaniom w celu zdobycia od nich informacji o wywiadzie polskim oraz zwerbowania wśród nich agentów i konfidentów).*

Odpowiedź autorki na pierwsze pytanie, które sobie postawiła, jest z pewnością prawdziwa: polscy jeńcy wojenni mieli być kartą przetargową w sporze o granicę polsko-radziecką**. Natomiast odpowiedź na pytanie, dlaczego decyzja o ich zamordowaniu zapadła dopiero – i akurat – w marcu 1940 roku, wypada uzupełnić przypomnieniem twierdzenia Borysa Sokołowa, że w obliczu przyszłego sojuszu Moskwy z Zachodem (w tym również z emigracyjnym rządem polskim), po oczekiwanym przez Stalina uwikłaniu się Wehrmachtu w wojnę pozycyjną we Francji i zaatakowaniu Niemiec przez Armię Czerwoną, „w żadnym wypadku nie należało oddawać rządowi Sikorskiego polskich oficerów. Nie można też było ich nie oddać. Pozostawało w tajemnicy ich wymordować, a później powiedzieć, że przepadli bez wieści albo zostali zwolnieni i wydaleni gdzieś daleko, np.

---

* Anna Maria Cienciala, *Katyń po sześćdziesięciu latach. Co wiemy, a czego jeszcze nie wiemy?*, „Nowy Dziennik", tygodniowy dodatek literacko-społeczny „Przegląd Polski on-line", 18 kwietnia 2003, http://www.dziennik.com/www/dziennik/kult/archiwum/01-06-03/pp-04-18-05.html.

** Stanisław Mikołajczyk napisał (*Le Viol de la Pologne*, Paris 1949, s. 43, za: C. Madajczyk, op. cit., s. 31, przyp. 34), że na początku 1940 r. Sowieci zaproponowali Niemcom wymianę polskich oficerów na Ukraińców, odbywających pod niemieckim patronatem ćwiczenia wojskowe w okolicach Krosna i Zakopanego. Niemcy z ociąganiem zgodzili się wydać Moskwie Ukraińców, ale nie zamierzali przyjąć polskich jeńców. Ostatecznie do wymiany nie doszło. Informacja Mikołajczyka nie została dotąd potwierdzona.

do Mandżurii". Soprunienko, a prawdopodobnie początkowo również Beria, nie rozumiał, że Stalinowi – odkąd zaczęło mu się wydawać, że zbliża się chwila realizacji jego zamysłu strategicznego, a przy tym wyzbył się już złudzeń, że polski rząd ustąpi w kwestii granicy – zależy nie tylko na zlikwidowaniu polskich oficerów zawodowych, ale także, a może nawet przede wszystkim, polskich elit cywilnych, które będzie mógł zastąpić swoimi kadrami po zajęciu okupowanych przez Niemców terenów Polski. Dlatego propozycja Soprunienki została odrzucona i jeńców zabito, a nie zesłano na roboty. Przy okazji dyktator mógł dać upust zemście za 1920 rok, o czym wspomina Cienciala.

Profesor Janusz Kazimierz Zawodny przywołał w swojej pracy* prawie zapomniane już dzieło T. A. Taracouzia**, wydane pięć lat przed masakrą katyńską. Oto cytat z tej książki, proroczy w kontekście losu polskich jeńców wojennych z 1939 roku, co nie wynika jednak z intuicji, lecz wielkiej wiedzy autora.

> Głównym celem, do którego dążyłoby państwo sowieckie w tym konflikcie [z państwem kapitalistycznym], byłoby wywołanie w tym kraju rewolucji socjalistycznej [...]. Zgodnie z zasadą solidarności proletariatu niscy szarżą żołnierze przeciwnika wzięci przez Sowietów do niewoli mogliby oczekiwać „braterskiego" przyjęcia [...] i politycznej „reedukacji" według zasad filozofii komunistycznej lub też zaproszenia do natychmiastowego wstąpienia w szeregi proletariatu [...]. Sytuacja

* Janusz K. Zawodny, *Katyń*, Wydawnictwo Towarzystwa Naukowego Katolickiego Uniwersytetu Lubelskiego – Editions Spotkania, Lublin–Paryż 1989, s. 106–107.

** T. A. Taracouzio, *The Soviet Union and the International Law: A Study Based on the Legislation, Treaties and Foreign Relations of the Union of Socialist Soviet Republics*, The Macmillan Co., New York 1935.

byłaby jednak zgoła różna, gdyby w niewolę zostali wzięci oficerowie, którzy w większości przypadków nie należą do proletariatu i nie dadzą się nawrócić na komunizm jedynie przy pomocy teoretycznych pouczeń. Dlatego też oficerowie zawsze traktowani byliby przez władze sowieckie jako wrogowie klasowi.

Zawodny cytuje fragmenty znanej radzieckiej ulotki z września 1939 roku, skierowanej do żołnierzy polskich, w której nieudolnie wzywano ich do buntu:

> Żołnierze! Nie wierzcie swym oficerom. Oficerowie i generałowie są waszymi wrogami. [...] Żołnierze! Bijcie oficerów i generałów.

Jak później stwierdzimy, polscy żołnierze ani myśleli poddać się tym nawoływaniom.

Już 8 marca z Kozielska wywieziono czternastu jeńców, w tym pułkowników Stanisława Libkinda-Lubodzieckiego, prokuratora, i Augusta Starzeńskiego, byłego attaché wojskowego przy ambasadzie polskiej w Brukseli. Po trzech dniach podróży dowieziono ich na dziedziniec więzienia NKWD w Smoleńsku. Początkowo do budynku wprowadzono tylko pięciu jeńców, lecz po chwili dołączono do nich jeszcze czterech. Pozostałych wepchnięto do specjalnego autobusu więziennego i wywieziono w nieznanym kierunku. Rodziny i władze polskie nigdy więcej o nich nie usłyszały. Podobnie jak o ośmiu spośród tych, którzy weszli do więzienia. Z tych czternastu jeńców ocalał tylko Libkind-Lubodziecki*.

---

* Za: *Zbrodnia katyńska w świetle dokumentów*, Wybór i oprac. Józef Mackiewicz, z przedmową Władysława Andersa, wyd. X, Wyd. Gryf, Londyn 1982, s. 51–52. Domniemania dotyczące losu pozostałych jeńców – patrz aneks 2. „Samotni skazańcy".

14 marca w gabinecie wspomnianego już Kobułowa odbyła się narada organizacyjna w sprawie wykonania decyzji Biura Politycznego z 5 marca. 16 marca zawieszono korespondencję jeńców. 1 kwietnia z centrali NKWD w Moskwie wysłano do obozu w Ostaszkowie pierwsze trzy listy z nazwiskami oficerów przeznaczonych do zgładzenia. Operacja się rozpoczęła. Pierwsze strzały do polskich jeńców padły 4 kwietnia w Katyniu.

(W gruncie rzeczy o wiele wcześniej, wraz z wkroczeniem Armii Czerwonej w granice Polski. Oprócz historyków i członków rodzin niewiele osób wie o sowieckich zbrodniach wojennych popełnionych już we wrześniu 1939 roku na polskich wojskowych. Symbolem tego może być miejscowość Mokrany, leżąca około pięćdziesięciu kilometrów na południowy wschód od Brześcia. W sobotę 23 września oddział marynarzy z Flotylli Pińskiej, którym towarzyszyła grupa żołnierzy wojsk lądowych i cywilów, został ostrzelany, wkrótce jednak pojawiły się czołgi z białymi flagami, a za nimi kilkuset żołnierzy. Polacy przerwali ogień, sądząc, że mają do czynienia z rodakami. Byli to jednak Sowieci, którzy otoczyli ich i wezwali do złożenia broni. Nazajutrz jeńcy pod konwojem dotarli do Mokran. Tam Sowieci nakazali wystąpić oficerom i starszym podoficerom i zgromadzili ich w miejscowej szkole. Wszystkich – około trzydziestu – rozebrano do koszuli i rozstrzelano*. Był to jeden z pierwszych zwiastunów Katynia.)

---

* M.in. wg relacji bosmanmata Jana Sobiegraja (za: M. Borowiak, op. cit. Szerzej: tenże, *Zapomniana flota Mokrany*, Wyd. Finna, Gdańsk 2006).

Kozielsk – Smoleńsk – Katyń

Pierwszy transport jeńców wyszedł z obozu w Kozielsku 3 kwietnia 1940 roku, ostatni 12 maja. 26 kwietnia i 12 maja wysłano także dwa transporty do Juchnowa (Pawliszczew Bor), a stąd po pewnym czasie do Griazowca – w sumie było w nich 205 jeńców, których Sowieci mieli nadzieję przeciągnąć na swoją stronę. Konwoje liczyły od 50 do 344 oficerów. Jeńców wieziono ciężarówkami na stację kolejową*, następnie około doby byli wiezieni do Smoleńska. Powszechnie uważa się, że większość oficerów zginęła nad wykopanymi uprzednio w lesie dołami, *razstrielnymi jamami*. Jednak przeprowadzona kilka lat temu niezwykle wnikliwa analiza źródeł** prowadzi do wniosku, że był to raczej wyjątek od reguły. Jest bezsporne, że ofiary były wiezione pociągiem do stacji Gniezdowo, a stamtąd – autobusami z szybami zamalowanymi z zewnątrz wapnem – dowożone w głąb lasu pod tak zwaną willę NKWD. Wskazuje na to kilka notatek, prowadzonych niemal do ostatnich chwil przez zastrzelonych oficerów, które znaleziono przy ich zwłokach. (Wyklucza to wciąż często przywoływaną hipotezę, że wszystkich wymordowano w siedzibie smoleńskiego NKWD, przy ul. Dzierżyńskiego 13. Piotr Klimow, były funkcjonariusz NKWD, zeznał, że tylko „część jeńców z Kozielska, zwłaszcza z pierwszych transportów", została rozstrzelana w smoleńskim

* Pierwszy transport przebył tę drogę pieszo, ponieważ powódź rozmyła szosę.

** Michał Synoradzki, Jacek Grodecki, Victoria Plewak, *Katyń – technika zbrodni*, „Gazeta Wyborcza", 12–13 kwietnia 2003; pełna wersja artykułu w: www.katyn.org.au/polish/katynpopolsku.html.

NKWD, a zwłoki ofiar były wywożone do lasu i składane w dole numer 1.) W tej willi, nazywanej przez jeńców letniskiem, byli oni znienacka zabijani jednym strzałem w podstawę czaszki przez enkawudzistę przystępującego do nich zza pleców, od strony drzwi, którymi weszli. Następnie zwłoki przewożono z powrotem tą samą leśną drogą do odległych o 300–400 metrów „dołów śmierci", położonych między willą a stacją w Gniezdowie. Autorzy tej analizy stwierdzili jednak, że od tego schematu były dwa wyjątki. Po pierwsze,

> Pomimo zastosowania ze strony funkcjonariuszy NKWD wszelkich środków ostrożności niektórzy oficerowie prawdopodobnie nabierali jednak podejrzeń i próbowali stawiać opór, zakłócając tok egzekucji. Opierających się krępowano. [Około 20 procent ofiar miało ręce związane białym sznurkiem produkcji radzieckiej.] W nielicznych przypadkach gwałtowne reakcje skazańców prowadziły do ich brutalnego spacyfikowania. Tak musiało się zdarzyć w przypadku starszego wiekiem oficera o nazwisku Mejster, na którego zwłokach odnaleziono ślady wielu nakłuć bagnetem. Kilka czaszek ofiar nosiło też ślady wielokrotnego postrzału*. Być może zdarzało się również i tak, że cała grupa oficerów przywiezionych pod daczę** zostawała czymś zaalarmowana i w rezultacie nie poddawała się ustalonej procedurze. Taki wniosek nasuwa się wobec faktu, że trzy groby katyńskie (nr 2, 4 i 5) zostały w całości wypełnione zwłokami skrępowanymi.

* Do niektórych strzelano dwukrotnie, a w jednym wypadku trzykrotnie. Bronią był niemiecki pistolet Walther kalibru 7,65 mm (rzadko 6,35), ładowany niemiecką amunicją Geco systemu Browninga z fabryki Gustawa Genschowa w Durlach. W samych dołach znajdowano też łuski po nabojach produkcji radzieckiej. Nieliczni jeńcy mieli płaszcze zarzucone na głowę. Niektóre zwłoki nosiły również ślady po czworograniastym rosyjskim bagnecie.

** Tzn. pod „willę NKWD". W pobliżu znajdowały się bowiem jeszcze dwie dacze oraz tzw. sanatorium.

Ponadto w co najmniej jednej z ośmiu pierwotnych mogił zwłoki ofiar były ułożone ściśle, w uporządkowany sposób, wszystkie twarzami w dół.

Po drugie, „Nie można również wykluczyć, że ta niewielka część skazańców (nieco mniej niż jedna piąta ogółu rozstrzelanych) została jednak zabita w lesie". I tu autorzy przywołują zeznanie Dmitrija Tokariewa, jednego z funkcjonariuszy NKWD przesłuchiwanych w latach 1990–1991, świadka zbrodni w Twerze, popełnionej na jeńcach obozu w Ostaszkowie: „Opowiadali mi w Smoleńsku o postępowaniu głupszym. Tam zaczęli rozstrzeliwać na miejscu grzebania. I oto, co się stało sygnałem: tam jeden [ze skazańców] uciekał, usiłował uciec, krzyczał (...) ludzie [miejscowi] słyszeli". Również Piotr Klimow zeznał, że byli „Polacy, których rozstrzeliwano wprost w grobie. Wiem to, ponieważ sam widziałem trupy (przysypane ziemią). O okolicznościach rozstrzeliwania mówił mi Ustinow: to był kierowca, który woził Polaków na rozstrzelanie i widział, jak sam mówił, jak to było. Z samochodów ich rozładowywano wprost do rowu i strzelano, a niektórych dobijano bagnetem"*. Autorzy artykułu zgadzają się z Jackiem Trznadlem, że „ofiary pierwszego

---

* Za: Natalia Lebiediewa, *Katyń. Zbrodnia przeciwko ludzkości*, Bellona, Warszawa 1998, s. 211. Ta relacja Ustinowa przekazana przez Klimowa zdaje się potwierdzać przekaz Józefa Mackiewicza, że „w jednym z dołów znaleziono warstwy oficerów, których kładziono żywcem twarzami w dół na poprzednio już zabite warstwy, albo jeszcze drgające w konwulsjach przedśmiertnych i strzelano ich w pozycji leżącej. – Ach, jakież to straszne! W jaki sposób fakt ten został ustalony? – W ten sposób, że delikwent leżał twarzą w dół, w czapce. Daszek tej czapki był załamany na czole, a kula tkwiła w daszku. W każdej innej pozycji taka okoliczność byłaby niemożliwa" (Józef Mackiewicz, *Widziałem na własne oczy*, wywiad w: „Goniec Codzienny", Wilno, nr 577, 3 czerwca 1943, za: A. L. Szcześniak, *Katyń. Relacje, wspomnienia, publicystyka*, op. cit., s. 107).

transportu z Kozielska najprawdopodobniej znalazły swój spoczynek w dole nr 5 [według numeracji niemieckiej; jak wyżej zaznaczono, Klimow mówił o dole nr 1], wypełnionym zwłokami powiązanymi w sposób szczególnie okrutny". Podkreślają jednak, że zastrzelenie ich nad dołami było – wbrew konkluzji Trznadla – odstępstwem od reguły, która polegała na rozstrzeliwaniu w willi NKWD.

„Ogromnej większości oficerów, których szczątki spoczywają na polanie katyńskiej, ani nie związano, ani też nie rozstrzelano na leśnej polanie. Oni najpewniej tej polany nigdy nie widzieli. [Bo przejeżdżali obok niej w autobusie z zamalowanymi szybami.] Ostatnim obrazem, który rejestrowali, nim padał skrytobójczy strzał, była przestrzeń celi śmierci w odległym o kilkaset metrów budynku nad brzegiem Dniepru". Synoradzki, Grodecki i Plewak przywołują wreszcie spostrzeżenie profesor Marii Magdaleny Blombergowej z Uniwersytetu Łódzkiego, która „zwróciła uwagę, że w jamach ustnych ofiar jeszcze w 1943 r. znajdowano drewniane wióry. Mogła być nimi istotnie wysypana podłoga celi śmierci dla łatwiejszego usuwania krwi" (wiemy, że było tak w celach śmierci w Charkowie i Twerze).

Troje cytowanych tu badaczy uważa za bardzo tajemnicze, że Niemcy twierdzili, iż wszyscy polscy oficerowie zostali zastrzeleni nad dołami śmierci. Prawdopodobnie z przyczyn propagandowych nie chcieli komplikować obrazu zbrodni, a może też uważali, że w ten sposób bardziej go udramatyzują*.

* Film *Katyń* w reżyserii Andrzeja Wajdy zamyka dramatyczna sekwencja rozstrzeliwania polskich oficerów w lesie nad „dołami śmierci". To dopuszczalne w dziele artystycznym uogólnienie niewątpliwie zawiera większy ładunek emocjonalny, niż gdyby reżyser pokazał rozstrzeliwanie w celi lub w „willi NKWD",

Gdyby zaś istniały niemieckie dokumenty opisujące prawdziwy przebieg większości egzekucji w Katyniu, to „ich utajnienie w okresie powojennym byłoby zrozumiałe w świetle wymogów «Ostpolitik» oraz zasady niezadrażniania stosunków z ZSRR". Do tej kwestii wrócimy w rozdziale piątym.

Jeszcze bardziej intrygujące jest to, że w 1944 roku, w tak zwanym raporcie komisji Burdenki, i od 1990 roku, po przyznaniu się do winy, władze radzieckie, a od 1992 roku rosyjskie, podtrzymały wersję niemiecką z 1943 roku, według której wszyscy Polacy w Katyniu zginęli nad dołami śmierci. W roku 1944 wersji tej przeczyły zeznania kilku radzieckich świadków komisji Burdenki (sic), którzy mówili o transportach Polaków właśnie do willi NKWD, natomiast od 1990 roku Moskwa twierdzi, że nie ma żadnych dokumentów odnoszących się do sposobu rozstrzeliwania Polaków z obozu w Kozielsku. Jest to całkowicie niewiarygodne oświadczenie. O ile w wypadku egzekucji w Charkowie i Twerze radzieccy – a później rosyjscy – prokuratorzy podawali, że odbywały się one w podziemiach tamtejszych siedzib NKWD, i powoływali na to świadków, o tyle w wy-

---

chociaż utrwali w powszechnej świadomości nie w pełni prawdziwy przebieg masakry.

Wydaje się, że w scenariuszu filmu Wajdy, w zawiązaniu jednego z głównych wątków, tkwi błąd. Nakłaniany przez żonę, aby wymknął się z bozu filtracyjnego, co – jak wiemy po latach – uchroniłoby go od uwięzienia w Kozielsku i śmierci w Katyniu, oficer odpowiada, że od przysięgi małżeńskiej ważniejsza jest wojskowa. Tyle że w ogóle nie ma tu kolizji tych dwóch zobowiązań, ponieważ sprawą honoru i podstawowym obowiązkiem żołnierza wziętego do niewoli jest właśnie ucieczka i powrót do służby. To powszechnie uznawany przywilej, toteż prawo międzynarodowe zabrania karać za to jeńców. Wiadomo jednak, że np. mjr Henryk Dyduch odmówił prośbie brata, by uciekł z obozu przejściowego, argumentując, że „wypada mu pozostać z kolegami".

padku Katynia zacytowali „wyłącznie przekazy pochodzące z drugiej lub nawet trzeciej ręki, przy tym budzące sporo wątpliwości merytorycznych i wzajemnie sprzeczne". Willa NKWD zbudowana została – według zeznania Iwana Kriwoziercowa, świadka, o którym jeszcze będzie mowa – około 1934 roku. Została zniszczona w roku 1943 lub 1944 – nie jest pewne, czy przez Niemców, czy przez Sowietów. Gdzie stała, wiemy tylko w przybliżeniu. Dokładne „Określenie jej położenia byłoby dziś możliwe dzięki badaniom archeologicznym, lecz Rosjanie dotąd nie wyrażają na to zgody, zaś skarpę Dniepru [na której stała willa] oddzielili od terenu cmentarza solidnym stalowym płotem".

W tej sytuacji Synoradzki, Grodecki i Plewak użyli innej metody: porównali zdjęcia lotnicze wykonane przez Luftwaffe w latach 1941–1944 i współczesne zdjęcia satelitarne. Okazało się, że „w prawdopodobnym miejscu usytuowania willi NKWD stoi dziś zupełnie nowy budynek – wykonany z drogich materiałów, ale niedokończony, jakby jego budowę przerwano. Miejscowi nazywają go «willą biznesmena». Jakiż jednak biznesmen wznosiłby dom w takim miejscu?"

Sądząc z relacji polskiej dziennikarki, nie jest to jednak wykluczone. „Ścieżkę wiodącą do byłego ośrodka wczasowego NKWD trzeba było zagrodzić szlabanem. Bo działki wykupili nowobogaccy, wjeżdżali na dżipach, włączali muzykę. Zostawały po nich puste butelki, zużyte prezerwatywy i góry śmieci"*.

Zasadne są jednak kolejne pytania postawione przez troje cytowanych tu autorów.

---

* Anna Żebrowska, *Tylko Polak ma tu imię*, „Gazeta Wyborcza" – „Katyń", 15–16 września 2007, s. 14.

I czyż wobec braku zgody Rosjan na archeologiczne badania terenu pojawienie się na nim świeżej konstrukcji może nie wydawać się podejrzane? Zapytajmy wprost: czyżby rzeczywistym celem tej budowy miało być usunięcie resztek fundamentów stalinowskiego miejsca kaźni? Obiekt był wznoszony prawdopodobnie na krótko przed, lub nawet w trakcie, pracami związanymi z budową cmentarza wojskowego. Czyżby zatem ostatnie ślady zbrodni zacierano jeszcze tak niedawno? Cóż może świadczyć lepiej o głębokim rozdarciu rosyjskiego sumienia w naszych czasach?

Do „rozdarcia rosyjskiego sumienia" wrócimy w rozdziale szóstym. W tym miejscu trzeba tylko dodać, że doskonała analiza od dawna znanych materiałów przeprowadzona przez Michała Synoradzkiego, Jacka Grodeckiego i Victorię Plewak dowodzi, że czasem nie jest konieczne uzyskanie nowych materiałów archiwalnych, zeznań świadków lub innych relacji, aby dokonać nowych ustaleń o przełomowym znaczeniu. Wystarczy przeprowadzić krzyżową analizę wszystkich wcześniej dostępnych źródeł, posługując się bezwzględną logiką i mając wsparcie w ogólnej znajomości okoliczności i uwarunkowań leżących u podłoża badanej sprawy. Jak pisała Krystyna Kersten o ujawnieniu oryginałów tajnych dokumentów radziecko-niemieckich z lat 1939–1941,

Znaczenie ujawnienia [tych] dokumentów nie leży w wymiarze poznawczym. Podobnie jak w przypadku dokumentów katyńskich, zostało zdemaskowane kłamstwo polityków, historyków i propagandystów radzieckich. **Jeszcze tak niedawno Gorbaczow odgrywał komedię, udając, że poszukuje materiałów dotyczących Katynia i tajnego protokołu do paktu Ribbentrop–Mołotow. Ale i dziś władze Rosji ujawniają jedynie to, co od dawna znane, kierując się racjami politycznymi, nie zaś dążeniem do poznania prawdy historycznej** [podkr. oryginału].

Nie wydaje się też, by z polskiej strony najważniejsze było występowanie z katalogiem pytań, nawet gdy odnoszą się one do spraw ważnych, a dotąd niewyjaśnionych, jak śmierć generała Sikorskiego [podkr. T.A.K.] czy zatrzymanie ofensywy radzieckiej pod Warszawą w sierpniu 1944 r.*

Jedyną kobietą wśród Polaków rozstrzelanych w Katyniu** była Janina Lewandowska, córka Józefa Dowbora-Muśnickiego, generała armii carskiej, a następnie niepodległej Polski. Nosiła mundur pilota, na opublikowanych po wojnie polskich listach katyńskich przy jej nazwisku widnieje stopień podporucznika. Ponieważ jednak w polskim lotnictwie nie służyły kobiety, Lewandowska nie mogła być polskim oficerem. Niemcy dokonujący ekshumacji w 1943 roku nie umieli sobie wytłumaczyć, dlaczego znaleźli jej ciało wśród zwłok oficerów, uznali więc, że gdyby opublikowali jej nazwisko na listach, podważyliby swoje twierdzenia, że polscy oficerowie padli ofiarą NKWD (zapewne obawiali się zarzutu, że przebrali kobietę w mundur, a od tego byłby już tylko krok do oskarżenia, że podobnie postąpili ze wszystkimi zastrzelonymi). Zagadka ta została jednak w końcu wyjaśniona.

Janina Lewandowska miała licencję pilota sportowego. Po wybuchu wojny postanowiła stawić się do dyspozycji

---

* Krystyna Kersten, *Tajne, ale znane*, „Gazeta Wyborcza", 5 listopada 1992, s. 17.

** Strażnik więzienia NKWD w Charkowie Mitrofan Syromiatnikow zeznał, że nad samymi „dołami śmierci" pod Charkowem zastrzelono kilka Polek, z których jedną on sam prowadził na egzekucję. Z kieszeni jej płaszcza wypadł wówczas pierścionek. Nie wiadomo, czy były to żony polskich oficerów. Już w pierwszej fazie przeprowadzonych przez Polaków ekshumacji pod Charkowem odnaleziono szczątki i resztki odzieży dwóch kobiet.

władz wojskowych. Wraz z kolegami z aeroklubu dołączyła do poznańskiego 3. pułku lotniczego, który wycofywał się właśnie z zachodniej Polski na południowy wschód. Podczas tego odwrotu otrzymała o wiele na nią za duży oficerski mundur lotnika. Po wkroczeniu Armii Czerwonej na terytorium Polski koledzy Lewandowskiej z aeroklubu zdecydowali, że ewakuują się na Węgry, od połowy marca 1939 roku graniczące z Polską. Ona jednak postanowiła zostać przy 3. pułku. 22 września jednostkę tę wzięły do niewoli wojska radzieckie. Lewandowska ciągle miała na sobie ów za duży mundur, co przesądziło o jej losie. Prawdopodobnie nieformalny polski przywódca obozu w Kozielsku, generał dywizji Henryk Minkiewicz, mianował ją podporucznikiem pilotem, być może sądząc, że dzięki temu NKWD będzie ją traktował na równi z innymi. Rzeczywiście tak się stało. Zginęła tuż przed swoimi trzydziestymi drugimi urodzinami, które przypadały 22 kwietnia 1940 roku.

Kierujący wiosną 1943 roku ekshumacją w Katyniu niemiecki profesor Gerhard Buhtz przewiózł do swojego Zakładu Medycyny Sądowej Uniwersytetu Wrocławskiego pewną liczbę czaszek ofiar. W 1944 roku Buhtz zginął na Ukrainie, a w 1945 roku czaszki odnalazł i ukrył profesor Bolesław Popielski, który z wieloma innymi lwowskimi uczonymi przeniósł się do Wrocławia. Czaszki były oznaczone symbolami „V+liczba" lub „B+liczba"; prawdopodobnie były to inicjały porucznika Ludwiga Vossa, nadzorującego ekshumację, i profesora Buhtza. Do dziś zachowało się siedem czaszek. Oznaczona symbolem V13 należy do kobiety. 18 maja 2005 roku antropolodzy profesor Tadeusz Krupiński i profesor Zbigniew Rajchel ustalili metodą superprojekcji (nałożenie na siebie zdjęć twarzy żyjącej osoby i jej – w tym wypadku częściowo zrekonstruowanej – czaszki), że pokrywają się najważniejsze punkty antropometryczne. W ten sposób z prawdopodobieństwem wynoszącym ponad dziewięćdziesiąt procent ustalono, że czaszka należy do Janiny Lewandowskiej. Stuprocentową pewność mogłoby dać badanie kodu DNA, jednak DNA czaszki Lewandowskiej jest tak zniszczone, że obecne metody nie pozwalają na wyodrębnienie pełnego zapisu i porównanie go z DNA jej rodziców.

Pogrzeb szczątków sześciu ofiar katyńskiego mordu odbył się 1 października 2005 roku we Wrocławiu. Czaszka Janiny Lewandowskiej została pogrzebana 4 listopada 2005 roku w jej rodzinnym Lusowie koło Poznania*.

Spośród skazanych na śmierć uratował się jedynie profesor Stanisław Swianiewicz (1899–1997), ekonomista, prawnik i sowietolog. Kiedy pociąg jadący z Kozielska przez Smoleńsk przybył na stację w Gniezdowie i jeńcy przechodzili do autobusów z zamalowanymi na biało szybami, Swianiewicza wywołano z przedziału**. Został przewieziony do

---

* Na podstawie: Wanda Dybalska, *Janka poszła na wojnę*, „Gazeta Wyborcza", 7 maja 2005 – „Wysokie Obcasy", nr 18; W. Dybalska, *Znaleźliśmy Jankę, ofiarę Katynia!*, „Gazeta Wyborcza", 20 maja 2005, s. 2.

60 lat po odkryciu prof. Popielskiego w kopenhaskim Instytucie Medycyny Sądowej przypadkowo natknięto się na przestrzeloną od tyłu czaszkę kpt. Ludwika Szymańskiego, którą prof. Helge Tramsen, członek międzynarodowej komisji patologów badających zwłoki polskich oficerów w Katyniu, przywiózł do Kopenhagi po zakończeniu autopsji. Córka Tramsena, Elisabeth, żona polskiego kompozytora Romualda Twardowskiego, w 1971 r. zginęła w Warszawie w nie wyjaśnionych okolicznościach. Duński patolog do śmierci żył w strachu przed NKWD i kolejnymi mutacjami tej służby (*Czaszka z Katynia*, film dok. prod. duń.-fiń.-szw., 2006, reż. Lisbeth Jessen).

** S. Swianiewicz wspominał: „Pod koniec marca 1940 roku zjawiła się w obozie [w Kozielsku] nowa osobistość: pułkownik NKWD ogromnego wzrostu o czer-

Smoleńska, a następnie do Moskwy, gdzie więziony był na Łubiance i na Butyrkach. Jako pracownik Instytutu Naukowo-Badawczego Europy Wschodniej w Wilnie poddany został specjalnemu śledztwu. Sądzono go za szpiegostwo, otrzymał wyrok ośmiu lat zesłania do Republiki Komi*.

---

wonej mięsistej twarzy. [...] Mniej więcej w miesiąc potem, w dniu 30 kwietnia 1940 roku, widziałem go na bocznicy przy stacji, kilkanaście kilometrów na zachód od Smoleńska (prawdopodobnie była to stacja Gniazdowo [Gniezdowo]), jak doglądał transportu jeńców przewożonych do lasku katyńskiego".

Doc. dr med. Tadeusz Olakowski przysłał do „Gazety Wyborczej" (wydanie z 31 grudnia 1992–1 stycznia 1993, s. 13) list, w którym wspomniał swojego rosyjskiego przyjaciela, lekarza Andrieja Strogonowa, którego poznał w 1975 r., gdy obaj byli na kontrakcie w Bangladeszu. „Wychował się w domu dla sierot prowadzonym przez NKWD. W dokumentach ma napisane, że jego ojciec, wyższy oficer NKWD, zginął w 1941 roku w obronie Smoleńska. Matka również zmarła w czasie wojny. Żył tylko w Smoleńsku młodszy brat ojca. Czasem odwiedzał bratanka w sierocińcu. Kiedy wybierał się na studia, stryj odwiedził go, wyprowadził z sierocińca i na ulicy, w miejscu, gdzie nie było przechodniów, powiedział: «Twój ojciec był pułkownikiem NKWD, ale on nie zginął w obronie Smoleńska. On został zastrzelony jeszcze przed wkroczeniem Niemców do Smoleńska, przez NKWD. Zginął wraz z grupą tych enkawudzistów, którzy dokonali w 1940 r. egzekucji na polskich oficerach». [...] Czy pułkownik przedstawiony we wspomnieniach Stanisława Swianiewicza był ojcem doktora Andrieja Strogonowa? Powyższy opis [Swianiewicza] oraz wygląd i wiek Andrieja wskazują na to, że tak było. Andriej wspomniał kiedyś, że nazwisko, które nosi, nie jest nazwiskiem jego ojca".

Jeżeli domniemanie dr. Olakowskiego jest słuszne, to jego relacja potwierdzałaby niejasne, lecz uporczywe doniesienia, że przynajmniej część egzekutorów polskich oficerów została zgładzona przez swoich towarzyszy.

* To jeden z najjaskrawszych przykładów niepojętej dla człowieka Zachodu umysłowości Sowietów. Osoba skazana na śmierć, gdyż nie rokuje nadziei na zaakceptowanie ustroju radzieckiego, zostaje następnie skazana „tylko" na 8 lat zesłania za karane śmiercią szpiegostwo, a poprzedni wyrok uznaje się za niebyły. Nie ulega natomiast wątpliwości, że Swianiewicza wywieziono z Katynia, by ustalić, co jego instytut wiedział o Związku Radzieckim, i poznać poglądy profesora na gospodarkę Trzeciej Rzeszy (w 1938 r. opublikował on książkę na ten temat). Wszystkie te dane można było znaleźć w oficjalnych publikacjach, jak się jednak zdaje, Sowieci podejrzewali, że Swianiewicz wie o wiele więcej.

W sierpniu 1941 roku objęła go „amnestia", ale władze szybko się zorientowały, że znów „popełniły pomyłkę", i został cofnięty do obozu. Ostatecznie uwolniono go dopiero na wiosnę 1942 roku dzięki zdecydowanej interwencji ambasadora Stanisława Kota, lecz kiedy w lipcu 1942 roku pierwsi urzędnicy polskiej ambasady ewakuowali się ze Związku Radzieckiego, Swianiewiczowi z trudem udało się uniknąć ponownego zatrzymania. Paradoksalnie, dzięki pokrętnym zasadom sowieckiej „sprawiedliwości", stał się bowiem jedynym żyjącym polskim świadkiem zbrodni. Ze względu na bezpieczeństwo pozostałej w Polsce rodziny (czworga dzieci* i żony Olimpii**, której dopiero w 1957 roku pozwolono wyemigrować z Polski), po raz pierwszy złożył publiczną relację 30 kwietnia 1960 roku w Londynie, dokładnie w dwudziestą rocznicę swojego przybycia do Katynia (wcześniej chciał wystąpić jako świadek na procesie norymberskim, jednak uniemożliwiono mu to). W połowie września 1975 roku, już po złożeniu do druku książki traktującej między innymi o Katyniu*** i przed październikową podróżą do Kopenhagi na tak zwane przesłuchania sacharowowskie, dotyczące naruszania praw człowieka w bloku radzieckim, przeżył w Londynie zamach – nieznany sprawca uderzył go w tył głowy i zbiegł.

Ostatni jeniec Kozielska został wysłany na śmierć 20 maja 1940 roku – był to plutonowy Ignacy Żurowski, którego początkowo umieszczono na liście ostaszkowskiej, dzięki czemu przetrwał w Kozielsku do

* Syn uciekł do Szwecji w 1949 r.

** Urodzona w 1893 r., zmarła w 1974 r. w Halifaksie (Kanada), gdzie Swianiewicz był profesorem na St. Mary's University.

*** Stanisław Swianiewicz, *W cieniu Katynia*, Instytut Literacki, Paryż 1976.

końca akcji rozstrzeliwania jeńców. Tragiczny los dopadł go w ostatniej chwili. Z grupy ośmiu czekających w opustoszałym obozie siedmiu wyjechało do Juchnowa lub Moskwy, a on do Katynia.*

Przez lata podawano różne liczby ofiar Katynia, zawsze przewyższające 4400 osób**. Obecnie należy przyjąć, że było ich 4410. Jest to zweryfikowana in plus przez autorów *Represji sowieckich...* liczba 4404, wymieniona w odtajnionym sprawozdaniu zbiorczym Zarządu do spraw Jeńców Wojennych NKWD ZSRR z trzeciej dekady maja 1940 roku. (Nie jest jasne, czy sprawozdanie to obejmuje ocalałego Stanisława Swianiewicza.) W *Księdze cmentarnej* znajduje się 4406 nazwisk. Na cmentarzu katyńskim położono 4430 imiennych płyt upamiętniających ofiary.

Starobielsk – Charków – Piatichatki

Transporty polskich jeńców z obozu w Starobielsku wychodziły od 5 kwietnia do 12 maja 1940 roku. Według *Represji sowieckich...* zamordowano 3739 oficerów (według innych

---

* J. K. Zawodny, *Zbrodnia katyńska*, op. cit., s. XXXIX; także: *Katyń. Dokumenty zbrodni*, t. 2. *Zagłada*, Wyd. TRIO, Warszawa 1998, s. 331.

** Tylko niemiecka komisja medyczna dr. Buhtza podała, że ekshumowano 4143 ciała (w tym zidentyfikowano 2815, z całkowitą pewnością zaś 2730). Komisja Techniczna Polskiego Czerwonego Krzyża stwierdziła natomiast, że było ich 4243 (w tym 22 w cywilnych ubraniach) oraz ok. 150–200 w odnalezionym dopiero 2 czerwca, nie eksplorowanym dole nr 8 (wydobyto z niego tylko 10 zwłok), czyli łącznie ok. 4443. Jak się okazuje, ta liczba była bardzo zbliżona do prawdziwej. Różnica wzięła się stąd, że przed oficjalnym rozpoczęciem prac ekshumacyjnych Niemcy wydobyli ok. 100 zwłok, którym nie przydzielili numerów. Polska komisja wzięła to pod uwagę.

polskich źródeł 3809, według sprawozdania NKWD 3896), w tym 9 generałów. Skazańców wieziono koleją na stację w Charkowie, a stąd samochodami do wewnętrznego więzienia NKWD przy pl. Dzierżyńskiego 3. Tam sprawdzano tożsamość jeńców, krępowano im ręce, po czym wprowadzano do niewielkiej sali, gdzie z zaskoczenia byli zabijani strzałem w kark. Egzekucje nie zawsze szły po myśli oprawców – według notatki NKWD jeden z oficerów wyrwał się im, przedostał do pomieszczenia, w którym składowano broń i amunicję, i zaczął się ostrzeliwać. Podobno zaduszono go świecą dymną i następnie zastrzelono. Zwłoki, z głowami omotanymi płaszczami, wywożono w nocy ciężarówkami w VI rejon strefy leśno-parkowej („sanatorium NKWD", wedle określenia miejscowej ludności), położony półtora kilometra od wsi Piatichatki, gdzie zostały pogrzebane.

Podczas dwóch ekshumacji w latach dziewięćdziesiątych odczytano w sumie 426 nazwisk. „45 z nich nie występuje na obu wykazach jeńców Starobielska". (Pierwszy wykaz, z początku października 1939 roku, zawierał tylko imiona, nazwiska i stopnie wojskowe jeńców. Drugi, sporządzony około 20 października, był bardziej szczegółowy, połączony z kontrolą dokumentów, które mieli przy sobie jeńcy.) Jak pisze profesor Andrzej Kola, wiele zidentyfikowanych osób nie figuruje na liście starobielskiej, a w grobach polskich VI kwartału leśnego* w Charkowie spoczywa około 400 (może

* W tym samym kwartale (jak również w sąsiednich) znajdują się też liczne zbiorowe mogiły radzieckich ofiar stalinizmu. Strona ukraińska wymogła na stronie polskiej zgodę na utworzenie w VI kwartale wspólnego Cmentarza Ofiar Totalitaryzmu, który jednak według polskiego prawa ma status cmentarza wojennego, tak jak cmentarze w Katyniu i Miednoje.

nawet blisko 500) osób, „które przekraczają stan liczbowy polskich więźniów Starobielska"*. Kijowski prokurator Andrij Amons uważa, że są to osoby z tak zwanej ukraińskiej listy katyńskiej, i zapewne się nie myli.

78 osób, podzielonych na dwa konwoje, 25 kwietnia i 12 maja, wysłano do Juchnowa (Pawliszczew Bor), a stąd do Griazowca. 3 jeńców oddano do dyspozycji 2 Oddziału V Wydziału NKWD – przypuszczalnie chodziło o osoby z grupy wysłanej 12 maja (patrz aneks drugi), a ponadto już w Pawliszczew Borze doszło „około 10 wywiezionych indywidualnie w czasie zimy"**. Spośród łącznie 79 ocalałych 64 osoby wyraziły chęć pozostania w Związku Radzieckim.

Ostaszków – Twer – Miednoje

Wywózki z obozu w Ostaszkowie trwały od 4 kwietnia do 16 maja 1940 roku. Oprócz oficerów policji i żandarmerii oraz pracowników aparatu wymiaru sprawiedliwości i służb specjalnych, a także 182 „innych osób" – lekarzy, duchownych, osadników – znajdowało się tam wówczas prawie dokładnie 5 tysięcy szeregowych policjantów i żandarmów, a więc ludzi pochodzących raczej ze „słusznych klasowo" środowisk. Jednak szalę ich losu przeważyło powszechne w ZSRR niebezpodstawne przekonanie, że wszyscy funkcjo-

---

* Andrzej Kola, *Uwagi o identyfikacji nazwisk polskich jeńców ze Starobielska odnotowanych na przedmiotach wydobytych podczas prac archeologiczno-ekshumacyjnych w Charkowie*, „Zeszyty Katyńskie", nr 9, 1998.

** Józef Czapski, *Wspomnienia starobielskie*, Biblioteka „Orła Białego" II Korpusu, Polska Fundacja Kulturalna, Rzym 1944, s. 47.

nariusze policji, żandarmerii i kontrwywiadu są najbardziej oddanymi sługami państwa, które ich powołało do służby, a zatem „resocjalizacja" polskich policjantów jest niemożliwa. W przekonaniu tym utwierdzał Sowietów fakt, że polska policja i żandarmeria ścigały osoby prowadzące działalność komunistyczną, czyli – w praktyce – rzeczywistych lub potencjalnych agentów ZSRR. W rezultacie jesienią 1939 roku władze obozu pozwalały zapisywać się na wyjazd do niemieckiej strefy okupacyjnej tylko podoficerom i szeregowym Wojska Polskiego, junakom – czyli nastolatkom odbywającym przeszkolenie wojskowe – i dzieciom. Odmówiono tego prawa policjantom (a także oficerom WP i księżom) pochodzącym z centralnej i zachodniej Polski. „Oni w ogóle myśleli, że policja będzie traktowana dobrze. Dlatego, między innymi, nie przebierali się i nie podawali za żołnierzy, a taką możliwość mieli"*.

Zastrzelono 6314 osób (według sprawozdania NKWD – 6287). Jeńców prowadzono pieszo po lodzie jeziora Seliger do stacji kolejowej, skąd byli przewożeni do Kalinina, jak nazywał się wówczas Twer. Tam, w siedzibie NKWD przy ul. Sowieckiej 5, gdzie obecnie mieści się Twerski Instytut Medyczny, dokonywano egzekucji. W piwnicy sprawdzano tożsamość jeńców, skuwano im ręce, po czym w specjalnie wygłuszonej celi strzelano do nich podobnie jak w Charkowie. Zwłoki wywożono ciężarówkami w pobliże odległej od Kalinina o trzydzieści dwa kilometry miejscowości Miednoje, koło wsi Jamok, zrzucano do wykopanego przez koparkę głębokiego

* *Z Wierzbnika do Ostaszkowa*, relacja Tadeusza Bilskiego, ocalałego jeńca Ostaszkowa, w: A. L. Szcześniak, *Katyń. Relacje, wspomnienia, publicystyka*, op. cit., s. 98.

na cztery do sześciu metrów dołu, po czym zasypywano. Był to teren wypoczynkowy obwodowego NKWD. Pierwszy transport liczył aż 390 osób, w związku z czym kaci z trudem uporali się z egzekucją w ciągu nocy, dlatego w następnych konwojach nie przywożono więcej niż po 250 jeńców.

Jednym z kalinińskich oprawców, ze stażem w tym rzemiośle od 1924 roku, był major bezpieczeństwa państwowego (odpowiednik generała brygady w wojsku) Wasilij Michajłowicz Błochin (1895–1955). Podobno to on 12 czerwca 1937 roku zastrzelił marszałka Michaiła Tuchaczewskiego i komandarma pierwszej rangi (generała armii) Jeronima Uborewicza, 15 marca 1938 roku Nikołaja Bucharina, partyjnego ideologa i ekonomistę, oraz Aleksieja Rykowa, przewodniczącego Rady Komisarzy Ludowych (premiera) w latach 1924–1930, 27 stycznia 1940 roku pisarza Izaaka Babla, prawdopodobnie 2 lutego 1940 roku reżysera Wsiewołoda Meyerholda, a także dziennikarza enkawudzistę Michaiła Kolcowa po jego powrocie z wojny domowej w Hiszpanii i – również prawdopodobnie – 4 lutego 1940 roku Nikołaja Jeżowa, poprzednika Berii. 26 kwietnia 1940 roku „za uspiesznoje wypołnienije spiecjalnych zadanij" w Kalininie Błochina odznaczono po raz pierwszy Orderem Czerwonego Sztandaru, choć jeszcze tych „spiecjalnych zadanij" nie zakończył. Dmitrij Tokariew, szef kalinińskiego NKWD, zeznający w 1991 roku przed prokuratorem Anatolijem Jabłokowem, tak oto wspominał Błochina: „Poszliśmy. To było już w pierwszy dzień. I wówczas zobaczyłem całą tę grozę. Po kilku minutach Błochin włożył swoją specjalną odzież: brązową skórzaną pilotkę, długi skórzany brązowy fartuch, skórzane brązowe rękawice z mankietami powyżej łokci, szoferskie gogle. Na mnie zrobiło to wielkie wrażenie. Zobaczyłem kata!"

Po wojnie Błochin został awansowany do stopnia generała majora. Niektórzy historycy uważają, że mógł zastrzelić nawet 50 tysięcy ludzi. Ostatniego skazańca zabił 2 marca 1953 roku, trzy dni przed oficjalną datą śmierci Stalina. W listopadzie 1954 roku został zdegradowany. Według oficjalnej wersji zmarł 3 lutego 1955 roku na wylew krwi do mózgu. Według zeznania Tokariewa popełnił samobójstwo. Nie wiadomo, czy dlatego, że go zdegradowano, czy też odezwały się wyrzuty sumienia.

Samobójstwo popełniło także wielu innych katów, jak pierwszy zastępca Tokariewa, Pawłow, oraz kierowca Suchariew, który zastrzelił się z pistoletu TT otrzymanego w nagrodę za udział w egzekucjach. Natomiast inny egzekutor, starszy lejtnant NKWD (odpowiednik majora w armii) Rubanow, komendant służby wewnętrznej NKWD w Kalininie, zanim zmarł w szpitalu dla psychicznie chorych, podczas częstych delirycznych ataków – jak zeznała była funkcjonariuszka NKWD Jekatierina Minajewa – wykrzykiwał; *Gospodi, skolko krowi na moich rukach, samych Polakow skolko!* Dziwił się też, że otoczenie gorszy się jego alkoholizmem, ale nikt nie pyta o przyczynę.

112 jeńców z Ostaszkowa przewieziono w konwojach 29 kwietnia, 13 i 16 maja do obozu w Juchnowie (Pawliszczew Borze), a stąd do Griazowca.

19 maja 1940 roku masakra dobiegła kresu. 9 czerwca 1940 roku zastępca szefa NKWD Wasilij Czernyszow zameldował, że obozy w Kozielsku, Starobielsku i Ostaszkowie są puste i gotowe na przyjęcia nowych jeńców.

W sumie w Katyniu, Charkowie i Kalininie zamordowano 14 463 oficerów* z obozów w Kozielsku, Starobielsku i Ostaszkowie. Przeżyło 395 wywiezionych do obozu w Pawliszczew Borze koło Juchnowa**, skąd 14 czerwca przetransportowano ich do Griazowca w pobliżu Wołogdy (początkowo znalazło się w tym obozie 448 oficerów***, ponieważ Sowieci umieścili tam również kilkadziesiąt osób przeby-

---

* Jak już wspomniano, w marcu 1940 r. w trzech głównych obozach przetrzymywano 14 736 jeńców. Odjąwszy 396 ocalałych (w tym prof. Swianiewicza), otrzymujemy 14 340 zamordowanych, czyli o 123 mniej niż podane wyżej 14 463 ofiary Katynia, Charkowa i Miednoje (według sprawozdania NKWD rozstrzelano nawet 14 587 osób, czyli z ocalałymi dawałoby to 14 983 jeńców trzech obozów). Autorzy *Represji sowieckich...* uważają, że niezgodność bilansu bierze się stąd, iż „są to jeńcy, którzy nie byli «na stanie» obozów w czasie akcji ich «rozładowywania», lecz w szpitalach miejskich, a także ci, których w marcu i kwietniu 1940 rozpoznano jako oficerów bądź policjantów w obozach pracy i dołączono do transportów śmierci". Dowodzi to, że wciąż jest potrzebna weryfikacja ujawnionych dotąd źródeł i poszukiwanie kolejnych, co raczej nie będzie możliwe bez współpracy strony rosyjskiej.

Także liczba 7305 więźniów na Ukrainie i Białorusi różni się – i to bardzo znacznie – od wcześniej podawanego (za pismem Berii) szacunku 11 tys. osób.

** 47 osób wyreklamował V Zarząd GUGB (wywiad – nie znaczy to jednak, że byli to zwerbowani przezeń agenci), również 47 ocalało dzięki interwencji ambasady niemieckiej, 19 – ambasady litewskiej, 24 osoby dlatego, że zadeklarowały pochodzenie niemieckie, 91 osób uratowała osobista decyzja Mierkułowa, 167 oszczędzono z innych powodów (właśnie wśród nich była zwerbowana agentura).

*** Określenie to – najczęściej spotykane w literaturze przedmiotu – nie jest ścisłe, gdyż w Griazowcu znalazła się też niewielka grupa cywilów. Było w niej także dwóch przestępców kryminalnych z więzienia na Świętym Krzyżu. Zostali oni zwolnieni w Równem przez polskie władze w chwili wejścia Armii Czerwonej. Ponieważ jednak zdążyli ukraść polskie mundury i buty oficerskie, zostali przez Sowietów uznani za oficerów i jeńców wojennych. Nie pomogło im nawet to, że przed wojną obaj byli radzieckimi dywersantami, kilkakrotnie przechodzącymi z polecenia NKWD przez granicę do Polski, by organizować dywersyjne bandy, które napadały na polskie urzędy i dwory. Jeden z nich zmarł na gruźlicę, a drugi zginął pod Monte Cassino w stopniu kaprala (Henryk Gorzechowski, *Na katyńskiej drodze*, op. cit., s. 52).

wających wcześniej w więzieniach. Potem dołączyli do nich oficerowie internowani w państwach bałtyckich*). Wśród ocalałych było prawdopodobnie około 30 komunistycznych agentów. Również 30 osób powiadomiło ambasadę Rzeszy, że są Niemcami, i poprosiło o ewakuację do Niemiec; Sowieci wypuścili 12 oficerów, lecz 18 zatrzymali w obozie**. 10 i 11 października 1940 roku 7 jeńców z Griazowca (i 21 z Kozielska II) przeniesiono do więzienia na Butyrkach, gdzie z niektórymi prowadzono rozmowy polityczne***. Sześciu wysokich rangą jeńców z Kozielska, którzy zadeklarowali

---

* Jak pisał gen. Zygmunt Szyszko-Bohusz, 16 sierpnia 1941 r. drugi zastępca szefa radzieckiego sztabu generalnego, gen. bryg. Panfiłow, „dał nam imienny spis zawierający około 1200 nazwisk oficerów, policjantów i urzędników cywilnych znajdujących się w obozie Griazowiec [...], oraz liczbowe zestawienie około 40 tys. szeregowych, znajdujących się w obozach Jużskim, Suzdalskim i Starobielskim, po 10 tys. w każdym. [...] Wartość moralną tej wielkiej gromady żołnierskiej najlepiej ilustruje fakt, że w każdym z obozów ukrywało się po kilkunastu do kilkudziesięciu oficerów, a w jednym z nich nawet ksiądz kapelan i nikt ich nie zdradził przed władzami sowieckimi" (Z. Szyszko-Bohusz, *Notatnik wojenny*, „Orzeł Biały", nr 134, Londyn 1975, za: A. L. Szcześniak, *Katyń. Relacje, wspomnienia, publicystyka*, op. cit., s. 86, 90). W lipcu 1941 r. w jednym tylko obozie żołnierskim w Telicy 12 osób ujawniło, że jest oficerami. W obozie pracy w Krzywym Rogu wśród 600 żołnierzy przetrwało 50 oficerów, w Jelenowce pomiędzy 4 tys. żołnierzy uratowało się 25 oficerów, w jeszcze innym obozie 46 oficerów, w tym kilku sztabowych i kapelan. Najwyraźniej wśród polskich żołnierzy świadomość i solidarność narodowa przewyższała klasową.

Kilkunastu oficerów ze Starobielska ocalało i znalazło się w Griazowcu, „bo na skutek błahej katastrofy kolejowej podróż ich została przerwana i znaleźli się chwilowo w malutkim obozie Pawliszczew Bor. Komenda obozu nie wiedziała, co ma z tymi ludźmi zrobić, a gdy się to wyjaśniło, upłynęło tyle czasu, że skierowano ich do Griazowca" (tamże, s. 95).

** Kiedy 1 września 1941 r. obóz w Griazowcu przeszedł pod polską komendę, NKWD przekazał jego dowództwu oświadczenia owych 18 oficerów. Nie mogąc znieść hańby, jeden z nich się powiesił, a pozostałych wywieźli Sowieci. Ślad po nich zaginął (J. Czapski, *Na nieludzkiej ziemi*, op. cit., s. 10).

*** Wśród tych 28 osób był jeden generał (Wacław Przeździecki), 3 pułkowników i 4 podpułkowników.

gotowość utworzenia armii polskiej w ZSRR, przeniesiono na Łubiankę, gdzie kilkakrotnie rozmawiał z nimi Beria, a w listopadzie znaleźli się oni w tak zwanej willi rozkoszy w podmoskiewskiej Małachowce. Także 11 spośród 21 młodszych oficerów z Kozielska II przeniesiono na Łubiankę, gdzie przebywali do grudnia, lecz tylko 5 znalazło uznanie w oczach Berii. Wydawało się, że ostatecznie radzieckie warunki zaakceptowało 13 oficerów (bo w grudniu 1940 roku do Małachowki przeniesiono także z Griazowca i Kozielska II 11 osób zdradzających inklinacje prokomunistyczne, z których jednak część bardzo szybko się wykruszyła), jednak w czerwcu 1941 roku nawet kilku z nich Sowieci uznali za niezdatnych do lojalnej współpracy. (Być może najlepszym sprawdzianem przydatności lokatorów „willi rozkoszy" do współpracy z władzami sowieckimi było nakazywanie im, żeby przygotowali odczyt na zadany temat – po wygłoszeniu takiej pogadanki wielu z nich wracało na Butyrki.) Po 30 lipca 1941 roku, kiedy to podpisano układ Sikorski–Majski, oficerowie z grupy z Małachowki – a także oczywiście ci, którzy zostali wcześniej z powrotem odesłani na Butyrki lub do Griazowca i Kozielska II – wstąpili do armii dowodzonej przez generała Andersa, a po jej wyjściu z ZSRR tylko sześciu oficerów – jak pisze Tadeusz Pióro – spośród tych, którzy wcześniej znajdowali się w Griazowcu, pozostało w ZSRR i pod dowództwem pułkownika Berlinga zajęło się tworzeniem nowej polskiej armii, tym razem podporządkowanej Stalinowi. Wcześniej, tuż po 22 czerwca 1941 roku, dniu wybuchu wojny radziecko-niemieckiej, gdy liczba jeńców z Griazowca wynosiła już ponad 1,5 tysiąca, kilkadziesiąt osób skuszonych propozycjami walki z Niemcami, awansów, a nawet – w razie wstąpienia do oddziałów spadochronowych – zrzucenia na terytorium Polski, wstąpiło do Armii Czerwonej.

W tym samym czasie, gdy NKWD mordował jeńców Kozielska, Starobielska i Ostaszkowa, czyli w kwietniu i maju 1940 roku, dopełnił się los 7305 wojskowych i cywilów (a zatem Beria przeszacował liczbę skazanych na śmierć – prawie 4 tysiące osób zesłano do łagrów*) przetrzymywanych w różnych więzieniach na Ukrainie i Białorusi. 22 marca Beria wydał rozkaz 00350 „O rozładowaniu więzień NKWD USRR [Ukrainy] i BSRR [Białorusi]". W wypadku Ukrainy Polacy mieli być przewiezieni do Kijowa, Charkowa i Chersonia i tam zlikwidowani. Dotąd nie jest pewne, gdzie miano skoncentrować Polaków znajdujących się w więzieniach białoruskich – z największym prawdopodobieństwem można przyjąć, że większość z nich pogrzebano w Kuropatach koło Mińska.

Ukraińska lista katyńska: Kijów – Bykownia (Charków, Chersoń)

Tak zwana ukraińska lista katyńska, zwana potocznie listą Cwietuchina**, zawiera 3435 nazwisk, w przeważa-

* Należał do nich np. prokurator wojskowy płk Stanisław Libkind-Lubodziecki, aresztowany pod Lwowem 19 września 1939 r. i wywieziony z Kozielska do Smoleńska 8 marca 1940 r. (patrz wyżej). Rzecz zdumiewająca, bo niespotykana, że tego prawnika i oficera Sowieci nie skazali na śmierć, lecz na 10 lat pobytu w łagrze, skąd został zwolniony w 1941 r. Płk Libkind-Lubodziecki przeszedł cały szlak bojowy armii gen. Andersa, a po wojnie osiadł w Londynie, gdzie zmarł w latach 80.

** 5 maja 1994 r. listę tę przekazał prokuratorowi Stefanowi Śnieżce gen. Andrij Chomicz, wiceszef Służby Bezpieczeństwa Ukrainy. Zawiera ona 3435 nazwisk, jednak niektóre źródła podają, że na Ukrainie mogło dojść do zamordowania 4181 obywateli polskich.

jącej mierze cywilów*. Osoby z tej listy prawdopodobnie zamordowano w kijowskiej siedzibie NKWD przy ul. Korolienki 17. Od niedawna jest pewne, że zwłoki większości z nich znajdują się w dołach śmierci w Bykowni koło Kijowa (Dnieprowskie Leśnictwo Darnickiego Parku Leśnego), wśród innych dołów, w których spoczywają radzieckie ofiary bolszewizmu. Ich liczbę szacuje się nawet na 100–120 tysięcy – jest to największe cmentarzysko ofiar stalinizmu na Ukrainie.

---

* Wśród nich byli być może pełniący obowiązki konsula generalnego w Kijowie Jerzy Matusiński oraz dwóch kierowców polskiego konsulatu. 30 września 1939 r. o drugiej w nocy, co było zgodne z sowieckim zwyczajem, Matusińskiego wezwano do pełnomocnika Komisariatu Spraw Zagranicznych w Kijowie. Udał się tam wraz z dwoma kierowcami i od tej pory ślad po nich zaginął. Wiceminister Potiomkin powiedział wicedziekanowi korpusu dyplomatycznego akredytowanego w Moskwie, ambasadorowi Włoch Augusto Rosso, że nie ma żadnych informacji o losie trzech Polaków, że może konsul popełnił jakieś przestępstwo. Rosso zareplikował, że do 18 września Matusiński był dyplomatą chronionym immunitetem, po tej dacie zaś był faktycznie internowany w swojej siedzibie, więc nie mógł popełnić przestępstwa. „Mołotow najbardziej kategorycznie poinformował dziekana korpusu dyplomatycznego [był nim hrabia Schulenburg, podobnie jak inni dyplomaci oburzony naruszeniami prawa międzynarodowego i zwyczajów dyplomatycznych przez Sowietów, którzy nie chcieli uznawać przedstawicieli „nieistniejącego" państwa polskiego za dyplomatów i grozili im sądem!], że radzieckie władze nie mają jakiejkolwiek informacji co do miejsca przebywania i losu p. Matusińskiego. «Zapewniam pana», powiedział Mołotow, «że nie jest on w naszych rękach. Ja sam osobiście prowadzę śledztwo w celu wyjaśnienia tej sprawy»" (*Raport końcowy* amb. Wacława Grzybowskiego, 6 listopada 1939 r., w: *Documents on Polish-Soviet Relations 1939–1945*, vol. I 1939–1943, General Sikorski Historical Institute, Heinemann, London–Melbourne–Toronto 1961, doc. 69, s. 89–90).

Przypuszcza się, że uprowadzenie trzech Polaków było zemstą NKWD za kompromitację, jaką była dla niego nie tylko działalność polskiego wywiadu wojskowego w Kijowie, ale i misja mjr. Mieczysława Słowikowskiego, który nocą z 16 na 17 września, a więc na dobę przed sowiecką agresją, zbiegł do Polski z wiadomością o nadchodzącej inwazji. (http://www.redakcjawojskowa.pl/gazeta/index.php?option=com_content&task=view&id=7874&Itemid=27).

W sierpniu 2006 roku podczas prac ekshumacyjnych w Bykowni zaczęto odkrywać szczątki obywateli polskich z ukraińskiej listy katyńskiej. Oceniono, że spoczywają one na obszarze o powierzchni około 5 hektarów. Przebadano 20 dołów śmierci, a pozostało ich wówczas jeszcze co najmniej 103. Członkowie polskiej ekipy „Jedną mogiłę przebadali dokładnie. Znaleźli w niej szczątki około 60 osób. Wszystkie zostały zabite strzałem z bliskiej odległości w potylicę z rosyjskiego pistoletu TT lub rewolweru nagan"*. Według ukraińskiego historyka profesora Stanisława Kulczyckiego szczątków polskich obywateli należy szukać jeszcze w trzech miejscach na Ukrainie**. Kulczycki sądził też, że w Bykowni nie pogrzebano ofiar z ukraińskiej listy katyńskiej, a więc nie znajdzie się tam masowych polskich mogił***.

Prokurator Andrij Amos był przeciwnego zdania. Uważał, że w Bykowni pogrzebano około tysiąca obywateli polskich. Przypomniał on, że już w 1989 roku prokurator Władimir Ignatiew sporządził raport, w którym – po raz pierwszy publicznie na Ukrainie – stwierdził, że mordu obywateli polskich w Kijowie dokonał NKWD. Ignatiew znalazł trzy mogiły Polaków, w których pogrzebane były także kobiety. Oszacował liczbę ofiar w tych mogiłach na około 270. W lokalizacji polskich mogił pomogły mu zeznania osób, które od lat sześćdziesiątych plądrowały las w Bykowni.

---

* Wacław Radziwinowicz, *Katyński ślad w Bykowni*, „Gazeta Wyborcza", 9 sierpnia 2006, s. 7.

** „Gazeta Wyborcza", 9 sierpnia 2006, s. 7; 12–13 sierpnia, s. 13.

*** Eugeniusz Tuzow-Lubański, *Wołanie z Bykowni*, „Myśl Polska", 3–10 września 2006, s. 18.

Przez miesiąc, do września 2006 roku, polski zespół w Bykowni, oficjalnie mający status ekspertów pomagających stronie ukraińskiej, odkrył 170 masowych grobów, w których leżało mniej więcej po 50 osób.

> Liczba odkrytych grobów codziennie się zwiększa. Cztery z odkrytych przez nas grobów są z całą pewnością polskie, o czym świadczą monety, guziki z orzełkiem, szczątki butów, płaszczy wojskowych itd. [...] NKWD otrzymało ten teren od władz leśnych w 1933 r. Pochówki ofiar czystek zaczęły się tu w 1937 r. W Bykowni nie zabijano ludzi, ale grzebano rozstrzelanych w kijowskim więzieniu NKWD. [...] Są też w Bykowni zabici z polskiego okręgu autonomicznego na Ukrainie, tzw. Marchlewszczyzny, zlikwidowanego na rozkaz Stalina w czasie czystek w 1937 r. [...] [Jednak] Większość z nich to ofiary po 1939 r. [...] Liczbę polskich grobów w Bykowni wstępnie szacuję na 30–35, czyli ok. 1,5 tys. ludzi.*

Ostatecznie podczas trzymiesięcznej eksploracji w 2006 roku na obszarze półtora hektara odkryto 195 mogił, w tym 25 mogił polskich.

Część polskich ofiar ma – oprócz otworu po kuli w czaszce – również ślad uderzenia w kość skroniową. Należy sądzić, że albo ofiary te próbowały stawiać opór bezpośrednio przed rozstrzelaniem, albo były dobijane, ponieważ w Kijowie często strzelano z małokalibrowego pistoletu 5,62 mm, aby nie powstał otwór wylotowy i aby zminimalizować krwawienie, ale tak niewielki pocisk nie zawsze powodował natychmiastową śmierć ofiary.

W listopadzie 2006 roku władze ukraińskie udostępniły polskim prokuratorom 22 tomy akt śledztwa ukraińskiej

* Prof. Andrzej Kola, wywiad w: „Gazeta Wyborcza", 5 września 2006, s. 10.

prokuratury w sprawie pochówków w Bykowni (umorzonego w 2001 roku) oraz 35 tomów akt śledztwa w sprawie „rozstrzelania w latach 1940–1941 przez organy NKWD ZSRR polskich oficerów i innych obywateli polskich". Według tych pierwszych akt w Bykowni pochowano 1745 Polaków zamordowanych w Kijowie. Ogółem w latach 1940–1941 rozstrzelano na Ukrainie 10 685 Polaków (czyli o 7250 osób więcej, niż znajduje się na ukraińskiej liście katyńskiej z 1940 roku – trzeba zauważyć, że jest to liczba bardzo zbliżona do podanej 5 marca 1940 roku przez Berię „prognozy" 11 tysięcy osób przeznaczonych do likwidacji; przypuszczalnie większość z tych ponad 7,5 tysiąca osób została jednak stracona w 1941 roku). Wśród tych akt znajduje się pismo wiceprokuratora generalnego Ukrainy z informacją o

> przetrzymywaniu nie mniej niż 1000 oficerów i obywateli RP w latach 1940–1941, spośród których część rozstrzelano w Kijowie; lista 242 osób rozstrzelanych w Kijowie i Obwodzie Kijowskim w latach 1940–1941; wykaz strażników wewnętrznego więzienia NKWD w Kijowie i w Obwodzie Kijowskim w latach 1940–1941; wykazy z danymi kilkuset obywateli polskich aresztowanych przez NKWD na tzw. Zachodniej Ukrainie jesienią 1939 i w 1940 r. [...] W aktach prokuratury ukraińskiej nie znaleziono imiennych „list śmierci" co do przetrzymywanych w więzieniach na tzw. Zachodniej Ukrainie, a rozstrzelanych na Ukrainie na podstawie decyzji z 5 marca 1940 r. 3435 obywateli polskich. Z informacji strony ukraińskiej wynika, że oryginał ukraińskiej „listy katyńskiej" przechowywany jest w archiwum Służby Bezpieczeństwa Ukrainy w Kijowie. IPN zapowiada działania w celu uzyskania kopii tego dokumentu.

W drugim zespole akt znaleziono między innymi kopie dokumentów rosyjskich (7 tomów) ze śledztwa prowadzonego w 1991 roku przez Naczelną Prokuraturę Wojskową Federacji Rosyjskiej w sprawie „masowych rozstrzeliwań obywateli polskich i polskich jeńców wojennych na terytorium Ukrainy w 1940 r.", przekazanych Prokuraturze Generalnej Ukrainy przez Moskwę. W owych siedmiu tomach znajdują się kopie licznych dokumentów rosyjskich, w tym decydująca uchwała Biura Politycznego KC WKP(b) z 5 marca 1940 roku, która zapoczątkowała masakrę polskich obywateli*. Strona rosyjska wciąż uznaje tę uchwałę za tajny dokument – znajduje się on w jednym ze 116 utajnionych tomów rosyjskiego śledztwa, o których mowa w rozdziale szóstym – i odmawia ujawnienia go władzom polskim**.

U schyłku lata 2007 roku eksploracja dołów śmierci w Bykowni przyniosła nowe, doniosłe odkrycia.

12 września prasa polska podała, że w dole, w którym została zakopana odzież wielu ofiar***, znaleziono doskonale zachowany nieśmiertelnik sierżanta Józefa Naglika z batalio-

* PAP, 13 kwietnia 2007, godz. 19.24.

** Z jednej strony jasno widać nonsensowność rosyjskiego uporu, skoro rzekomo tajny dokument jest dostępny (wprawdzie jako kopia) poza archiwum Naczelnej Prokuratury Wojskowej Federacji Rosyjskiej. Jednak z drugiej strony należy to potraktować jako przypomnienie powszechnej reguły, że bardzo rzadko po jakimś zdarzeniu czy decyzji politycznej zostaje ślad tylko w jednym dokumencie i tylko w jednym archiwum.

*** W Bykowni, jak w niektórych innych miejscach pogrzebania sowieckich ofiar, ich odzież wierzchnią zakopywano oddzielnie, aby utrudnić ewentualną przyszłą identyfikację szczątków. „Według prof. Koli KGB przeryło cmentarz w Bykowni jeszcze w 1971 r. KGB-iści rozkopali zbiorowe mogiły i wyciągnęli z nich wszystko, na co natrafili. [...] wrzucili byle jak do wielkich skrzyń i zakopali głęboko na placu za pomnikiem, na którym napisali, że pochowane są tu ofiary hitlerowców. Potem w 1987 i 1989 r. odbywały się tu dwie kolejne ekshumacje" („Gazeta Wyborcza", 12 września 2007, s. 1). Warto przypomnieć, że również w 1971 r. zniszczono Cmentarz Orląt Lwowskich we Lwowie. Nieco wcześniej, już pod rządami Leoninu KOP „Skałat", dowódcy strażnicy KOP w samym Skałacie, urodzonego w 1899 roku w Koninie, rzymskiego katolika, numer ewidencyjny 1054/K. W 1939 roku NKWD wziął Naglika z domu, a w 1940 roku jego żonę, syna i pięcioletnią córkę wywieziono do Kazachstanu jako rodzinę wroga ludu. Po wojnie, wróciwszy do Polski, żona wszczęła poszukiwania męża. Otrzymała z Moskwy odpowiedź, że „Józef Naglik zaginął w czasie zawieruchy wojennej". Waga odkrycia nieśmiertelnika sierżanta Naglika polega na tym, że jest on „pierwszym niepodważalnym dowodem tego, że część polskich ofiar zbrodni katyńskiej rzeczywiście została zamordowana w stolicy Ukrainy i potem pogrzebana w zbiorowych mogiłach w Bykowni. «To odkrycie ma ogromne znaczenie. Mamy stuprocentowy dowód, że tam są pochowani Polacy» – mówi «Gazecie» Andrzej Przewoźnik, sekretarz Rady Ochrony Pamięci Walk i Męczeństwa"*.

Kilka dni później prasa przyniosła kolejne rewelacje.

Grzebień z nazwiskami Polaków zamordowanych przez NKWD i pochowanych w lesie w podkijowskiej Bykowni odnaleźli pracujący tam specjaliści Rady Ochrony Pamięci Walk i Męczeństwa – powiedział dziennikarzom przebywający na Ukrainie sekretarz ROPWiM Andrzej Przewoźnik. – To bardzo ważny dowód, potwierdzający, że w Bykowni

---

da Breżniewa, rozpoczęła się stopniowa, choć niecałkowita, rehabilitacja stalinizmu. Podobny proces obserwujemy w Rosji obecnie.

Być może szeroko zakrojoną akcję niszczenia akurat w 1971 r. pozostałości zbrodni katyńskiej, ale też śladów polskości w ZSRR, należy wiązać ze zmianą w grudniu 1970 r. ekipy rządzącej w Polsce. Kreml mógł podejrzewać, że po zarządzonej przez Władysława Gomułkę masakrze robotników w grudniu 1970 r. nowy I sekretarz KC PZPR Edward Gierek zechce zdobyć poparcie społeczeństwa, podnosząc sprawę katyńską.

* „Gazeta Wyborcza", 12 września 2007, s. 1 i 11.

spoczywają Polacy. Dowód ten jest nawet ważniejszy niż znaleziony tu niedawno nieśmiertelnik sierżanta Józefa Naglika – powiedział Przewoźnik. Czarny ebonitowy grzebień austriackiej firmy „Matador Garantie" został znaleziony w jednym ze zbiorowych grobów, w których spoczywają Polacy z tzw. ukraińskiej listy katyńskiej. Jest to tzw. wszawik, grzebień do wyczesywania wszy, o długości około 7 cm i szerokości około 4 cm. Na powierzchni między dwoma rzędami ząbków, po obu stronach grzebienia, ktoś wyrył polskie nazwiska, najprawdopodobniej osób więzionych w więzieniach NKWD na terytorium dzisiejszej Ukrainy. Zrobił to zapewne szpilką lub innym ostrym przedmiotem. Litery są bardzo małe, a zapisy zostały umieszczone w dwóch rzędach, jeden pod drugim. Najbardziej widoczne zapisy to: „Franciszek Strzelecki", „Ludwik Dworak", „Gronowski Wspólna 17" i „Szczyrad..."

– Jest to prawdopodobnie pułkownik Bronisław Mikołaj Szczyradłowski, zastępca dowódcy obrony Lwowa we wrześniu 1939 r.* – powiedział Przewoźnik.

Ekipa ROPWiM ustaliła, że nazwiska te znajdują się na tzw. ukraińskiej liście katyńskiej.

Pułkownik Szczyradłowski figuruje na niej pod numerem 055/5, Franciszek Strzelecki pod nr. 043/3, Władysław Gronowski 067/1, a Dworak 053/3.

Inne zapisy są mało czytelne. Na grzebieniu widać rzymskie cyfry, mogące oznaczać miesiące. – Wygląda to na swego rodzaju kronikę. Pamiętnik z więzienia – powiedział kierujący pracami w Bykowni prof. Andrzej Kola z Uniwersytetu Toruńskiego. Przewoźnik poinformował dziennikarzy, że szczegółowa analiza zapisów z bykowniańskiego grzebienia będzie dokonana podczas ekspertyzy w kraju. [...]

* Ppłk rez. Bronisław Mikołaj Szczyradłowski, kawaler krzyża Virtuti Militari, weteran wojny 1920 r., aresztowany w grudniu 1939 r., wkrótce po odmowie podjęcia współpracy z NKWD. Żona i dwunastoletnia córka zostały w 1940 r. wywiezione do Kazachstanu. Po kilku latach aresztowano je za odmowę przyjęcia radzieckiego obywatelstwa. Po wyjściu z więzienia żona zmarła z wycieńczenia, córka powróciła do Polski w 1946 r. (Krystyna Szczyradłowska-Peca, wywiad w: „Gazeta Wyborcza", 5 grudnia 2007, s. 15).

Efektem poszukiwań jest 210 zlokalizowanych grobów; w 43 z nich znajdują się szczątki Polaków. Wszyscy oni znaleźli się w aresztach i więzieniach NKWD, które powstały na terenach włączonych do ZSRR po napaści na Polskę 17 września 1939 roku.

Informacje o masowych grobach w Bykowni ujrzały światło dzienne pod koniec lat 80. XX w. Badania przeprowadzone tam w latach 2001–2004 wykazały, że jest to największy na Ukrainie cmentarz ofiar komunizmu. Liczba pochowanych może sięgać kilkudziesięciu tysięcy. Na podstawie rozkazu ludowego komisarza spraw wewnętrznych Ławrientija Berii o rozładowaniu więzień NKWD w zachodnich obwodach obecnej Ukrainy i Białorusi z 22 marca 1940 roku, Polacy zostali przewiezieni do więzień centralnych obwodów ZSRR w Kijowie, Charkowie oraz Chersoniu i tam zamordowani wiosną 1940 roku.

Na tzw. ukraińskiej i białoruskiej liście katyńskiej figuruje ogółem 7,3 tysiąca Polaków. W Bykowni znajdują się szczątki części z grupy 3435 Polaków – m.in. oficerów, policjantów i urzędników – z listy ukraińskiej. Wśród miejsc, gdzie mogą być szczątki zamordowanych Polaków z listy białoruskiej, wymienia się m.in. Kuropaty pod Mińskiem.*

Ogółem w lecie 2007 roku polscy eksperci wydobyli w Bykowni szczątki ponad 2 tysięcy ofiar, w tym ponad 400 polskich oficerów, żołnierzy, policjantów i urzędników**. Niestety, zagrożone są zarówno dalsze badania, jak i – szczególnie – właściwe upamiętnienie ofiar. „W Kijowie trwa spór kompetencyjny między Komisją do spraw Upamiętnienia Ofiar Wojny i Represji Politycznych, która współpracowała

---

* *Grzebień dowodem istnienia „drugiego Katynia"*, PAP, PU/21.09.2007 17:08; „Gazeta Wyborcza", 29 października 2007, s. 10.

** Skoro ukraińska lista katyńska zawiera 3,4 tys. nazwisk, a w Charkowie ponad 400 ofiar nie pochodzi z listy obozu starobielskiego, to prawdopodobnie można sądzić, że w Chersoniu znajdują się szczątki co najmniej tysiąca obywateli polskich z listy ukraińskiej. Miejsce ich pogrzebania zostało starannie zakamuflowane i nie jest obecnie znane.

z archeologami polskimi, a miejscowym IPN, który nie życzy sobie, by Polacy cokolwiek robili w Bykowni. Tak to wygląda oficjalnie. W Kijowie mówi się jednak, że za IPN stoją wysocy nastawieni nacjonalistycznie funkcjonariusze kancelarii prezydenta Wiktora Juszczenki, dla których Bykownia jest ukraińską i tylko ukraińską świętością narodową". Zastępca szefa ukraińskiego IPN, Roman Krucyk, szczególnie aktywny w tym sporze, publicznie mówi, że „Polacy pracują w Bykowni, miejscu martyrologii Ukraińców, nielegalnie". Polski dziennikarz tak oto skomentował całą tę sprawę jesienią 2007 roku:

> Kilka ton ludzkich czaszek i piszczeli wciąż leży w czarnych workach w namiocie na cmentarzysku. Namiot jest zaplombowany. Dawni więźniowie NKWD w pewnym sensie pozostają więc jeńcami. Kiedy będą pochowani – nie wiadomo.*

Ostatecznie 27 października 2007 roku „polskie ofiary NKWD złożono do wspólnej mogiły z ukraińskimi. Stało się tak wbrew życzeniu strony polskiej, która chciała, by Polacy zostali pochowani oddzielnie. [...] Pochówek, jak zapewnia Andrzej Przewoźnik, sekretarz Rady [Ochrony Pamięci Walk i Męczeństwa], ma charakter tymczasowy. A uroczysty pogrzeb [...] odbędzie się w przyszłym roku. [...] W przyszłym roku mają też być kontynuowane prace ekshumacyjne w Bykowni. Do przebadania zostało jeszcze 15 dołów śmierci, w których zapewne również spoczywają polskie ofiary NKWD"**.

---

* W. Radziwinowicz, *Zakładnicy historii czekają*, „Gazeta Wyborcza", 16 października, s. 2.

** „Gazeta Wyborcza", 29 października 2007, s. 10.

Wydaje się, że kompromisowym rozwiązaniem byłoby zbudowanie w Bykowni wspólnego Cmentarza Ofiar Totalitaryzmu, mającego status polskiego cmentarza wojennego, jak stało się to już w ukraińskim Charkowie.

Białoruska lista katyńska: Kuropaty?

Z kolei na tak zwanej białoruskiej liście katyńskiej znajduje się (według różnych źródeł) 3680 lub 3870, lub 4465 nazwisk. Tych więźniów zamordowano prawdopodobnie w mińskiej siedzibie NKWD przy ul. Lenina 17, a zwłoki ukryto na innym sowieckim cmentarzysku – w pobliskich Kuropatach. Jednak odkrycie w sierpniu 2006 roku w Bykowni, którego tropem podążył polski dziennikarz, wskazuje, że od tej reguły był co najmniej jeden wyjątek. Przy jednej z ofiar znaleziono srebrną tabliczkę z napisem „prof. Antoni Karyś".

> Człowieka o takim nazwisku nie ma na znanych naukowcom listach ofiar NKWD. „Gazecie [Wyborczej]" udało się jednak natrafić na ślad, który może pozwolić ustalić, o kogo chodzi. W dokumentach przechowywanych w Ośrodku Karta jest dokument mówiący o aresztowaniu przez NKWD w roku 1940 pod Białymstokiem 36-letniego Andrzeja Karysia, syna Antoniego. Możliwe, że miał on przy sobie tabliczkę, pamiątkę po ojcu. Jeśli Andrzej Karyś został uwięziony w Białostockiem, włączonym po wrześniu 1939 roku przez władze radzieckie do Białorusi, jego nazwisko znajduje się na tzw. białoruskiej liście katyńskiej, której Mińsk nie udostępnił Polakom.*

---

* W. Radziwinowicz, *Katyński ślad w Bykowni*, „Gazeta Wyborcza", 9 sierpnia 2006, s. 7.

Obecnie wciąż brak możliwości zbadania zarówno dokumentów (białoruskiej listy katyńskiej), jak i miejsca kaźni oficerów zamordowanych na Białorusi*. Jest jednak dość przekazów świadków, by wyrobić sobie ogólny pogląd na przebieg tej części zbrodni katyńskiej. Jak pisze Zbigniew Brzeziński w przedmowie do polskiego wydania książki Janusza K. Zawodnego *Death in the Forest***,

> Wstrząsający jest opis ujawnionych niedawno masowych morderstw dokonanych przez NKWD w pobliżu Mińska w latach 1937–1941. Ofiary grzebano w lesie, na miejscu zbrodni. Prawdopodobnie wszystko odbywało się przy zachowaniu podobnej procedury i tymi samymi metodami, które zastosowano później wobec polskich oficerów w Katyniu. Jest bardzo prawdopodobne, że NKWD z Mińska brało udział w katyńskich egzekucjach.

W tym miejscu (strony 14–16) profesor Brzeziński przytoczył obszerne fragmenty artykułu, który ukazał się 23 czerwca 1988 roku w mińskim czasopiśmie „Literatura i mastactwa" pod tytułem *Ciała zniszczały, ziemia się zapadła.*

> W początkach 1970 roku na północnych krańcach Mińska, na lewo od szosy Łogojskaja, przed pętlą linii trolejbusowej istniała jeszcze wioska Zielony Ług. Starzy mieszkańcy wsi powiedzieli nam, że na dwa kilometry na północ od wsi, w lesie, pomiędzy linią trolejbusu i drogą

---

* W listopadzie 2007 r. białoruski wiceminister kultury Uładzimir Grydziuszka stwierdził, że pomniki i setki krzyży spontanicznie postawionych w kuropackim lesie przez okolicznych mieszkańców nie przedstawiają „żadnej wartości historycznej lub kulturalnej". W ten sposób władze odmawiają udzielenia ochrony prawnej miejscu, w którym zginęło – według ostrożnych szacunków – od 30 do 100 tys. ludzi (Andrzej Poczobut, *Białoruski reżim nie pamięta o miejscu stalinowskich kaźni*, „Gazeta Wyborcza", 27 listopada 2007, s. 13).

** J. K. Zawodny, *Katyń*, op. cit., s. 14.

do Zasławla, każdego lata od 1937 do 1941 roku przywożono samochodami ludzi, których rozstrzeliwano dzień i noc.

Łagodnie pagórkowaty teren pokrywał gęsty, dziewiczy las. Część lasu, obejmująca od 10 do 15 hektarów, odgrodzona była płotem trzymetrowej wysokości zabezpieczonym od góry drutem kolczastym. Za ogrodzeniem czuwali wartownicy z psami. [...]

Rozstrzeliwania zaczęły się w 1937 roku. Z początku rozstrzeliwano trzy razy dziennie: rano, o drugiej po południu i wieczorem. Przywożono ludzi do lasu kilkoma samochodami i zabijano ich natychmiast. Ciała wrzucano do wykopanych przedtem głębokich rowów, jedne na drugie. Gdy rów był już pełny, przykrywano ciała warstwą piasku nie głębszą niż 20–25 centymetrów. Czasami sadzono na wierzchu małe drzewko świerkowe. W drugiej połowie 1937 roku cały obszar został ogrodzony, a ofiary przywożono o innych porach: po południu, wieczorem i przez całą noc. Przywożono je bez przerwy dzień w dzień. Nasi informatorzy nie mogli sobie przypomnieć, czy były przerwy niedzielne. [...]

Widocznie groby kopano przed południem, bo wieczorem, a często nawet wczesnym popołudniem, kiedy nadjeżdżały pierwsze wozy z więźniami, były już gotowe. Karpowicz opowiadał, że mordowano ludzi całymi grupami. Ustawiono ich w szeregu z zakneblowanymi ustami, przewiązanymi jeszcze szmatami, by nie mogli pluć w twarze oprawców. Mordercy występowali w mundurach NKWD. [...]

Pomimo to wielu świadków słyszało krzyki, płacz i błagania o litość. Może zabrakło knebli? Prawdopodobnie chodziło o coś innego. Ludzie, którzy systematycznie i przez dłuższy czas mordują innych, stają się stopniowo sadystami i odczuwają potrzebę znęcania się nad swymi ofiarami przed zabiciem ich. [...]

Wiera Fiodorowna Towczyk (urodzona w 1933 roku) z Drazdowa pamięta, że kiedy miała siedem lat, biegła ze starszymi dziećmi, by patrzeć na egzekucje. Nie wszystko pamięta, ale jedna scena utkwiła jej w pamięci: rowy wypełnione świeżym piaskiem i krew na trawie. A piasek pokrywający rowy wciąż się poruszał, jak gdyby oddychał.*

* Świadczyłoby to, że podobnie jak w innym miejscu masowego mordu obywateli radzieckich, w Winnicy, oprawcy używali broni kaliber 5,6 mm z poci-

Być może poznaliśmy właśnie los mieszkańców pobliskiego Polskiego Rejonu Narodowościowego im. Dzierżyńskiego, a być może również miejsce kaźni przynajmniej części ofiar (jeńców wojennych) z białoruskiej listy katyńskiej.

Przyjmuje się, że w sumie w Katyniu, Charkowie i Twerze oraz na Ukrainie i Białorusi zginęło 21 857 polskich obywateli* – tyle teczek osobowych zachowało się w archiwach radzieckich i zostało zniszczonych w 1959 roku.

Nie byli to wszyscy polscy oficerowie zabici w ZSRR i nie były to wszystkie miejsca straceń. Na przykład w 2002 roku pojawiła się informacja, że w „miejscowości Tawda na Uralu odkryto masowe groby z polskimi uniformami wojskowymi"**. Do innych masowych strat zaliczyć trzeba także 1785 jeńców zmarłych w opisanych już tu trzech głównych obozach NKWD i – przede wszystkim – zaginionych podczas

---

skiem ołowianym bez wzmacniającego płaszcza. „Kule tego typu nie zawsze i nie dość skutecznie przebijały kości czaszki, dlatego ludzie musieli być krępowani, aby wytrzymać dłuższą procedurę mordu i aby zapobiec wszelkim niespodziankom, szamotaniu się itd. Strzelano też [w Winnicy] z reguły do każdego człowieka dwa razy; w 78 wypadkach po trzy razy; w 2 wypadkach po cztery. Do wielu jednak, wbrew wyraźnej instrukcji, tylko raz. Ale nawet w wypadkach podwójnego strzelania śmierć nie zawsze następowała natychmiast. W ten sposób niektórzy grzebani byli jeszcze żywcem, na co wskazała obdukcja, która u kilku ofiar ustaliła piasek głęboko w przełyku" (Józef Mackiewicz, *Klucz do „Parku Kultury i Odpoczynku"*, w: Andrzej Leszek Szcześniak, *Katyń. Relacje, wspomnienia, publicystyka*, op. cit., s. 153).

Jak wyżej wspomniano, część ofiar mordu w Bykowni także nosi ślady postrzału z broni krótkiej kalibru 5,62 mm. One również mogły być pogrzebane żywcem.

* Prawdopodobnie także ten szacunek nie jest precyzyjny. 14 463 plus 7305 to 21 768 osób, czyli 89 mniej. Jeśli zaś przyjąć, że zamordowanych z trzech wielkich obozów było 14 340, to razem z owymi 7305 otrzymujemy 21 645 osób, czyli mniej o 212, niż wynikałoby z liczby zniszczonych teczek osobowych.

** pl.wikipedia.org/wiki/Zbrodnia_katyńska. Jednak „okazało się, że nie jest to miejsce, w którym byli pochowani zabici na mocy rozkazu z 5 marca 1940 r." (Wojciech Materski, wywiad w: „Gazeta Wyborcza", 9 sierpnia 2006, s. 7).

ewakuacji obozu lwowskiego latem 1941 roku*. W obozie lwowskim znalazły się 12 002 osoby (w tym 5822 aresztowanych między wrześniem 1939 roku a czerwcem 1941 roku w rejonie Lwowa i Drohobycza), a te, które przeżyły ewakuację, umieszczono latem 1941 roku w opróżnionym obozie w Starobielsku**, zwanym Starobielskiem II. Ogólną liczbę aresztowanych (więźniów) ocenia się – łącznie z 1,2 tysiąca oficerów – na 18 632***.

Rok wcześniej, w maju i czerwcu 1940 roku, w ręce sowieckie wpadli polscy oficerowie internowani na Litwie i Łot-

* Szacuje się, że tylko podczas ewakuacji obozu lwowskiego zginęło od 1834 do 1968 więźniów (autorzy *Represji sowieckich...* zweryfikowali do tej pory 1328 nazwisk).

** *Represje sowieckie...*, rozdz. „Represje sowieckie wobec Polaków i obywateli polskich".

*** Należy również pamiętać, że w piątek 27 czerwca 1941 r. ostatnie wycofujące się przed Niemcami oddziały radzieckie dokonały masakry czterech lwowskich więzień (szczególnie Zamarstynowa i Brygidek), gdzie zginęło 7–8 tys. osób. „Z karabinów maszynowych, granatami do cel. Parę tysięcy, bez wyjątku: polskich ziemian i przemysłowców, księży ukraińskich, żydowskich kupców. Dawnych – policjantów i złodziei. To samo w Łucku, Kowlu, Stanisławowie, Kołomyi. Spod stosu trupów wyszedł wspomniany już prof. [Roman] Rencki – miał przed sobą tydzień życia" (Andrzej Ziemilski, *(Nie) mój Lwów 1939–1941*, „Polityka", nr 37, 16 września 1989, s. 13). Tydzień życia – ponieważ 4 lipca o świcie Niemcy przy pomocy Ukraińców dokończyli dzieła Sowietów, rozstrzelawszy na Wzgórzach Wuleckich 23 lwowskich profesorów, w tym Renckiego. Ogółem tej nocy zamordowano 38 osób z lwowskiej elity, w tym 4 kobiety. Do końca miesiąca Niemcy rozstrzelali jeszcze kilka osób, w tym prof. Kazimierza Bartla, przedwojennego premiera.

W czerwcu 1941 r. w więzieniu w Berezweczu na Wileńszczyźnie NKWD zamordował ok. 4 tys. osób, w tym kobiety i dzieci. Zabijano również więźniów w Prowieniszkach (ok. 500 osób) i Wilejce. Do ewakuowanych kolumn więźniów na drogach z Wilejki do Borysowa i z Mińska do Ihumenia („marsz śmierci" ok. 20 tys. więźniów) strzelano z karabinów maszynowych. W tym samym czasie wymordowano także więźniów z zakładów w Łucku i Równem oraz ewakuowano więzienie w Tarnopolu, co przyniosło kolejne ofiary śmiertelne. 5 lipca Sowieci spalili więzienie w Berdyczowie wraz z osadzonymi.

wie, jak również niewielka liczba cywilów i grupka Polaków przebywających w Estonii, której liczebność nie jest dokładnie znana*. „6 lipca 1940 Beria podpisał rozkaz numer 00806 „O przeniesieniu internowanych na Litwie wojskowych i policjantów byłego państwa polskiego do obozów NKWD ZSRR dla jeńców wojennych", miesiąc później zaś, 15 sierpnia – rozkaz numer 001011 „O przewozie internowanych na Łotwie wojskowych i policjantów był[ego] państwa polskiego do obozów NKWD ZSRR dla internowanych"**. Z Litwy „Do obozu kozielskiego (tzw. Kozielsk II) skierowano 2357 oficerów i policjantów, do obozu juchnowskiego*** – 2023 szeregowców i podoficerów. [...] Według pierwszego po zakończeniu tej akcji raportu komendy obozu Kozielsk II znalazły się w nim 2353 osoby. Natomiast w obozie juchnowskim [Pawliszczew Bor] znalazło się 2026 internowanych". Natomiast jeśli chodzi o Łotwę, „Wstępne

* Byli to głównie lotnicy. W ręce Sowietów dostało się także co najmniej dwóch marynarzy z przejściowo (15–18 września 1939 r.) internowanego w Tallinie okrętu podwodnego ORP *Orzeł* – jego dowódca (do 15 września 1939 r.) kmdr ppor. Henryk Kłoczkowski i sanitariusz mat Marian Barwiński.

Dodajmy, że w Estonii żyła niewielka polska społeczność, która także padła ofiarą sowieckich prześladowań. M.in. pochodząca z Litwy Polka Maria Skarbek-Kruszewska (1888–1978) była żoną dowódcy estońskich sił zbrojnych, gen. Johana Laidonera (1884–1953), dla Estończyków postaci tej miary, co dla Polaków Józef Piłsudski. Laidoner, wraz z żoną deportowany do ZSRR 19 czerwca 1940 r., „zmarł z wycieńczenia 13 marca 1953 r. w więzieniu nr 2. we Władymirze i tam następnego dnia został pochowany [...] w wspólnej mogile z Janem Stanisławem Jankowskim, delegatem Rządu Polskiego RP na Kraj [osądzonym w Moskwie w tzw. procesie szesnastu], który zmarł w tym samym więzieniu prawdopodobnie 12 marca 1953 r." (Tadeusz Zubiński, *Ten który pierwszy pobił bolszewika – Gen. Johan Laidoner*, http://glaukopis.gross.pl/pdf/Laidoner.pdf).

** *Represje sowieckie...*, rozdz. „Represje 1939–41. Jeńcy wojenni".

*** W tym czasie był on już opróżniony z tych jeńców, którzy ocaleli z masakry w Katyniu, Charkowie i Miednoje, gdyż przeniesiono ich do Griazowca.

rozpoznanie NKWD ustaliło, iż w największym na Łotwie obozie dla internowanych Polaków w Ulbroce przebywa ich 180, a w innych punktach zarejestrowanych jest dalszych 733, z których jednak większość przebywa na wolności". Ostatecznie „Ogółem z Łotwy do obozów kozielskiego i juchnowskiego przewieziono w trakcie tej operacji 811 osób: 337 do Kozielska i 474 do Juchnowa".

Internowani w Kozielsku II znajdowali na drewnianych pryczach – a niekiedy również w wiozących ich wagonach kolejowych – wyryte przez oficerów z Kozielska I inskrypcje. Po przeniesieniu tej drugiej partii oficerów do monastyru sprowadzono kolejnych więźniów, i to był Kozielsk III. Władze radzieckie usiłowały wykorzystać istnienie trzech kolejnych obozów w tym samym miejscu do zaciemnienia kwestii losu oficerów z Kozielska I.

Wraz z pojawieniem się w sowieckim systemie obozowym kontyngentów z republik bałtyckich cały centralny i terenowy aparat NKWD otrzymał rozkaz, by w stosunku do nowo przybyłych nie posługiwać się terminem „jeńcy wojenni", lecz używać określenia „internowani". W styczniu 1941, według informacji szefa Zarządu ds. Jeńców Wojennych i Internowanych Piotra Soprunienki, w obozie kozielskim znajdowało się 2448 internowanych, wśród nich 2417 osób było narodowości polskiej, w tym 1926 pochodziło z terytoriów anektowanych przez ZSRR. W obozie juchnowskim przetrzymywano 2752 internowanych. W sumie więc, według stanu na początek 1941 roku, ogólna liczba internowanych obywateli polskich, w zdecydowanej większości Polaków, wynosiła wówczas 5200 osób. Wiosną 1941, na mocy rozkazu Berii z 8 kwietnia 1941, internowani z obozów kozielskiego i juchnowskiego zostali wywiezieni za krąg polarny – do obozu pracy Ponoj w obwodzie murmańskim. Z obozu juchnowskiego wysłano tam 2495 osób, a z kozielskiego – 1428. W skrajnych warunkach dalekiej Północy znalazło się i przebywało przez kilka miesięcy (do lipca 1941) bez mała 4000 polskich internowanych.*

W sierpniu 1941 roku na terytorium ZSRR znajdowało się – według danych NKWD – w obozach, więzieniach i na zesłaniu „1. Byłych jeńców wojennych – 26 160. 2. Osadników [wojskowych] i leśników – 132 463. 3. Osądzonych i znajdujących się w trakcie śledztwa – 46 597. 4. Zbiegów i rodzin [osób] represjonowanych – 176 000. W sumie 381 220" obywateli polskich. Po zawarciu 12 sierpnia 1941 roku umowy wojskowej z ZSRR polskim władzom wojskowym udało się początkowo zmobilizować ledwie 25 115 jeńców wojennych i internowanych, w tym – wliczając przetrzymywanych w Griazowcu, a początkowo w Juchnowie (Pawliszczew Bor) – zaledwie 960 oficerów**. W październiku 1941 roku generał Anders miał do dyspozycji 1965 oficerów, w tym około 250 zwolnionych z więzień.

W maju 1940 roku zakończyło się więc masowe rozstrzeliwanie polskich jeńców wojennych. (9 i 10 listopada 2007 roku wszyscy zamordowani wojskowi zostali pośmiertnie awansowani przez prezydenta Rzeczypospolitej Polskiej o jeden stopień, a niektórym cywilom przyznano pierwszy stopień wojskowy.) Odtąd ogromna większość polskich strat na Wschodzie spowodowana była nieludzkim traktowaniem i warunkami przetrzymywania. Jednak zagłada prawie 22 tysięcy polskich obywateli wiosną 1940 roku stanowiła tyleż

* Ibidem.

** Do 12 września 1941 r. 273 osoby narodowości niemieckiej zostały przez polskie komisje wojskowe odrzucone, 252 osoby odmówiły wstąpienia do armii, 234 Polaków „uznano za nie kwalifikujących się do wojska z uwagi na zły stan zdrowia", 3 odrzucono z powodu ciążących na nich wyroków sądowych.

kulminację „zbrodni katyńskiej", co wstęp do „sprawy katyńskiej", która do dziś, choć mija właśnie 68 lat, nie została zakończona*.

---

* Nie można tu nie wspomnieć o losie Polaków zamieszkujących przed wojną dwa Polskie Rejony Narodowościowe: im. Juliana Marchlewskiego, założony w 1925 r. w okolicach Żytomierza na Ukrainie, ok. 100 km na wschód od polskiej granicy, oraz im. Feliksa Dzierżyńskiego, założony w 1932 r. w okolicach Mińska, niedaleko granicy. Ich mieszkańcy, w przeważającej mierze chłopi, okazali się wyjątkowo odporni na bolszewicką propagandę (kiedy z okazji piątej rocznicy powstania „Marchlewszczyzny" wysłano do Polski pociąg z agitatorami mającymi nakłaniać chłopów, by uciekali do ZSRR, żaden z agitatorów nie wrócił), ateizację (powszechnie odprawiano tajne msze) oraz bolszewicką myśl ekonomiczną (chłopi zbrojnie przeciwstawili się kolektywizacji rolnictwa). Ten ostatni czynnik przeważył – w 1935 r. zlikwidowano „Marchlewszczyznę", a w 1938 r. „Dzierżowszczyznę". Władze słusznie uznały, że Polacy są nie tylko nieprzydatni dla systemu sowieckiego, ale i groźni dla niego. W konsekwencji wielu Polaków rozstrzelano, a tysiące zesłano do łagrów lub „na osiedlenie" w głębi Związku Radzieckiego, głównie w Kazachstanie, gdzie do tej pory żyją ich potomkowie.

Represje rozpoczęły się już w latach 1930–1933, jako element ogólnokrajowej akcji rozkułaczania. Według *Represji sowieckich...*

„Podsumowując dane dotyczące represji wobec Polaków – obywateli ZSRR w latach trzydziestych, przed wrześniem 1939, należy jako pułap wyjściowy do dalszej weryfikacji przyjąć szacunek 230 tysięcy osób. Na tę liczbę składają się:

a) represje na Białorusi i Ukrainie przed 1936 rokiem – 70 tysięcy (20 + 50);

b) deportacje 1938 z Białorusi – 20 tysięcy;

c) represje w okresie wielkiego terroru 1937–38 – 140 tysięcy [tzw. Operacja polska w ramach Wielkiej Czystki].

W tej ostatniej liczbie prawdopodobnie ponad 75 procent stanowią rozstrzelani. Według najnowszych ustaleń badaczy z kręgu rosyjskiego «Memoriału», w tzw. operacji polskiej osądzono 143 810 osób, z których na podstawie rozkazu NKWD ZSRR nr 00447 na śmierć skazano 111 091 osób.

Liczba osób represjonowanych nie jest prostym zsumowaniem powyższych trzech pozycji, bowiem [...] wiele osób represjonowanych w Ukraińskiej SRR (np. w ramach pierwszej «sprawy POW»), po odbyciu kary 3 lat łagrów i powrocie do domów niemal automatycznie podlegało aresztowaniu i rozstrzelaniu".

Pacyfikacja obywateli radzieckich narodowości polskiej w latach 30. miała przyczyny ideologiczne i polityczne oraz była wymierzona w konkretną grupę narodową, należy ją zatem uważać za zbrodnię ludobójstwa.

ROZDZIAŁ 4

Sowieckie mataczenie, polskie poszukiwania

Masowy mord prawie 22 tysięcy obywateli polskich stał się największą radziecką tajemnicą, zanim jeszcze został dokonany. Jednak sam ogrom zbrodni przesądził o tym, że ukrycie jej okazało się niemożliwe.

Już w październiku 1940 roku, podczas rozmów sondujących możliwość przeciągnięcia na stronę sowiecką polskich oficerów oszczędzonych w wiosennych masakrach w Katyniu, Charkowie i Miednoje, gdy ówczesny podpułkownik Zygmunt Berling zadeklarował, że stworzy dużą armię w Związku Radzieckim, pod warunkiem że Sowieci oddadzą mu wszystkich polskich wojskowych niezależnie od ich poglądów politycznych, Beria odpowiedział: „*My sdiełali s nimi krupnuju oszybku* – oddaliśmy większość z nich Niemcom". (Według innego zapisu rozmowa ta odbyła się w styczniu 1941 roku, i to zastępcy Berii, Mierkułowowi, wymknęło się: *Nie, ci to nie. My sdiełali s nimi bolszuju oszybku.* Beria zaś usiłował ratować sytuację: *Etich ludiej w Sowietskom Sojuzie niet. Oni ujechali za granicu.* Berling mógł wtedy uwierzyć Mierkułowowi, ponieważ jeńców trzech wielkich obozów nieoficjalnie informowano, że zostaną ewakuowani gdzieś za granicę, być może do Grecji, państw neutralnych bądź do Niemiec.)

Rzeczywiście, abstrahując od aspektu prawnego, moralnego i humanitarnego, mord katyński można uznać – z sowieckiego punktu widzenia – za najlepszy przykład znanego powiedzenia „To gorzej niż zbrodnia – to błąd". Jak już wspomniano, likwidując polskie elity wojskowe i intelektualne, Kreml liczył na rychły i szybki podbój Polski przy okazji uderzenia na Niemcy, jeśli uwikłają się one w wojnę pozycyjną na Zachodzie. Rachuby te jednak zawiodły. Do wojny pozycyjnej nie doszło i po Blitzkriegu we Francji Stalin uświadomił sobie, że stanął oko w oko z Hitlerem. Miał do wyboru albo czekać na niemiecki atak, albo zaatakować samemu. W listopadzie 1940 roku spróbował jeszcze trzeciej możliwości, wysyłając do Berlina Mołotowa, aby uzgodnił z Hitlerem podział półkuli wschodniej na sowiecką i niemiecką strefę wpływów. Jednak radzieckie żądania były tak wygórowane, że w wyniku podróży Mołotowa Hitler nakazał zaatakować Związek Radziecki.

W tej sytuacji Moskwie pozostało czekać na atak lub go uprzedzić. W jednym i drugim wypadku ważne było stanowisko Polski i Polaków. W latach 1940–1941 hitlerowskie represje wobec polskiej ludności nie sięgnęły jeszcze rozmiarów i nasilenia z lat następnych. Sowieci mogli się więc obawiać, że Polacy dołączą do niemieckiego marszu na Moskwę albo – jeśli to oni zaatakują pierwsi – wraz z Niemcami przeciwstawią się radzieckiej inwazji. Dlatego sformowanie przez samych Polaków – i to nie komunistów, lecz zawodowych oficerów „burżuazyjnej, białej Polski" – oddziałów przygotowywanych do walki z Niemcami miałoby dla Stalina walor strategiczny, daleko wykraczający poza potencjalny wkład tych oddziałów w przyszłą wojnę: miało przesądzić o opowiedzeniu się Polaków w kraju i rządu polskiego na emigracji przeciwko planom następnych niemieckich podbojów, czyli w gruncie rzeczy po stronie Związku Radzieckiego. Tego atutu Stalin się pozbył, nakazując, by wymordowano polskich oficerów. Pozostała mu tylko możliwość stworzenia namiastki sojuszniczej armii polskiej:

> 4 czerwca [1941 roku] Biuro Polityczne WKP(b) podjęło decyzję o sformowaniu do 1 lipca w Środkowoazjatyckim Okręgu Wojskowym 238. Dywizji Piechoty, „której skład osobowy opierałby się na materiale narodowości polskiej i polskojęzycznym". Miała ona liczyć 10 298 żołnierzy. Z korespondencji, którą Stalin i Beria prowadzili już od października 1940 roku, wynika, że planowano wcielić do niej część oficerów polskich, którzy nie zostali rozstrzelani, ale tylko tych – wedle słów szefa NKWD – którzy „wykazują prawidłowe postawy polityczne, a także żołnierzy polskiego pochodzenia służących w Armii Czerwonej albo znających w większym lub mniejszym stopniu język polski, lub po prostu z polskimi lub polsko brzmiącymi nazwiskami".*

Skoro jednak nieodwracalny „błąd" z polskimi oficerami został popełniony, to Sowietom pozostało jedynie ukryć go po wsze czasy, gdyż ujawnienie tak potwornej zbrodni pozbawiłoby Związek Radziecki możliwości zawiązania koalicji w przyszłej wojnie. Opinia publiczna państw zachodnich nie pozwoliłaby swoim rządom wejść w alians z ludobójczym reżimem, a bez ich pomocy Związek Radziecki nie mógłby odeprzeć niemieckiej inwazji. (Co innego, gdyby Sowieci zdążyli zadać uderzenie prewencyjne na szykujący się do ata-

* B. Sokołow, op. cit.

ku Wehrmacht – skoncentrowane na pozycjach wyjściowych oddziały niemieckie byłyby równie bezbronne jak Armia Czerwona 22 czerwca 1941 roku.)

Jednak zbrodni wojennej popełnionej na polskich wojskowych i cywilach nie udało się ukryć. Co więcej, została ona ujawniona o wiele wcześniej, niż się powszechnie sądzi, o czym będzie mowa w następnym rozdziale.

Pod koniec września 1939 roku powstał w Paryżu nowy rząd polski, którego premierem prezydent Władysław Raczkiewicz mianował generała Władysława Sikorskiego (od 9 listopada piastował on również stanowisko Naczelnego Wodza). Głównym atutem międzynarodowym polskiego rządu był – oprócz racji politycznych, prawnych, moralnych i historycznych – udział polskich sił zbrojnych w walce z Niemcami. Sikorskiemu udało się zmobilizować armię liczącą około 83 tysięcy ludzi. Ponadto w Wielkiej Brytanii znalazło się 2316 lotników i 1424 marynarzy.

Upadek Francji w maju i czerwcu 1940 roku był katastrofą politycznych planów Sikorskiego. Jego podstawowym błędem, prawdopodobnie jednak nieuniknionym z uwagi na słabą pozycję przetargową Polski, było to, że zgodził się na rozproszenie polskich oddziałów wśród jednostek francuskich. W rezultacie Polacy nie tylko wielekroć walczyli w osamotnieniu, wbrew woli ogarniętych defetyzmem dowódców francuskich, dążących nie tyle do zwycięstwa, ile do zminimalizowania własnych strat, ale musieli także wytężyć wszelkie siły, żeby uniknąć wydania ich wojskom niemieckim. Część polskich oddziałów przebiła się na własną rękę przez pozycje niemieckie, niektóre zostały rozwiązane, ich żołnierze zaś pojedynczo i grupkami podążali na południe i na zachód, a kilka jednostek 2. Dywizji Strzelców Pieszych po wyczerpaniu amunicji w zwartym szyku przeszło do Szwajcarii, gdzie żołnierze zostali internowani. Ostatecznie do Wielkiej Brytanii ewakuowało się jedynie około 27 tysięcy żołnierzy. Również polski rząd przeniósł się z Angers do Londynu.

W sierpniu i wrześniu 1940 roku polscy piloci myśliwscy w znacznej mierze przyczynili się do odparcia bombowej ofensywy Luftwaffe, której powodzenie otworzyłoby Niemcom drogę do inwazji na Wyspy Brytyjskie*. Nie zmieniało to jednak faktu, że Polska, najsilniejszy walczący sojusznik Wielkiej Brytanii, była słaba, niezdolna przechylić szali zwycięstwa na jej stronę.

Jednak 22 czerwca 1941 roku Hitler przekroczył swój Rubikon i zaatakował Związek Radziecki. Premier Winston Churchill, który już rok wcześniej przepowiedział, że do tego dojdzie, jeżeli Wielka Brytania nie dopuści do niemieckiej inwazji na Wyspy, natychmiast przejął inicjatywę. Jeszcze tego samego dnia zaproponował Moskwie wszelką pomoc w walce z nazistami. Odtąd główny ciężar walki z nimi miał ponosić ZSRR, a zatem to on stawał się obiektywnie najważniejszym sojusznikiem Zachodu. Rola Polski niezwykle zmalała. ZSRR dla Polski i Polska dla ZSRR były zaledwie „sojusznikiem naszego sojusznika", czyli Wielkiej Brytanii. Już 12 lipca został zawarty radziecko-brytyjski układ o współpracy wojennej, a 18 lipca radziecko-czechosłowacki układ o nawiązaniu stosunków dyplomatycznych, wzajem-

---

* Patrz m.in. Stanley Cloud, Lynne Olson, *Sprawa honoru. Dywizjon 303 Kościuszkowski. Zapomniani bohaterowie II wojny światowej*, Andrzej Findeisen/ A.M.F. Plus Group, Warszawa 2004.

nej pomocy i utworzeniu czechosłowackich jednostek na terenie ZSRR.

Sikorski, ponaglany przez Churchilla, 23 czerwca wystąpił z przemówieniem radiowym. Poruszył w nim między innymi trzy kwestie, od których zadowalającego uregulowania uzależnił nawiązanie poprawnych stosunków z Kremlem: powrót do granic z 1 września 1939 roku, zwolnienie wszystkich obywateli polskich pozbawionych wolności na terytorium ZSRR, a także utworzenie w Związku Radzieckim polskiej armii, która wzięłaby udział w działaniach przeciwko Niemcom. Kreml za pośrednictwem swojego ambasadora w Londynie, Iwana Majskiego, odpowiedział, że stoi na stanowisku granic etnograficznych (co oznaczało gotowość zwrócenia Polsce jedynie Białostocczyzny i rejonu przemyskiego, lecz nie Lwowa i Wilna), zgadza się na udzielenie „amnestii" „byłym" obywatelom polskim i „ponowne" przyjęcie przez nich polskiego obywatelstwa, a także na utworzenie polskiej armii w ZSRR.

Pierwszy warunek był dla Sikorskiego nie do przyjęcia, ale jego priorytetem było uwolnienie, a praktycznie ocalenie od śmierci kilkuset tysięcy obywateli polskich znajdujących się w Związku Radzieckim – i milionów pod jego okupacją – oraz utworzenie armii. Dlatego ostatecznie zgodził się na następującą formułę dotyczącą granicy polsko-radzieckiej, zawartą w artykule pierwszym układu podpisanego 30 lipca 1941 roku wraz z Majskim: „Rząd ZSRR uznaje, że traktaty radziecko-niemieckie z 1939 roku, dotyczące zmian terytorialnych w Polsce, utraciły swą moc". Z jednej strony było to pustosłowie, ponieważ w świetle prawa międzynarodowego traktat wiążący strony wygasa w chwili wybuchu wojny między nimi, zatem artykuł pierwszy układu Sikorski–Majski stwierdzał jedynie oczywistość. Z drugiej strony można było interpretować ten truizm – i tak zrobił Sikorski – jako powrót do status quo ante, czyli do granicy polsko-radzieckiej ustalonej w traktacie ryskim z 1921 roku. W pewnej mierze taka interpretacja była dopuszczalna, gdyż Polska nigdy nie stwierdziła, że znajduje się w stanie wojny z ZSRR (i vice versa), można było zatem domniemywać, że traktaty zawarte przez obie strony przed 1 września – a raczej przed 17 września, czyli datą radzieckiej inwazji – 1939 roku wciąż obowiązują.

Jednak Moskwa interpretowała ów artykuł jako pozostawienie otwartej sprawy wspólnej granicy, natomiast polscy przeciwnicy Sikorskiego w Wielkiej Brytanii i Stanach Zjednoczonych posunęli się jeszcze dalej, gardłując, że premier sprzedał Sowietom pół Polski. Prezydent Raczkiewicz stwierdził, że nie upoważnił Sikorskiego do podpisania układu, a trzej ministrowie na znak protestu ustąpili z rządu. Decyzję Sikorskiego poparli natomiast Polacy w kraju, cierpiący ucisk i prześladowania ze strony Niemców, Polacy w Związku Radzieckim, których los się poprawił, znaczna część Amerykanów polskiego pochodzenia oraz – oczywiście – rządy Wielkiej Brytanii, Stanów Zjednoczonych i innych państw koalicji antyhitlerowskiej.

W sierpniu 1941 roku zaczęto organizować polską ambasadę w Moskwie i armię polską w ZSRR, której dowódcą został 6 sierpnia mianowany generał Władysław Anders, dwa dni wcześniej zwolniony z radzieckiego więzienia. 3 grudnia Sikorski złożył Stalinowi wizytę, podczas której uskarżał się na trudności zarówno przy zwalnianiu Polaków z więzień i łagrów, jak i tworzeniu polskich oddziałów w ZSRR. Sikorskiego niepokoił zwłaszcza los wielu tysięcy polskich oficerów wziętych do niewoli radzieckiej w 1939 roku, którzy – w ogromnej większości – ciągle nie zgłaszali się do armii. Stalin zasugerował, że być może... uciekli oni do Mandżurii. Aby nie psuć dobrej atmosfery rozmów, Sikorski nie zareplikował tak, jak na to zasługiwała bezczelna uwaga Stalina.

Chociaż akurat w czasie wizyty Sikorskiego w ZSRR Armia Czerwona przeprowadziła pierwszą udaną kontrofensywę, odrzucając niemiecką armię spod Moskwy, z nastaniem wiosny 1942 roku położenie wojsk radzieckich ponownie stało się dramatyczne. Większość polskich wojskowych przewidywała rychłe zwycięstwo Hitlera, a nawet upadek reżimu Stalina. Generał Anders postanowił wyprowadzić formowaną polską armię z ZSRR. Sikorski początkowo był temu przeciwny (chociaż już jesienią 1941 roku jego rząd rozważał możliwość ewakuacji polskich jednostek z ZSRR z uwagi na radzieckie trudności w ich aprowizacji), nie zapatrywał się bowiem tak pesymistycznie jak większość jego podwładnych na szanse Związku Radzieckiego w wojnie z Trzecią Rzeszą, a ponadto słusznie uważał, że udział Polaków w walce z Niemcami u boku Armii Czerwonej może stanowić najsilniejszy atut polityczny w dalszych rozmowach z Kremlem. Jednak mimowolnymi sprzymierzeńcami przeciwników Sikorskiego stali się Hitler i Churchill. Latem armie niemieckie dotarły do Wołgi w rejonie Stalingradu, na przedpola Kaukazu i w pobliże Kanału Sueskiego. Z jednej strony proroctwo Andersa dotyczące nadchodzącego upadku ZSRR zdawało się spełniać, z drugiej jednak Churchilla dręczyła obawa, że formalnie neutralna Turcja będzie zmuszona opowiedzieć się po stronie Niemiec, co pogorszy strategiczne położenie aliantów, oraz że jeśli nawet bliskowschodnie pola naftowe nie dostaną się w ręce Niemców, to będą przez nich nękane bombardowaniami. W Iranie i w Iraku silne były ponadto nastroje antybrytyjskie i proniemieckie, podobnie jak w Egipcie, a był to okres największych sukcesów Afrika Korps generała Erwina Rommla (zwycięska dla Brytyjczyków bitwa pod Al-Alamajn odbyła się dopiero w październiku 1942 roku), które spowodowały bezpośrednie zagrożenie Kanału Sueskiego. Po dwóch latach znów doszło do sytuacji, w której każdy polski żołnierz był na wagę złota. Brytyjczycy postanowili ściągnąć prawie wszystkie siły, którymi dysponowali na Bliskim Wschodzie, do kontrofensywy przeciwko Rommlowi, a na opuszczone tereny wprowadzić Polaków. Było to po myśli Andersa, który w dwóch fazach przeprowadził ewakuację polskiej armii z ZSRR (łącznie ewakuowano 115 742 osoby – 78 470 żołnierzy oraz 37 272 cywilów, w tym kobiety i dzieci). Pierwsza ewakuacja odbyła się w marcu i kwietniu, a druga w sierpniu 1942 roku. Ostatecznie latem Sikorski zaaprobował wycofanie jednostek polskich ze Związku Radzieckiego, gdyż w połowie już do tego doszło.

Stanowisko Andersa i innych nieprzychylnych Sikorskiemu Polaków nie miałoby wielkiego znaczenia dla tej sprawy, gdyby nie potrzeby wojenne Wielkiej Brytanii oraz postawa Moskwy. Brytyjczycy już w październiku i listopadzie 1941 roku sondowali możliwość ściągnięcia pod swoją komendę polskich jednostek formowanych w ZSRR, a następnie nie wywiązywali się z zobowiązania, że uzbroją te oddziały, argumentując, że łatwiej będzie im to zrobić gdzieś na południu, na przykład w Iranie. Stalin nie sprzeciwiał się zakusom Brytyjczyków, przeciwnie: już w lutym 1942 roku powstała radziecko-brytyjska komisja do spraw ewakuacji wojsk polskich z ZSRR, w której strona polska nie była reprezentowana. Co więcej, Związek Radziecki robił wszystko, by zniechęcić rząd Sikorskiego do szerokiej współpracy, między innymi utrudniał poszukiwania polskich obywateli (w tym „zaginionych" oficerów) przedstawicielom ambasady polskiej i odmówił zgody na ewakuowanie 50 tysięcy polskich dzieci. Sikorski poniewczasie zorientował się w podwójnej grze Brytyjczyków i Stalina, co ujawnił w kwietniu 1943 roku. Generał Anders i jego zwolennicy zostali wykorzystani jako pionki w grze Londynu i Moskwy. Stalin stwierdził, że Anders jest „głupi jak kawaleryjski koń", co jednak dowodziło, że radziecki dyktator nie zna się ani na koniach, ani na kawalerii.

Zanim jeszcze generał Anders przystąpił do formowania dowodzonej przez siebie armii, zaczął energicznie domagać się od Sowietów, żeby oddali mu wszystkich polskich oficerów i żołnierzy, których przetrzymują. Sam generał nie przebywał w żadnym obozie, gdyż po tym, jak we wrześniu 1939 roku dostał się do niewoli, najpierw był w lwowskim szpitalu, później w lwowskim więzieniu Brygidki, a 29 lutego 1940 roku przewieziono go do centralnego więzienia wewnętrznego NKWD na Łubiance. Nie wiedział zatem o losie polskich oficerów, zdawał sobie jednak sprawę, że musiało ich się dostać do radzieckiej niewoli kilkanaście tysięcy. Tym bardziej zdumiewające były dla niego początkowo zapewnienia kolejnych sowieckich prominentów, że nie może liczyć na więcej niż około tysiąca oficerów.

Po przejęciu pierwszych jeńców z obozu w Griazowcu, odebraniu od nich relacji z ich niemal dwuletniego pobytu w sowieckich obozach i sformowaniu sztabu swojej armii już w sierpniu 1941 roku Anders utworzył specjalną komórkę do spraw poszukiwania polskich wojskowych. Jej szefem został mianowany na własną prośbę rotmistrz Józef hrabia Czapski, znany malarz kapista, który miał już doświadczenie w poszukiwaniu swoich polskich kolegów, oficerów armii carskiej, uwięzionych przez bolszewików w 1918 roku – wszyscy oni zginęli*. 3 lutego 1942 roku Czapski dotarł nawet do generała Leonida Rajchmana, piątej pod względem znaczenia postaci w NKWD, który zrazu przyjął go bardzo uprzejmie, obiecując wyjaśnić sprawę „zaginionych" polskich oficerów**, później jednak stał się dla niego niedostępny. Po powrocie do sztabu armii Czapski złożył ustny i pisemny meldunek generałowi Andersowi, który oświadczył, że w jego przekonaniu polscy oficerowie już dawno nie żyją. Czapski nie uwierzył słowom Andersa, które nie

---

* *Wierzyłem, że oni żyją*, rozmowa Andrzeja Wajdy z Józefem Czapskim, „Polityka", nr 37, 15 września 2007, s. 68.

Józef Czapski (1896–1993) studiował prawo w Petersburgu, walczył w wojnie polsko-bolszewickiej 1919–1920, więziony w Starobielsku. Po II wojnie światowej członek redakcji paryskiej „Kultury", na którą początkowy fundusz zapewnił gen. Anders. Oprócz książek z dziedziny sztuki opublikował *Wspomnienia starobielskie* i *Na nieludzkiej ziemi*. Ta druga książka opisuje jego poszukiwania polskich oficerów.

** Leonid Fiodorowicz (Jefimowicz) Rajchman (1908–1990), „Według jednych źródeł w latach 1939–1941 pracował na Zakarpaciu, według innych prowadził na Łubiance [...] i Butyrkach przesłuchania wyselekcjonowanych oficerów polskich z obozów w Kozielsku i Starobielsku, którzy dostali się do niewoli radzieckiej we wrześniu 1939 roku. Według relacji rtm. Czapskiego, w trakcie poszukiwania zaginionych oficerów przyjął go na audiencji. Pod koniec życia Rajchman kategorycznie negował takie spotkanie" (http://pl.wikipedia.org/wiki/Leonid_Rajchman).

wynikały z wiedzy generała o losie niedoszłych podwładnych, lecz ze znajomości rosyjskich i sowieckich realiów*. Przez 22 miesiące był on nakłaniany do przejścia na stronę radziecką, musiał się więc domyślać, co spotkało tych, do których Sowietom nie wystarczyło cierpliwości.

Po wyjściu armii Andersa z ZSRR stosunki polsko-radzieckie, zwłaszcza „w marcu i w pierwszej dekadzie kwietnia 1943 roku tak się zaostrzyły, że w każdej chwili mogły ulec zerwaniu"**. I wówczas wybuchła sprawa Katynia. Postawiła ona rząd polski i osobiście generała Sikorskiego w skrajnie trudnej sytuacji, z której prawdopodobnie nie było dobrego wyjścia.

---

* Gen. W. Anders (1892–1970) studiował i następnie odbył służbę wojskową w Rosji – był absolwentem szkoły oficerów rezerwy kawalerii i skróconego kursu Akademii Sztabu Generalnego w Petersburgu; trzykrotnie ranny na froncie rosyjsko-niemieckim. Jako oficer Wojska Polskiego ukończył też Wyższą Szkołę Wojenną w Paryżu.

** Piotr Żaroń, *Kierunek wschodni w strategii wojskowo-politycznej gen. Władysława Sikorskiego 1940–1943*, Państwowe Wydawnictwo Naukowe, Warszawa 1988, s. 216.

ROZDZIAŁ 5

Prawda – kłamstwo – milczenie (Goebbels – Stalin – Zachód)

Według jednego ze źródeł już jesienią 1941 roku niemieccy wojskowi przeszukiwali las katyński, a nawet przeprowadzili niewielkie odkrywki. Jak się dalej okaże, informacja ta nie powinna budzić zdziwienia w świetle wiedzy o masakrze katyńskiej, jaką już wtedy dysponowali Niemcy*. Zacznijmy jednak od mało znanej relacji polskiego robotnika**.

---

* Jak podaje Czesław Madajczyk (op. cit., s. 33, przyp. 68), „Już w raporcie z 2 sierpnia 1941 r. o przesłuchaniu radzieckiego jeńca Merkuloffa, skierowanym do Wehrmachtuntersuchungsstelle, znalazła się informacja o jego zeznaniu, iż oficerów polskich, znajdujących się w niewoli radzieckiej, rozstrzelano. A. M. de Zayas, który podaje tę informację, tłumaczy nienadanie dalszego rozgłosu temu zeznaniu tym, że było to niemożliwe, dopóki nie znaleziono zwłok pomordowanych oficerów w lesie katyńskim, który od września 1941 r. znajdował się w zasięgu okupacji niemieckiej. Zeznanie to miano więc złożyć do akt i zapomnieć o nim". Jak jednak stwierdzili żołnierze pododdziału 537. pułku łączności stacjonującego w ośrodku NKWD w lesie katyńskim, świadkowie na procesie norymberskim, rzeczywiście zdarzało im się natykać na zwłoki pogrzebanych tam polskich oficerów. Nie nadali wówczas temu odkryciu rozgłosu.

** Tomasz Tobola, *Pierwsza świeczka. Opowieść robotnika, który już w 1941 r. znalazł zwłoki polskiego oficera w Lesie Katyńskim*, „Gazeta Wyborcza", 5 czerwca 1995, s. 5.

W 1939 r. [Mieczysław] Lisiecki pracował w poznańskiej filii firmy Knorr. Odszedł stamtąd i w połowie 1941 r. zgłosił się do niemieckiego biura pracy. Skierowano go do pracy na lotnisku Ławica w Poznaniu. Wkrótce Niemcy wybrali dziesięciu polskich robotników; poinformowali ich, że firma została podporządkowana Organizacji Todta, która wysyła ich na roboty drogowe w okolice Mińska Litewskiego [białoruskiego]. – Miałem 21 lat i wyjazd do Rosji nie przerażał mnie – mówi Lisiecki.

Podróż do Mińska trwała około dwóch tygodni. Z polskimi robotnikami jechało kilku Niemców od Todta. 1 września 1941 r. dotarli do Gusina koło stacji Gniezdowo. [...]

Lisiecki czasami pracował w kuchni. Znał niemiecki. Raz w tygodniu jeździł z Niemcami po prowiant do Smoleńska. – Po drodze mijaliśmy las otoczony drutem kolczastym.

Pewnego dnia skaleczył się w rękę i dostał zakażenia krwi. Trafił do niemieckiego szpitala wojskowego kilometr od Gniezdowa. Szpital był pusty, przygotowany do niemieckiej ofensywy na Moskwę. Lisiecki opowiada: – Pracował tam palacz Kisielow, Rosjanin. Pierwszy powiedział, że latem 1940 r. do lasu koło Gniezdowa NKWD woziło „polskich szpiegów". To samo powtórzył później inny Rosjanin.

Kiedyś Lisiecki wybrał się ze szpitala do lasu: – Przeszedłem przez ogrodzenie. Mogłem się swobodnie poruszać, bo byłem w mundurze Todta. Dotarłem do daczy, 700 metrów od szosy witebskiej. Przed wkroczeniem Niemców dacza należała do NKWD. Była pusta, nie uszkodzona. Bałem się wejść. Poszedłem w stronę poręby. Rósł tam dziesięcioletni może zagajnik. W jednym miejscu był wycięty w kształt litery L. Był tam nasyp pokryty igliwiem. Pomyślałem, że to może być grób rozstrzelanych Polaków, o których mówili Rosjanie.

Kilka dni później z kolegą Polakiem wrócił w to miejsce. Zaczęli kopać saperką zabraną z obozu [Organizacji Todta]. Na głębokości metra trafili na zwłoki w polskim palcie wojskowym: – Byliśmy przerażeni. Szybko zasypaliśmy zwłoki i wróciliśmy do obozu. To było 5 października 1941 r.

O odkryciu nie powiedzieli nikomu. W Dzień Zaduszny, 2 listopada, poszli tam jeszcze raz. Ziemia była już pokryta śniegiem.

– Był Pan pierwszym człowiekiem, który oddał hołd zamordowanym w Katyniu? – pytam. Lisiecki: – Na to wygląda.

Wiosną 1942 r. zauważył w lesie brzozowym krzyże. Teraz wie, że postawili je polscy robotnicy kolejowi z tzw. Bauzugu. [...]

[W 1943 r.] Rozpoczęły się ekshumacje. [...] Niemcy pozwolili obejrzeć zwłoki generałów Bohatyrowicza [Bohaterewicza] i Smorawińskiego. – Ciała były przykryte brezentem i posypane cienką warstwą piasku. Generałowie mieli naramienniki. Twarze były trudno rozpoznawalne. Po obejrzeniu zwłok generałów Lisiecki przechodził obok stołu, na którym badano ekshumowane zwłoki. – Usłyszałem, jak Niemiec odczytał nazwisko Sidor. Podszedłem. Zwłoki były dobrze zachowane, na czole otwór od kuli. Zachował się skórzany płaszcz wojsk lotniczych. Obok dokumenty, fotografia żony i córeczki. Nogi się pode mną ugięły. Krzyknąłem, że znam go. Był to kapitan lotnictwa Józef Sidor z Poznania. [...]

O tym, że był w Katyniu, [Lisiecki] opowiedział tylko swemu ojcu i żonie kapitana Sidora, Zofii.

Po 1989 r. napisał do Prokuratury Generalnej i przekazał swoje materiały Radzie Ochrony Pamięci Walk i Męczeństwa.

A zatem Mieczysław Lisiecki już w październiku 1941 roku dowiedział się o mordzie katyńskim i sprawdził tę informację, odkopując zwłoki polskiego oficera. Był drugim Polakiem, który widział ciała ofiar.

W końcu marca 1942 roku pracujący w okolicach Smoleńska polscy przymusowi robotnicy kolejowi z Bauzugu (pociągu remontowego) 2005 odkryli w lasach rosnących nad wysokim brzegiem Dniepru masowe groby z ciałami w polskich mundurach oficerskich. Tak jak Mieczysław Lisiecki owi robotnicy dokonali tego odkrycia dzięki informacjom miejscowej ludności – jednego z nich, Teofila Dolatę (Teofila Ryszarda Rubasińskiego), poinformowała o grobach mieszkanka wsi Nowe Batoki, Polka Emilia Siemianienko z domu Kozłowska, żona listonosza. W kwietniu Dolata i drugi polski robotnik przymusowy, Jan Wachowiak, odkopali dwa ciała ofiar (majora i kapitana), a następnie pogrzebali je i oznaczyli mogiły brzozowymi krzyżami*. 18 lutego 1943 roku niemieckie władze wojskowe wszczęły wstępne badania w terenie – według oficjalnej wersji pod wpływem relacji dwóch Rosjan, mieszkańców pobliskiej wioski** – pod kierunkiem podporucznika Ludwiga Vossa z Geheime Feldpolizei, Tajnej Żandarmerii Polowej Wehrmachtu. 27 lutego Niemcy przesłuchali miejscowych świadków, a raport z przesłuchań został wysłany do Naczelnego Dowództwa

---

* Muzeum Powstania Warszawskiego, http://www.1944.pl/index.php?a=site_archiwum&STEP=03&id=1097&page=0. T. Dolata i J. Wachowiak odkryli też w pobliżu mogił polskich masowe groby oficerów rumuńskich. Ponadto „Byli Łotysze, Litwini i Estończycy. Opowiedziała mi o tym [kobieta] – Zina miała na imię. Ponieważ młody człowiek był, przystojny, więc się od czasu do czasu... Opowiedziała mi, że dwa transporty zostały przywiezione do Gniezdowa z północy. Starcy, dzieci, kobiety nie zostali wwiezieni do lasu, tylko wywiezieni gdzieś dalej. W ubiegłym roku przeczytałem, że gdzieś w zbiorowej mogile znaleźli ich pod Witebskiem. Prawdopodobnie to są te dwa transporty, bo znaleźli dzieci, kobiety i mężczyzn. Prawdopodobnie aż tam ich zawieźli, tutaj ich nie niszczyli".

** Można przyjąć, że to prawda, ponieważ niemieckie tajne służby prawdopodobnie do końca nie ujawniały przed Wehrmachtem, że od 1940 r. wiedzą o zbrodni katyńskiej.

Jak pisał amb. Owen O'Malley, „To klimat Smoleńska ponosi odpowiedzialność za fakt, że choć Niemcy wiedzieli o masowych grobach już na jesieni 1942 roku, wiadomość o nich podali dopiero w kwietniu 1943. Wyjaśnienie jest proste: nie chodziło o to, że propagandyści niemieccy uznali za wskazane ukrywać swe rewelacje ze względów politycznych, lecz o to, że podczas zimy ziemia w tym rejonie tak silnie zamarza, iż nie byłoby możliwości odkopania ciał bez użycia dynamitu czy innych materiałów wybuchowych, które niewątpliwie zniszczyłyby ciała i uniemożliwiły ich identyfikację. Zima z 1942 na 1943 rok była nieoczekiwanie łagodna i władze niemieckie zdecydowały się przystąpić do śledztwa tak szybko, jak tylko stan gruntu na to pozwolił" (pierwszy raport O'Malleya, 24 maja 1943 r., za: *Masakra katyńska /Raporty z lat 1943 i 1944/, Owen O'Malley*, w: A. L. Szcześniak, *Katyń. Relacje, wspomnienia, publicystyka*, op. cit., s. 202).

Wojsk Lądowych (OKH – Oberkommando des Heeres), które przekazało go generałowi Alfredowi Jodlowi z Oberkommando der Wehrmacht (Naczelne Dowództwo Sił Zbrojnych). 29 marca OKH rozkazało wszcząć ekshumację w celu ustalenia liczby ofiar, okoliczności ich śmierci etc. W wyniku badań 13 kwietnia 1943 roku o 15.15 czasu środkowoeuropejskiego radio berlińskie nadało długi, szczegółowy komunikat informujący, że w lesie w pobliżu miejsca zwanego Kosogory (Kozie Góry), trzy i pół kilometra od Katynia przy stacji kolejowej i wsi Gniezdowo odkopano masowe groby polskich oficerów wziętych do niewoli przez Armię Czerwoną we wrześniu oraz w październiku 1939 roku i zamordowanych strzałem z broni krótkiej w tył głowy. Oficerowie ci do wiosny 1940 roku byli internowani w obozie jenieckim w Kozielsku, a następnie zostali przewiezieni do Katynia, gdzie zabili ich funkcjonariusze radzieckiej policji politycznej, NKWD.

(Wbrew obiegowemu poglądowi, Niemcy poinformowali światową opinię publiczną o odkryciu przez siebie zwłok polskich oficerów już dwa dni wcześniej: 11 kwietnia niemiecka agencja Transocean opublikowała depeszę zawierającą taką informację. W tym dniu przybyła już do Katynia pierwsza polska delegacja z Edmundem Seyfriedem z Rady Głównej Opiekuńczej w Krakowie. 12 kwietnia Niemcy ogłosili kolejny komunikat: o 20.00 Radio Berlin poinformowało, że zabici w Katyniu polscy oficerowie przebywali wcześniej w obozie w Kozielsku. Jednak światowy rozgłos zdobył dopiero trzeci komunikat, z 13 kwietnia*.)

* 14 listopada 2007 r. Sejm RP, na swym pierwszym posiedzeniu w nowej kadencji, przyjął przez aklamację uchwałę ustanawiającą nowe święto państwowe: „W hołdzie Ofiarom Zbrodni Katyńskiej oraz dla uczczenia pamięci wszyst-

Z tego i z następnych komunikatów Radia Berlin wynikało, że zeznania okolicznych mieszkańców (wielu pamiętało przychodzące wiosną 1940 roku transporty kolejowe z polskimi jeńcami) potwierdzają badania dendrologiczne, które wykazały, że sosenki rosnące na zbiorowych mogiłach mają pięć lat, a układ słojów dowodzi, że zostały tam posadzone trzy lata przed badaniem*, oraz autopsja zmumifikowanych zwłok, przcprowadzona przcz patologów nicmicckich i zaproszonych z zagranicy, a także należących do misji Polskiego Czerwonego Krzyża**. Również żadna z gazet radzieckich

---

kich wymordowanych przez NKWD na mocy decyzji naczelnych władz Związku Sowieckiego z 5 marca 1940 roku Sejm ustanawia 13 kwietnia Dniem Pamięci Ofiar Zbrodni Katyńskiej".

* Bardzo wielką wagę przywiązywał (i słusznie) do tego dowodu Churchill.

** Oprócz niemieckiego dwunastoosobowego zespołu prof. Gerharda Buhtza, działającego od 1 marca do 10 czerwca, 28–30 kwietnia w Katyniu pracowała dwunastoosobowa międzynarodowa komisja patologów (dr Costedoat z Francji nie był członkiem komisji, lecz obserwatorem) pod kierunkiem prof. Ferenca Orsosa z Budapesztu, która przebadała 982 ciała, natomiast od 17 kwietnia do 7 czerwca Komisja Techniczna Polskiego Czerwonego Krzyża, której przewodniczył Ludwik Rojkiewicz, następnie Hugon (Władysław?) Kassur, a od 12 maja Jerzy Wodzinowski. Komisję tę wysłało Biuro Informacyjne PCK, prowadzące rejestr zaginionych i rannych, by stwierdziła, czy ofiary są Polakami, oraz zidentyfikowała zwłoki. 28 kwietnia dołączyła do niej polska Komisja Lekarska pod kierunkiem dr. Mariana Wodzińskiego z Instytutu Medycyny Sądowej w Krakowie. Połączona komisja polska pracowała przez 5 tygodni (początkowo składała się z 3 osób, następnie z 10, a wreszcie z 12) i przebadała zwłoki ze wszystkich dołów oprócz jednego. Wnioski Polaków pokrywały się z ustaleniami obu poprzednich komisji, choć nie były z nimi ustalane ani nawet konsultowane. Komisje międzynarodowa i polska pracowały bez żadnych ingerencji ze strony Niemców. Ekshumacje przerwano 3 czerwca – oficjalnie dlatego, że z powodu upałów pogorszyły się warunki sanitarne, prawdziwą przyczyną było jednak to, że Niemcy nie chcieli przyznać, iż liczba zamordowanych jest o wiele mniejsza, niż podawała ich propaganda. (Upalne lato nie przeszkodziło jednak Niemcom w ekshumacji odkrytych w czerwcu 9432 zwłok obywateli radzieckich, w tym wielu polskiej narodowości, zamordowanych w Winnicy w 1938 r.; według ukraińskiego źródła emigracyjnego zwłok było 9439; *Crime of Moscow in Vynnytsia. Testimony on the Murder* znalezionych przy zwłokach nie została wydana później niż na wiosnę 1940 roku. Niemcy oszacowali liczbę zwłok na dziesięć tysięcy („Völkischer Beobachter", organ partii nazistowskiej, napisał nawet 14 kwietnia o dwunastu tysiącach).

Ta liczba wzbudziła wśród Polaków pewne wątpliwości, ponieważ była albo za mała, albo za duża. Jak już wiemy, w obozie w Kozielsku przebywało wiosną 1940 roku około 4,6 tysiąca jeńców polskich, w Starobielsku w przybliżeniu 3,8 tysiąca, a w Ostaszkowie około 6,4 tysiąca – łącznie ponad 14,7 tysiąca polskich oficerów jeńców wojennych, a więc prawie o pięć tysięcy więcej niż podawana przez Niemców liczba ofiar Katynia. Z drugiej strony te niemieckie szacunki były ponad dwa razy większe niż liczba jeńców z obozu w Kozielsku (dopiero w latach dziewięćdziesiątych okazało się, że NKWD w 1940 roku wymordował w Rosji, na Ukrainie i Białorusi aż 21 857 polskich oficerów, policjantów, ziemian, intelektualistów, duchownych i innych osób uznanych za szczególnie niebezpieczne dla władzy radzieckiej).

Po jakimś czasie stało się oczywiste, że Niemcy – jedynie w dużym przybliżeniu orientujący się, ilu polskich oficerów więził NKWD – uznali, że wszyscy oni zostali zamordowani właśnie w lesie katyńskim. Dziś wiemy, że jeńców z obozu w Starobielsku zabito w Charkowie, a z obozu w Ostaszkowie – w Twerze.

(Niemcy weszli do Kozielska latem 1941 roku, do Starobielska latem 1942 roku, lecz nigdy nie zdobyli Ostaszkowa.

---

of 9.439 Ukrainians by the Soviet NKVD, Institute for Historical Review, Torrance 1980.) Grzebanie ciał w Katyniu zakończono 7 czerwca. Niemcy zapewnili, że ekshumacja 8 dołu, ze 150–200 zwłokami, zostanie dokończona we wrześniu, lecz właśnie w tym miesiącu las katyński został odbity przez Sowietów.

W dole nr 8 znajdowały się ciała oficerów wywiezionych najpóźniej, w maju 1940 r. Tylko one były lekko odziane.

Co prawda w grudniu 1941 roku zajęli wyspę na jeziorze Seliger, na której stoi monastyr, w którym Sowieci trzymali polskich jeńców, ale gdyby oni wciąż się tam wtedy znajdowali, to NKWD mógł ich bez przeszkód przewieźć do samego miasteczka, albo mogli uciec.)

W gruncie rzeczy Polacy spodziewali się takiego odkrycia. Polscy oficerowie z obozu w Griazowcu – byli jeńcy Kozielska, Starobielska i Ostaszkowa – którzy dołączyli do armii Andersa, potwierdzali już od końca 1941 roku, że większość ich kolegów, jak oni, wiosną 1940 roku została dokądś wywieziona, z tą różnicą, że po tej większości zaginął wszelki ślad. (Długie lata krążyły pogłoski, że polscy oficerowie albo zostali załadowani na barki i utopieni w Morzu Białym bądź u ujścia Jeniseju lub w jeziorze Seliger, albo wywieziono ich na Ziemię Franciszka Józefa, na Nową Ziemię bądź na Kołymę. Autor tej książki sądzi, że to nie tylko pogłoski, ale nie dotyczyły one oficerów, lecz podoficerów i szeregowych, skierowanych do pracy w najcięższych warunkach. Świadkowie Rosjanie widzieli ich mundury, niewiele różniące się od oficerskich, a dalece odmienne od mundurów radzieckich szeregowych, sądzili zatem, że mają do czynienia z oficerami. O tym, że polscy żołnierze byli na półwyspie Kola, w Workucie lub na Kołymie, dobrze wiemy, nie ma więc powodu negować możliwości, że część z nich zesłano także na północne wyspy*.) Mimo to generał Anders – jak już wie-

* Pchor. Jan Kazimierz Umiastowski, internowany na Litwie w 1939 r., w lipcu 1940 r. został wywieziony przez NKWD do Kozielska II, następnie zaś do Juchnowa (Pawliszczew Bor), nadal jako internowany. Wiosną 1941 r. jego status się zmienił: został zesłany na roboty i w czerwcu oraz lipcu 1941 r. wraz z ok. 3000 polskich więźniów przewieziono go kolejno dwoma statkami z Murmańska – dokąd dostał się koleją – do Archangielska, przez Morze Białe. Pod datą 20 czerwca zanotował: „Wielu Polaków przeszło już tym szlakiem od 1939 roku, zapewniali nas rosyjscy więźniowie. Mówili też o polskich oficerach, ale ich zdania były

my – nakazał podwładnym, żeby odnaleźli zaginionych oficerów, jednak poszukiwania okazały się bezowocne.

Chociaż informacje podawane przez Niemców wydawały się wiarygodne, początkowo Polacy, zarówno czynniki oficjalne, jak i – szczególnie – społeczeństwo w okupowanym kraju, podeszli do nich z wielką ostrożnością i sceptycyzmem. Zwłaszcza mieszkańcom Warszawy, widzącym dymy płonącego getta, od 19 kwietnia pacyfikowanego przez Niemców, trudno było uwierzyć w winę Sowietów. Krajowe władze polskiego Państwa Podziemnego i dowództwo Armii Krajowej wydały poufną zgodę na organizowane przez Niemców wyjazdy przedstawicieli polskich organizacji humanitarnych do Katynia, a gdy ci wrócili, odebrały od nich relacje. Wszystkie one nie pozostawiały wątpliwości co do winy ZSRR. Natychmiast został o tym powiadomiony polski rząd w Londynie.

Niemcy zmusili również grupki polskich i anglosaskich jeńców wojennych do przeprowadzenia w Katyniu wizji lokalnej. Także oni uznali, że przedstawione im dowody potwierdzają winę radziecką, chociaż nie przyznali tego publicznie.

Niemcy byli tak pewni swoich ustaleń, że „14 kwietnia Ernst Wilhelm Bohle, sekretarz stanu, kierownik Organizacji Zagranicznej NSDAP (Auslandorganisation der NSDAP), zwrócił się do Himmlera z propozycją [podsuniętą mu przez „mieszkającego za granicą towarzysza partyjnego"] zaproszenia Władysława

sprzeczne i nie bardzo się zgadzały z naszymi wiadomościami" (wiadomości te pochodziły z napisów pozostawionych w Kozielsku i Pawliszczew Borze przez jeńców, którzy przebywali tam wcześniej). 12 lipca Umiastowski zanotował: „Wywożą nas podobno na południe, może do Archangielska, może spotkamy tych z Ziemi Franciszka Józefa i tych z Nowej Ziemi, o których nie ma już tak dawno wiadomości" (J. K. Umiastowski, *Przez kraj niewoli. Wspomnienia z Litwy i Rosji z lat 1919–1942*, Biblioteka Pamiętników, Londyn 1947, za: *My deportowani*, Wydawnictwa „Alfa", Warszawa 1989 [przedruk skrócony], s. 228 i 230.

Sikorskiego – jako osoby prywatnej do zwiedzenia miejsca mordu polskich oficerów i wzięcia udziału w identyfikacji zwłok. Uważał on, że byłoby to dla Rzeszy korzystne, także w wypadku odmowy zaproszonego lub zakazu Anglików skorzystania z tego zaproszenia, gdyż można by to zdyskontować propagandowo"*. 22 kwietnia Himmler przekazał – jako własną – propozycję Bohlego Ribbentropowi, sugerując zaproszenie do Katynia nie tylko generała Sikorskiego, ale i jego „otoczenia". Polacy mieliby przyjechać przez Hiszpanię, a na czas pobytu udzielono by im listu żelaznego. Propozycja Bohlego–Himmlera nie została jednak przyjęta. 26 kwietnia Ribbentrop odpowiedział, że jest ona „kusząca", ale ma poważne wady. Czesław Madajczyk nie bez racji sądzi, że na tym odrzuceniu zaważyły dwa czynniki: Niemcy wiedzieli już o zerwaniu przez Moskwę stosunków dyplomatycznych z polskim rządem, a więc przynajmniej częściowo został już osiągnięty podstawowy cel Berlina, jakim było spowodowanie rozłamu w koalicji antyhitlerowskiej, oraz o fiasku próby przeciągnięcia na stronę Niemiec polskiej opinii publicznej. Być może zaproszenie Sikorskiego do Katynia – które generał na pewno by odrzucił – nieco przychylniej nastawiłoby Polaków do Niemców, ale do przełomu w tej materii mogłoby dojść jedynie wtedy, gdyby hitlerowcy zaprzestali represji wobec obywateli polskich, a do tego nie byli skłonni. Nie zgodzili się nawet na zwolnienie z Auschwitz profesora Jana Olbrychta, którego obecności przy obdukcji zwłok polskich oficerów w Katyniu domagał się doktor Marian Wodziński, asystent profesora prowadzący sekcje ofiar w lesie katyńskim.

Natomiast w następnych dziesięcioleciach wątpliwości badaczy budziły jedynie zapewnienia Niemców, że odkrycie

* C. Madajczyk, op. cit., s. 39.

mogił katyńskich było dla nich niespodzianką. Wątpliwości te brały się stąd, że niemieckie władze wojskowe długo, bo od lata roku 1942 (a nawet od sierpnia 1941 roku) do wiosny 1943, ignorowały pogłoski o tych grobach. Sprawiało to wrażenie, że Niemcy zdecydowali się ujawnić tajemnicę lasu katyńskiego, gdy było już pewne, że tereny te wkrótce zajmą wojska radzieckie. Można było z tego wnosić, że mieli jakiś związek z zamordowaniem polskich oficerów przez NKWD i ujawnili tę zbrodnię, gdy nie mieli już wiele do stracenia. Ostatnio dowiedzieliśmy się więcej o charakterze tego związku.

Współpraca NKWD i Gestapo jest od dawna znana i udokumentowana. Formalnie rozpoczęła się ona nie później niż w 1939 roku, a faktycznie na początku 1940, gdy Stalin wydał Hitlerowi niemieckich komunistów, w zamian zaś dostał pojedyncze egzemplarze kilku najnowszych niemieckich samolotów bojowych. Najważniejsze osobistości Komunistycznej Partii Niemiec – trzy grupy po pięćdziesiąt osób przekazane Gestapo na moście granicznym w Brześciu – zostały przewiezione do Rzeszy, lecz z szeregowymi członkami partii nie zadano sobie tyle trudu: „Zamiast transportować więźniów do Niemiec, zaproszono Gestapo na gościnną egzekucję pod Moskwą". Jednak w ZSRR pozostawali jeszcze niemieccy komuniści, którzy przedtem szpiegowali dla Kremla. Moskwa nie zamierzała ich wydać z obawy, że zdradzą oni tajemnice jej wywiadu, zaprzeczyła więc, że ma ich w swoich rękach. Kiedy jednak Niemcy zaproponowali Sowietom jeszcze jeden latający podarunek (prawdopodobnie Ju-88), „przyznano, że cudownie odnalezieni agenci są w Moskwie, i zaproponowano [kolejną] wspólną egzekucję, z tym że Niemcy nie mieli prawa nawet porozmawiać z rodakami. Gestapo przystało na propozycję – zidentyfikowano i sfotografowano każdego niemieckiego agenta, a potem, wśród maskujących gwizdów parowozów, rozstrzelano ich koło bunkrów węglowych elektrowni Kaszerskiej". Na koniec radziecko-niemiecka ekipa spaliła ciała rozstrzelanych w piecach elektrowni*.

Jeden z tajnych protokołów załączonych do zawartego 28 września 1939 roku niemiecko-radzieckiego układu o granicy i przyjaźni zawierał postanowienie, że „Obie strony nie będą tolerować na swoich terytoriach żadnej polskiej agitacji, która dotyczyłaby terytoriów drugiej strony. Będą tłumiły w zarodku taką agitację na swoich terytoriach i informowały się wzajemnie odnośnie do odpowiednich środków podjętych w tym celu"**. Wykonaniem tych postanowień zajęły się organy bezpieczeństwa ZSRR i Trzeciej Rzeszy. W latach 1939–1940 funkcjonariusze NKWD i Gestapo odbyli szereg spotkań, między innymi w Krakowie, Lwowie, Zakopanem (z tego ostatniego zachowały się fotografie). Do niedawna sądzono jednak, że ta współpraca ograniczała się do wymiany informacji i uzgadniania wspólnej polityki wobec polskich środowisk opiniotwórczych i polskiego zbrojnego oporu. Brak było wskazówek, że współdziałanie NKWD i Gestapo wyszło poza sale konferencyjne i restauracje.

Dopiero w kwietniu 2005 roku historyk Maciej Kozłowski w artykule opublikowanym w „Polityce"***, przytoczył

---

* Wiktor Suworow, *GRU. Radziecki wywiad wojskowy*, Wydawnictwo Adamski i Bieliński, Warszawa 2002, s. 48–50.

** *Documents on Polish-Soviet Relations 1939–1945*, vol. I 1939–1943, General Sikorski Historical Institute, Heinemann, London–Melbourne–Toronto 1961, doc. 55, s. 54.

*** Maciej Kozłowski, *Świadek specjalnego znaczenia*, „Polityka", nr 16, 2005. Ukazała się też książka M. Kozłowskiego *Sprawa premiera Leona Kozłowskiego. Zdrajca czy ofiara*, Wyd. Iskry, Warszawa 2005.

relacje, według których mieszkańcy okolic lasu katyńskiego widzieli w maju 1940 roku – a więc w okresie, gdy odbywały się tam egzekucje Polaków – niemieckich oficerów kwaterujących w willi NKWD nieopodal miejsca egzekucji.

Relacje rosyjskich wieśniaków i wypływające z nich wnioski potwierdza też to, że pośrednio wyjaśniają one przyczynę zamordowania przez Niemców (?) jednego z przedwojennych premierów polskich, Leona Kozłowskiego. Maciej Kozłowski, autor cytowanego artykułu, jest synem młodszego brata byłego premiera i właśnie z uwagi na to pokrewieństwo próbował wyjaśnić przyczynę śmierci stryja.

Leon Kozłowski był uważany za germanofila. Zwolniony z radzieckiego więzienia, w 1941 roku przeszedł przez linię frontu na stronę niemiecką. Są powody, by przypuszczać, że proponował władzom niemieckim utworzenie polskiego rządu, który zawarłby z Trzecią Rzeszą antybolszewickie przymierze zbrojne. Niemcy odrzucili jednak jego ofertę. Były premier był jedną z licznych osób, które zawieźli oni do Katynia, żeby pokazać im mogiły i znajdujące się w nich zwłoki. Po powrocie uchylał się od komentarzy, gdyż mogłyby one przynieść propagandową korzyść Niemcom, chociaż udzielił jednego wywiadu radiowego. Stale był trzymany w areszcie domowym w berlińskim hotelu. W tym samym hotelu mieszkał internowany profesor Józef Zwierzycki, przed wojną naczelny geolog Holenderskich Indii Wschodnich (Indonezji), a następnie zastępca dyrektora Instytutu Geologicznego w Warszawie, którego wiedzę Niemcy chcieli wykorzystać w poszukiwaniach złóż ropy naftowej. Leon Kozłowski opowiedział Zwierzyckiemu, że radzieccy chłopi donieśli, iż w Katyniu w maju 1940 roku przebywali niemieccy obserwatorzy, a Zwierzycki, któremu udało się umknąć z Berlina, w 1948 roku opowiedział o tym swoim czterem studentom z Uniwersytetu Wrocławskiego. Jeden z nich, doktor Leszek Sawicki, po latach przekazał te informacje profesorowi Maciejowi Kozłowskiemu.

Leon Kozłowski „zakończył życie w nie do końca wyjaśnionych okolicznościach w Berlinie, w maju 1944 r." Ten fakt był dotąd niezrozumiały. Dlaczego Niemcy – jeżeli to oni byli winni śmierci Kozłowskiego – mieliby zabijać „kandydata na polskiego Quislinga"*, na dodatek świadka ekshumacji zwłok polskich oficerów przekonanego o winie NKWD? Otóż mieli po temu powód: Leon Kozłowski wiedział, że od samego początku znali oni prawdę o Katyniu, a ujawnili ją dopiero wtedy, gdy stało się to im potrzebne.

Niemcy byli zatem naocznymi świadkami tej radzieckiej zbrodni i jak się zdaje, był to jedyny jej kompromitujący ich aspekt. Wiedzieli o niej, zanim się jeszcze dokonała, lecz nie zamierzali się przyznać do swojego (biernego) w niej udziału, tym bardziej że w tym samym czasie, gdy w Katyniu, Charkowie i Twerze ginęli polscy oficerowie (a w Bykowni oraz najprawdopodobniej Kuropatach oficerowie i cywile), Niemcy na terenie swojej strefy okupacyjnej rozstrzeliwali przedstawicieli polskich elit politycznych, społecznych i intelektualnych w ramach tak zwanej akcji AB (Ausserordentliche Befriedungsaktion, Nadzwyczajnej Akcji Pacyfikacyjnej). Maciej Kozłowski przypomina też, że „Jesienią 1990 r. w rosyjskim tygodniku «Nowoje Wriemia» ukazał

* Vidkun Quisling (1887–1945) był w latach 1942–1945 premierem norweskiego rządu kolaborującego z hitlerowcami. W 1945 r. został skazany na śmierć za zdradę stanu, a jego nazwisko stało się synonimem kolaboranta.

się artykuł Siergieja Kuratowa i Aleksandra Poliakowa, którzy przedstawili hipotezę, że mord dokonany na polskich oficerach wiosną 1940 r. był z góry zaplanowaną i skoordynowaną wspólną akcją gestapo i NKWD"*. Mimo braku dostępu do dokumentów ze wspólnych narad NKWD i Gestapo hipoteza ta wydaje się bardzo prawdopodobna, ponieważ przemawiają za tym bliskie kontakty obu tajnych policji, zbieżność dat i podobieństwo zastosowanych metod. W rezultacie w 1943 roku i później obie strony obawiały się kompromitacji: Niemcy – ujawnienia, że od samego początku wiedzieli o mordzie katyńskim, a teraz udają święte oburzenie, Sowieci – że nie tylko popełnili tę zbrodnię, ale i zaplanowali ją w pełnej zgodzie z Niemcami w okresie, gdy ZSRR był „najlepszym sojusznikiem Hitlera", jak brzmi tytuł książki Aleksandra Bregmana**.

W tym miejscu wypada powrócić do poruszonej w rozdziale trzecim kwestii, dlaczego w 1943 roku Niemcy nie podali, że znaleźli ślady zbrodni w „willi NKWD". Otóż – po pierwsze – śladów takich, jeśli rozumieć przez nie ślady po kulach na ścianach, mogło nie być. Jeńcy z nielicznymi wyjątkami byli zabijani jednym strzałem z walthera kalibru 7,65 mm w podstawę czaszki. Po przejściu przez czaszkę kula mogła albo zrykoszetować od ściany, albo w niej utkwić, ale po egzekucji Sowieci mogli skuć tynk i położyć nowy. (Ta ostatnia sugestia wydaje się jednak błędna, skoro w sierp-

* Więcej na ten temat: Natalia Lebiediewa, Wojciech Materski, *Zastanawiający dokument. Przyczynek do hipotezy o związku akcji AB ze zbrodnią katyńską*, w: *W przeddzień zbrodni katyńskiej. Agresja sowiecka 17 września 1939 roku*, Warszawa 1999.

** Aleksander Bregman, *Najlepszy sojusznik Hitlera. Studium o współpracy niemiecko-sowieckiej 1939–1941*, Londyn 1958.

niu 1940 roku kierownik oddziału specjalnego NKWD w obwodzie kozielskim uskarżał się w raporcie do zwierzchnika, że w obozie Kozielsk II wciąż są inskrypcje zrobione na ścianach przez jeńców Kozielska I, a ze ścian aresztu nie usunięto śladów po kulach z egzekucji dokonywanych tam na obywatelach radzieckich przed wrześniem 1939 roku.) Po drugie, nawet jeśli jakieś ślady mimo wszystko się zachowały, to nie wspomniano o nich w niemieckiej dokumentacji zbrodni sporządzonej w 1943 roku, ale – jeśli w ogóle – w raporcie niemieckich oficerów, którzy obserwowali egzekucje w 1940 roku, a ten raport nie został dotąd ujawniony (być może wciąż znajduje się w archiwach amerykańskich*). Po trzecie, jest możliwe, że niemieccy obserwatorzy trafili akurat na jedną z nielicznych egzekucji nad dołami śmierci albo że specjalnie dla nich taką egzekucję przeprowadzono.

W sierpniu 2005 roku „Gazeta Wyborcza" podała informację pozornie podważającą tezę, że Niemcy od samego początku wiedzieli o zbrodni katyńskiej, a nawet byli jej świadkami. W aktach hitlerowskiego ministerstwa spraw zagranicznych odkryto bowiem dwadzieścia sześć teczek związanych z mało dotąd zbadaną sprawą szukania pomocy u władz niemieckich przez rodziny niektórych polskich oficerów próbujące uwolnić ich z radzieckich obozów. Powoływały się one na niemieckie pochodzenie uwięzionych bliskich, ale nie jest pewne, czy zgodzili się oni na podjęcie tych starań. Wpłynęło około tysiąca takich próśb, ministerstwo jednak zajęło się tylko ponad połową. Prawdopodobnie

* Wojska amerykańskie przejęły w 1945 r. znaczną część niemieckich archiwów, które następnie zostały umieszczone w Alexandrii koło Waszyngtonu. Później je zwrócono, ale wiadomo, że część akt pozostała w USA.

powodem tej wstrzemięźliwości było to, że wielu spośród owego tysiąca oficerów w rzeczywistości nie było z pochodzenia Niemcami, lecz jedynie urodziło się w Niemczech albo się tam uczyło, bądź też po prostu doskonale znało niemiecki. Niektóre rodziny motywowały swoje wnioski również tym, że ich przetrzymywani w radzieckich obozach bliscy są lekarzami lub farmaceutami i mogą być przydatni w czasie wojny. W rzeczywistości oficerów tych łączyło jedynie to, że przed wojną mieszkali oni na terenach, które po agresji niemiecko-radzieckiej zostały przyłączone do Trzeciej Rzeszy lub ogłoszone Generalnym Gubernatorstwem, toteż władze niemieckie stały się właściwe do wystąpienia w tej sprawie do władz radzieckich. Niemiecki MSZ podjął dość energiczne starania w sprawie uwolnienia wspomnianych ponad pół tysiąca oficerów, lecz obecnie wiadomo, że odniosły one skutek w nie więcej niż 71 wypadkach. Co do pozostałych kilkuset oficerów, władze radzieckie do czerwca 1941 roku (czyli do agresji niemieckiej na ZSRR, gdy oficerowie ci nie żyli już od ponad roku) odpowiadały, że „niemieckie pochodzenie danej osoby nie zostało wystarczająco udokumentowane", a zatem nie można jej uwolnić*. Kon-

* Czesław Madajczyk w aneksie A do swojej pracy (op. cit.) zamieścił już w 1989 r. tłumaczenia kilkunastu dokumentów Rechtsabteilung: Völkerrecht, Kriegsrecht 1939–1941, tomy 1/2 do 16/17, Auswärtiges Amt, znajdujących się w Politisches Archiv w Bonn, dotyczących ewakuowania ze Związku Radzieckiego znajdujących się tam jeńców polskich narodowości niemieckiej. Jednym z tych dokumentów jest informacja ambasadora Schulenburga dla MSZ Trzeciej Rzeszy z 12 lutego 1941 r., w której ambasador pisze, że „Do chwili obecnej ambasada wnioskowała w notach werbalnych albo przez listy zbiorcze o powrót ogółem około 1200 byłych wojskowych armii polskiej. Z liczby tej jedynie 90 zostało zgłoszonych [przez Sowietów] do wysiedlenia i powróciło do Niemiec bądź Generalnego Gubernatorstwa. Jeżeli chodzi o pozostałe 1100 osób, to podobno przy

trast między podejmowanymi w dobrej wierze działaniami niemieckiego MSZ a kłamliwymi odpowiedziami władz radzieckich zdaje się wskazywać, że charakter i bliskość współpracy między Gestapo a NKWD były w Niemczech tak wielką tajemnicą, że RSHA* po prostu nie poinformowało o niej Ministerstwa Spraw Zagranicznych. Twierdzenie to nie jest sprzeczne ze świadectwami wskazującymi, że zbrodnia katyńska niemal natychmiast stała się – na zasadzie pewnej, ale nie udokumentowanej pogłoski – tajemnicą poliszynela w kołach wojskowych państw ościennych**.

Ostatni raz, jak nam wiadomo, do tego rodzaju współpracy między Związkiem Radzieckim a Trzecią Rzeszą do-

---

280 nie dało się ustalić obecnego miejsca pobytu. Dalszych 290 (razem 570) nie zostało uznanych za Niemców etnicznych. Odnośnie do pozostałych 540 nie znamy jeszcze stanowiska Ludowego Komisariatu Spraw Zagranicznych. Podane wcześniej liczby nie obejmują jeszcze wszystkich jeńców wojennych pochodzenia niemieckiego. Kilka list z nazwiskami tych jeńców jest zestawianych obecnie w ambasadzie. [...] Ogółem może to dotyczyć kilku setek jeńców wojennych. [...] Wołania o pomoc, które napływają nieprzerwanie do ambasady od krewnych jeńców wojennych, niezgodnie z prawem i bezpodstawnie przetrzymywanych bądź w odosobnionych wypadkach z obozów i więzień [tak w tekście – T.A.K.], wymagają jak najszybszego rozwiązania tego problemu".

* Reichssicherheitshauptamt – Główny Urząd Bezpieczeństwa Rzeszy. Na zaskoczenie personelu MSZ odkryciem zbrodni katyńskiej wskazuje to, że wyżsi urzędnicy tego ministerstwa byli o niej informowani telefonicznie 13 kwietnia 1943 r. przez współpracowników Goebbelsa (ibidem, s. 141).

** Kiedy internowany w obozie w Kownie por. Alfons Koechler, oficer Oddziału II (wywiad), w czerwcu 1940 r. poprosił Litwinów, aby w obliczu sowieckiej aneksji przekazali go do innego kraju, ponieważ nie chce być internowany w Kozielsku, oficer litewskiego wywiadu odparł: „Kozielsk jest przecież wymordowany".

Z odwrotną prośbą zwrócił się do Niemców płk Adam Sawczyński, internowany w Oflagu II B w Arnswalde, gdy wiosną 1940 r. dowiedział się o niemiecko-radzieckiej wymianie jeńców polskich. Przyjaźnie usposobiony do Polaków komendant Loebecke wyraził wówczas zdumienie: „Ależ oni was tam mordują".

szło podczas powstania warszawskiego, które wybuchło 1 sierpnia 1944 roku i trwało do początku października. Była to współpraca zgodna, chociaż nie zaplanowana, można by rzec – spontaniczna. Wyczerpane długą ofensywą i narastającym oporem Wehrmachtu wojska radzieckie zatrzymały się na prawym brzegu Wisły i pozostały tam do stycznia 1945 roku, chociaż marszałek Konstanty Rokossowski przedstawił realistyczny plan uderzenia na główną, lewobrzeżną część Warszawy już w pierwszej połowie sierpnia. Stalin nie tylko odrzucił plan Rokossowskiego, ale i długo uniemożliwiał dokonywanie zrzutów broni dla walczących powstańców, nie zgadzając się, by alianckie samoloty uzupełniały paliwo na radzieckich lotniskach na Ukrainie. W tym samym czasie ogromne, doskonale zaopatrzone siły radzieckie uderzyły na Rumunię i Bułgarię; liczebność tych armii nie wynikała ze względów natury militarnej, lecz z dążenia Kremla do zajęcia i zwasalizowania Bałkanów. Tymczasem w Warszawie doszło do sytuacji odwrotnej niż w Katyniu: teraz strona radziecka była biernym świadkiem zbrodni niemieckiej, której przyglądała się przez Wisłę. W powstaniu warszawskim zginęło około 18 tysięcy żołnierzy podziemnej Armii Krajowej oraz mniej więcej 180 tysięcy cywilów. Po Katyniu i akcji AB stłumienie powstania warszawskiego dopełniło radziecko-niemieckiego dzieła zniszczenia polskich elit, czego skutki odczuwamy do dziś. Zginęło też wielu polskich żołnierzy, którzy nie zdążyli wstąpić do armii generała Andersa i ewakuować się z nią z ZSRR, lecz wstąpili do podporządkowanej Stalinowi armii generała Berlinga. We wrześniu części tych właśnie żołnierzy, nie przeszkolonych w walkach miejskich, rozkazano udzielić pomocy powstańcom. Wielu zginęło już podczas przeprawy przez Wisłę, inni polegli w walkach na lewym brzegu. Ich pomoc była spóźniona i nieskuteczna.

Niemcy w kontrolowanych przez siebie gazetach i na słupach ogłoszeniowych publikowali listy ofiar Katynia, w miarę jak je identyfikowano. Polskie władze podziemne spróbowały jeszcze jednej metody weryfikacji prawdomówności Niemców, często używanej w procedurach wywiadowczych. Wiele lat po wojnie autor tej książki miał zaszczyt poznać profesora Remigiusza Bierzanka, wybitnego specjalistę od prawa międzynarodowego oraz politologa, i studiować pod jego kierunkiem stosunki międzynarodowe. Profesor Bierzanek, w 1943 roku trzydziestoletni doktor, znalazł się na jednej z list katyńskich, chociaż nigdy nie był ani w obozie w Kozielsku, ani w Katyniu. Jego nazwisko umieścili na liście polscy drukarze na polecenie polskich władz podziemnych. Niemcy natychmiast zdementowali tę informację, przypisując zamieszczenie na liście nazwiska Bierzanka niewytłumaczalnej pomyłce drukarskiej. Konspiracyjne władze polskie otrzymały zatem kolejny, nie najmniej ważny, dowód wiarygodności wersji niemieckiej, według której zbrodni dokonano na rozkaz Kremla. (Wiemy tylko o kilku ewidentnych niemieckich pomyłkach oraz o zatajeniu nazwiska jednej z ofiar*.)

Kreml zareagował na rewelacje Berlina komunikatem Radia Moskwa, nadanym 15 kwietnia 1943 roku o 7.15, w którym stwierdzono, że polscy jeńcy wojenni byli zatrudnieni latem 1941 roku przy robotach budowlanych na zachód od Smoleńska i wówczas wpadli w ręce żołnierzy

* Mowa o Janinie Lewandowskiej, córce gen. Józefa Dowbora-Muśnickiego – patrz rozdział 3.

niemieckich, którzy następnie popełnili na nich zbrodnię przypisywaną obecnie Sowietom. Nigdy wcześniej strona radziecka nie podała stronie polskiej takiej wersji „zaginięcia" jej oficerów. Gdyby była to wersja prawdziwa, to natychmiast w 1941 roku zweryfikowałby ją Międzynarodowy Czerwony Krzyż, który miał dostęp do niemieckich obozów jenieckich. Pojawiło się też pytanie, dlaczego NKWD, który w obliczu niemieckiej inwazji ewakuował tysiące więźniów kryminalnych, nie postąpił tak samo z ważniejszymi w jego mniemaniu więźniami, bo politycznymi. A jeśli nie zdążył tego zrobić, a strażnicy porzucili stanowiska, to dlaczego w ogólnym zamieszaniu ani jednemu polskiemu oficerowi nie udało się uciec i zgłosić do władz podziemnych w okupowanej przez Niemców Polsce lub do przedstawicieli Rzeczypospolitej w Związku Radzieckim? Z tych oczywistych powodów Moskwa nigdy wcześniej nie posłużyła się wobec Polaków takim wybiegiem*.

Sowieci byli bardzo zaniepokojeni i wkrótce nad laskiem katyńskim pojawiły się radzieckie samoloty zwiadowcze fotografujące stan odkrytych dołów śmierci i postęp robót ekshumacyjnych.

Wszystkie rządy, zarówno alianckie, jak i państw Osi oraz ich sprzymierzeńców, zdawały sobie sprawę, że Berlin zdobył

---

* J. K. Zawodny wymienia jeszcze kilka nonsensów sowieckiej wersji masakry katyńskiej. Oficerowie byli w zimowych mundurach, a wedle Kremla masakra dokonała się w ciepłym wrześniu (1941 r.). Gdyby pracowali przy robotach drogowych, to podeszwy ich butów byłyby zniszczone. Gdyby zostali zabici we wrześniu, to w mogiłach byłyby szczątki owadów. Wiek i stan drzewek, którymi zamaskowano mogiły, wskazywał, że posadzono je tam ponad dwa lata przed wiosną 1943 r., a zatem w 1940 r. Zawodny wymienia w sumie 17 zespołów dowodów obalających radziecką wersję wydarzeń.

broń propagandową zdolną rozsadzić koalicję antyhitlerowską. Niemcy poniosły już wprawdzie klęskę pod Stalingradem, ale w marcu 1943 roku feldmarszałek Erich von Manstein ustabilizował front wschodni, a ostateczny przełom na tym froncie jeszcze nie nastąpił – doszło do niego dopiero latem, podczas bitwy na Łuku Kurskim. W kwietniu 1943 roku nikt nie mógł przewidzieć ani daty, ani wyniku tego starcia. Zachód obawiał się niemal do samego końca wojny, że Stalin może zawrzeć separatystyczny pokój z Niemcami, tym bardziej że lądowanie w Normandii miało nastąpić dopiero za rok. Cały ciężar walk lądowych z Trzecią Rzeszą wciąż spoczywał na Związku Radzieckim, toteż głównym celem Londynu i Waszyngtonu w kontekście sprawy katyńskiej stało się powstrzymanie Polaków przed działaniami politycznymi, które mogłyby skłonić Moskwę do zerwania sojuszu z Zachodem.

Ogłoszenie wiadomości o masakrze w Katyniu nie przysporzyło Niemcom zwolenników wśród Polaków. Hitlerowski terror wobec ludności cywilnej trwał, a 19 kwietnia 1943 roku Niemcy przystąpili do likwidacji getta warszawskiego, w którym wybuchło powstanie, obecnie często mylnie utożsamiane na Zachodzie z powstaniem warszawskim. W polskich oddziałach stacjonujących w Wielkiej Brytanii i na Bliskim Wschodzie, w dużej części złożonych z byłych więźniów radzieckich łagrów, nastroje antyradzieckie sięgnęły wprawdzie granicy buntu przeciw polskiemu rządowi emigracyjnemu, żołnierze uważali bowiem, że powinien on jak najostrzej zareagować na zamordowanie kilkunastu tysięcy ich towarzyszy broni, ale Władysław Sikorski starał się działać rozważnie, uwzględniając nie tylko aspekt moralny, ale i polityczny interes Polski oraz jej zachodnich sojuszników. Winston Churchill ostrzegł go podczas rozmowy, w której uczestniczyli stały podsekretarz stanu w Foreign Office Alexander Cadogan i ambasador Edward Raczyński, że „Są rzeczy, które choć są prawdziwe, nie nadają się do ogłoszenia publicznie bez oglądania się na moment. Jaskrawe ich poruszenie byłoby ciężkim błędem". Jednak „rząd polski nie mógł milczeć, musiał albo podpisać się publicznie pod wersją radziecką i przypisać tę zbrodnię Niemcom, albo też podjąć kroki zmierzające do wyjaśnienia wszystkich okoliczności sprawy, co *implicite* zawierało założenie, że oficerowie, których zwłoki zostały odnalezione, mogli zginąć z rąk radzieckich"*. Ostatecznie splot okoliczności doprowadził do kryzysu.

16 kwietnia Niemiecki Czerwony Krzyż zwrócił się do Międzynarodowego Komitetu Czerwonego Krzyża w Genewie z wnioskiem, by wziął on udział w badaniu mogił katyńskich. 17 kwietnia rząd polski wydał oświadczenie (ogłoszone dwa dni później), w którym, odmawiając „Niemcom prawa do czerpania ze zbrodni, które zarzucają innym – argumentów w obronie własnej" i do występowania w roli obrońców „chrześcijańskiej i europejskiej kultury", ujawnił, że już 15 kwietnia polecił swojemu przedstawicielowi w Genewie zwrócić się do Międzynarodowego Czerwonego Krzyża z prośbą o wysłanie do Katynia delegacji, która zweryfikowałaby niemiecką wersję wydarzeń. Również 17 kwietnia rząd Władysława Sikorskiego wystosował do rządu radzieckiego notę z prośbą o udzielenie wyjaśnień

---

* Krystyna Kersten, *Zanim padło słowo „Katyń"*, „Res Publica", nr 9, wrzesień 1988.

w sprawie niemieckiego odkrycia. (W sumie od lata 1941 r. władze polskie skierowały do władz radzieckich ponad dwieście oficjalnych i półoficjalnych dokumentów dotyczących losu oficerów internowanych w 1939 r. na terytorium ZSRR*.) Owa nota została złożona w radzieckiej ambasadzie przy polskim rządzie w Londynie jeszcze tego samego dnia, lecz ambasador radziecki otrzymał ją dopiero 20 kwietnia**. Trzecim dokumentem, ogłoszonym przez stronę polską także 17 kwietnia (z datą o dzień wcześniejszą; Reuter zamieścił go już 16 wieczorem, BBC nadało 17 w południe), był komunikat Ministerstwa Spraw Wojskowych, które streściło w nim historię bezskutecznych poszukiwań zaginionych oficerów i równie bezskutecznych polskich interwencji w tej sprawie u władz radzieckich, a następnie konkludowało:

> Jesteśmy przyzwyczajeni do kłamstw propagandy niemieckiej i zdajemy sobie sprawę z celu jej ostatnich relacji. Jednakowoż z uwagi na dokładne informacje dostarczone przez Niemców w sprawie znalezienia zwłok szeregu tysięcy oficerów polskich w pobliżu Smoleńska i w świetle kategorycznego oświadczenia, że zostali oni zamordowani przez Sowiety na wiosnę 1940 r. powstaje konieczność, aby zbadane zostały odkryte zbiorowe mogiły i aby fakty zostały ustalone przez odpowiednie czynniki międzynarodowe, tego rodzaju jak Międzynarodowy Czerwony

* Kajetan Dzierżykraj-Morawski, sekretarz generalny polskiego MSZ, a od 1 października 1943 r. ambasador przy Komitecie Wolnej Francji w Algierze, przekazał stronie radzieckiej propozycję rządu polskiego, że jest on gotów zrezygnować z ustalenia losu 8 tys. polskich oficerów, jeżeli Sowieci zaakceptują wielokrotnie zgłaszaną im prośbę Polski, aby zezwolić wszystkim polskim obywatelom na opuszczenie terytorium ZSRR. (Zofia Zaks, *Stosunki polsko-radzieckie w 1943 roku w świetle francuskich dokumentów dyplomatycznych*, „Dzieje Najnowsze", nr 2, 1987.)

** K. Dzierżykraj-Morawski twierdził, że min. Raczyński podpisał notę dopiero 20, a do Moskwy dotarła ona 22 kwietnia (ibidem).

Krzyż. Rząd polski zwraca się do powyższej instytucji, prosząc ją o wysłanie delegacji na miejsce, w którym polscy jeńcy wojenni mieli być zamordowani.*

Do dziś nie jest do końca jasne, czy ostatnie zacytowane zdanie zapowiadało, że to rząd polski oficjalnie, we własnym imieniu, zwróci się do MKCK o przeprowadzenie badań w Katyniu, czy też miało jedynie sugerować, że rząd polski popiera wniosek, który – na jego polecenie z 15 kwietnia – złożył zastępca polskiego przedstawiciela przy MKCK, książę Stefan Radziwiłł, właśnie 17 kwietnia o 16.30, kilkadziesiąt minut po tym, jak zrobił to delegat niemiecki. Jedno i drugie świadczyłoby, że minister obrony generał Marian Kukiel, profesor historii specjalizujący się w okresie wojen napoleońskich, popełnił kardynalny błąd polityczny. Generał Sikorski tłumaczył się później w rozmowie z brytyjskim ministrem spraw zagranicznych, sir Anthonym Edenem, że czytając komunikat ministerstwa obrony, był zmęczony i nie dostrzegł błędu Kukiela. Jednak nie był to błąd, lecz zamierzone działanie samego Sikorskiego, który musiał wykazać się przed Polakami jakąś inicjatywą. Jak pisał później generał Kukiel, „Sikorski czytał uważnie projekt [komunikatu], poprawił jedno czy dwa słowa, parafował, zarządził ogłoszenie przez PAT".

Błąd polegał na tym, że oba wnioski – niemiecki i polski – zbiegły się w czasie. Co prawda Polacy postanowili zgłosić swój wcześniej, bo 15 kwietnia, a Niemcy wysłali swój dzień później, lecz dla Kremla takie niuanse nie były

* *Polish-Soviet Relations 1918–1943. Official Documents*, Issued by the Polish Embassy in Washington, The Polish Embassy, Washington 1943, s. 231.

istotne. Liczyło się tylko to, że polski rząd postanowił zbadać zasadność niemieckiego oskarżenia, nie przyjmując na wiarę, bez zastrzeżeń, komunikatu radzieckiej agencji TASS, który obciążał winą Niemców. Międzynarodowy Czerwony Krzyż zapowiedział, że już do 20 kwietnia ustali skład komisji do zbadania mogił katyńskich (jej członkami mieli być eksperci z państw neutralnych – Szwecji, Szwajcarii i Portugalii – działający pod przewodnictwem Szwajcara). Jednak 20 kwietnia zarząd MCK wydał tylko oświadczenie, że z powodu braku zgody jednej z zainteresowanych stron komisja nie zostanie wysłana do Katynia. Ponieważ pozostające ze sobą w stanie wojny Niemcy i Polska opowiadały się za tym, wynika z tego, że zgody odmówił Związek Radziecki, który również był stroną zainteresowaną, choćby z formalnego punktu widzenia, ponieważ Katyń znajdował się na jego terytorium.

Jednakże był i trzeci błąd, najważniejszy. Popełniła go nieznana do dziś polska osobistość, która spowodowała przeciek do agencji Reutera. Jak już wiemy, 16 kwietnia wieczorem Reuter opublikował informację, że rząd polski zamierza zwrócić się do MCK. Również 16 kwietnia rząd niemiecki złożył swój wniosek do MCK. Kiedy jednak Niemcy dowiedzieli się z depeszy Reutera, że Polacy także wystąpią z wnioskiem o wszczęcie śledztwa przez MCK, „Hitler wydał instrukcje, aby wystosować natychmiast drugie niemieckie zaproszenie do Międzynarodowego Czerwonego Krzyża. [...] Drugie niemieckie zaproszenie było wymierzone w czasie w ten sposób, by zbiegło się z działaniem polskim"*.

* J. K. Zawodny, *Katyń*, op. cit., s. 38.

Kreml skutkiem tego oskarżył Polskę o współpracę z Hitlerem, a niektórych członków jej rządu o prohitlerowskie sympatie.

W nocy z 25 na 26 kwietnia Związek Radziecki zerwał stosunki dyplomatyczne z Polską. Polski ambasador w Moskwie, Tadeusz Romer, tak jak jego poprzednik 17 września 1939 roku, odmówił przyjęcia odczytanej mu noty, ponieważ jej ton urągał powszechnie przyjętym obyczajom dyplomatycznym. Mimo to Sowieci podrzucili ją do mieszkania ambasadora. Owa nota, oprócz zarzutu o kolaborację polskiego rządu z Trzecią Rzeszą – później rozciągniętego na całe polskie Państwo Podziemne i podtrzymanego przez komunistyczne organy represji na ziemiach polskich do połowy lat pięćdziesiątych – oraz insynuacji, że Polska szantażuje Związek Radziecki „celem wydarcia odeń terytorialnych koncesji", zawierała niezwykle ciekawy passus zdradzający kulisy radzieckiej intrygi. Brzmiał on następująco: „Daleki od dania odprawy podłemu faszystowskiemu oszczerstwu w stosunku do ZSRR, Rząd Polski nie uznał nawet za potrzebne zwrócić się do Rządu Sowieckiego z zapytaniem albo żądaniem wyjaśnień w tej sprawie [Katynia]"*. To zdanie tłumaczy, dlaczego ambasador radziecki przy polskim rządzie na wychodźstwie dopiero 20 kwietnia przyjął polską notę „z zapytaniem albo żądaniem wyjaśnień", złożoną w ambasadzie 17 kwietnia. Trzeba jednak dodać, że gdyby ta nota została złożona wcześniej, nie zaś w tym samym dniu co komunikat ministerstwa obrony, który dał Moskwie okazję do kłamliwych oskarżeń i zerwania stosunków dyplomatycz-

* *Armia Krajowa w dokumentach 1939–1945*, Londyn 1973, t. II, s. 505.

nych, to Stalinowi ubyłby tylko jeden z tych pretekstów. Nie znaczy to jednak, że do zerwania by nie doszło, ponieważ sowiecki dyktator bardzo go potrzebował.

„W końcu stycznia i przez cały luty 1943 r. odbywały się serie rozmów pomiędzy Stalinem i Mołotowem z jednej a [Wandą] Wasilewską i Berlingiem z drugiej strony". W ich wyniku

> 1 marca 1943 r. ukazał się pierwszy numer „Wolnej Polski"– polityczno-społecznego tygodnika Związku Patriotów Polskich. Organizacja ta faktycznie wówczas nie istniała, a jej nazwę po długiej dyskusji zaproponował Stalin, stojąc na stanowisku, że poszczególne elementy nazwy muszą odpowiadać dążeniom i nadziei ludzi, którzy mają stać się członkami Związku. Formalnie za datę powstania ZPP przyjmuje się koniec lutego 1943 r., jednakże faktycznie organizacja ta zaczęła swoją masową działalność po I Zjeździe ZPP [...].*

Zjazd ten rozpoczął się dopiero 9 czerwca 1943 roku. Wbrew potocznym poglądom, większość przywódców i członków założycieli ZPP nie była komunistami – o to również zadbał Stalin, któremu chodziło o zamaskowanie prosowieckiego nastawienia tej organizacji zarówno przed Polakami w ZSRR i w Polsce, jak i przed zachodnimi rządami i opinią publiczną.

8 kwietnia podpułkownik Zygmunt Berling zwrócił się do NKWD z oficjalną propozycją utworzenia jednostek Wojska Polskiego. 18 kwietnia 1943 roku, czyli na samym początku kryzysu katyńskiego, Biuro Polityczne WKP(b) wyraziło zgodę na utworzenie polskiej jednostki wojskowej. „Decy-

---

* Zbigniew Kumoś, *Związek Patriotów Polskich. Założenia programowo-ideowe*, Wyd. MON, Warszawa 1983, s. 52–53.

zja ta została z radością przyjęta przez Polaków w ZSRR"*. Zdanie to jest zgodne z prawdą, pojawiła się bowiem szansa dla tych, którym Sowieci odmówili prawa wstąpienia do armii Andersa, oraz tych, którzy wciąż przetrzymywani byli w łagrach.

Pozwoliwszy na utworzenie ZPP i armii Berlinga, Stalin znalazł się o dwa kroki bliżej sformowania prosowieckiego rządu polskiego i tym samym podporządkowania sobie Polski. Mord w lesie katyńskim, dokonany przez NKWD, i jego ujawnienie przez Wehrmacht, umiejętnie rozegrane przez Niemców, zaczęły wydawać zatrute owoce polityczne.

Amerykański ambasador w ZSRR, admirał William Standley, w depeszy do Departamentu Stanu z 28 kwietnia napisał, że

> Możemy, jak mi się wydaje, stanąć w obliczu odwrócenia europejskiej historii. Dla uchronienia się przed wpływami bolszewizmu w roku 1918 Europa Zachodnia usiłowała ustanowić kordon sanitarny. Kreml w celu zabezpieczenia się przed wpływami Zachodu może mieć teraz na widoku sformowanie pasa państw prosowieckich.**

Natomiast Churchill zapowiedział w liście do Stalina z 30 kwietnia 1943 roku, że ani Wielka Brytania, ani – jak się spodziewał – Stany Zjednoczone nie uznają rządu polskiego utworzonego w Moskwie.

Stalin zdawał sobie z tego sprawę, dlatego oficjalnie postawił dwa warunki wznowienia stosunków dyplomatycznych

---

* Ibidem, s. 59.

** *US House of Representatives. Select Committee on the Katyn Forest Massacre: The Katyn Forest Massacre. Hearing Before the Select Committee to Conduct an Investigation of the Facts, Evidence and Circumstances of the Katyn Forest Massacre*, 82nd. Cong., 1st and 2nd Sess., US Government Printing Office, Washington 1952, cz. VII, s. 2068. Cyt. za: Janusz K. Zawodny, op. cit., s. 42.

z polskim rządem w Londynie: usunięcie z tego rządu „elementów antyradzieckich", a nawet „proniemieckich", oraz uznanie linii rozgraniczającej Trzecią Rzeszę i ZSRR (w wyniku traktatu z 28 września 1939 roku) za przyszłą granicę polsko-radziecką. Nieoficjalnie Sowieci domagali się spełnienia dodatkowego, wstępnego warunku: tego, by rząd polski potępił własny wniosek do Międzynarodowego Czerwonego Krzyża o zbadanie prawdziwości niemieckich enuncjacji. Generał Sikorski od dawna chciał się pozbyć ze swojego gabinetu osób, które utrudniały mu prowadzenie polityki wobec Związku Radzieckiego, i szykował się do tego po powrocie – który nigdy nie nastąpił – z podróży na Bliski Wschód. Co do kwestii granicy, to gotów był negocjować pewne ustępstwa na rzecz Sowietów, z wyłączeniem Wilna i Lwowa. Trzeci warunek był dla niego zupełnie nie do przyjęcia. Stanowisko Sikorskiego wobec żądań Kremla stało się powodem jego śmierci.

Jak wiemy, utrzymanie militarnej zwartości – o polityczną było coraz trudniej – koalicji antyhitlerowskiej było priorytetem aliantów zachodnich, w tym oczywiście Polski, choć jej rząd nieudolnie rozegrał z Moskwą sprawę Katynia. Niemniej trzeba stwierdzić, że chwilowe poświęcenie moralności w stanie wyższej konieczności to jedno, a czymś zupełnie innym jest obstawanie przy kłamstwie, kiedy ta przykra konieczność już przeminęła, oraz prześladowanie przeciwników takiego odrażającego postępowania. Tak zaś postępowały rządy Wielkiej Brytanii i Stanów Zjednoczonych*. Warto

* Jak powiedział profesor nauk politycznych George F. Kennan (1904–2005), były ambasador Stanów Zjednoczonych w Moskwie (1952–1953) i autor doktryny powstrzymywania, w rozmowie z J. K. Zawodnym 30 maja 1972 r. (*Katyń*, op. cit., dok. nr 9, s. 284), konieczność kompromisu politycznego (a tym samym

o tym wiedzieć, gdyż niemal identycznie zachowują się one do tej pory w sprawie śmierci generała Sikorskiego.

Amerykański Departament Stanu już od 7 lutego 1942 roku był informowany przez Polaków o domniemanym losie większości polskich oficerów, którzy dostali się do radzieckiej niewoli. Od wiosny 1942 roku Amerykanie i Brytyjczycy mieli w armii generała Andersa, ewakuowanej z ZSRR na Bliski Wschód, swoich agentów wywiadu i oficerów łącznikowych. Na ich czele stali Amerykanin podpułkownik Henry I. Szymanski i Brytyjczyk podpułkownik Hulls, którzy wymieniali się informacjami i następnie przekazywali

---

moralnego, biorąc pod uwagę fundamentalne różnice ideologiczne) między Zachodem a ZSRR wynikała stąd, że „zwycięstwo Aliantów w tej wojnie było od samego początku obciążone tym, że Alianci nie byli dość silni, żeby pokonać Hitlera bez udziału Związku Sowieckiego. W tej sytuacji nie byli w stanie zająć wyraźnego stanowiska w sprawie swoich początkowych celów wojennych. Musieli pójść na kompromis z politycznymi celami reżimu Stalina. To ich postawiło w fałszywej i pełnej hipokryzji sytuacji. Polska była najbardziej widocznym tego przykładem. Paradoksalnym powodem, dla którego Alianci odnosili się z niechęcią do Polaków, był fakt, że Polacy tak bardzo chcieli obronić swoją niepodległość. Było to dla Aliantów kłopotliwe. Chcieli, żeby Polacy stawiali opór Niemcom, ale poddali się Rosjanom. Czesi, którzy poddali się Rosjanom od razu [Kennan ma tu na myśli politykę prezydenta Beneša, ugodową wobec Kremla już od inwazji niemieckiej na ZSRR] – którzy pozwolili Rosjanom robić co chcieli z Czechosłowacją – byli bardziej popularni na Zachodzie.

Nie jest to jedyne wyjaśnienie. Myślę, że istotny był też wpływ lewicowych kręgów w Stanach Zjednoczonych. [...] W kręgu radykalnej lewicy intelektualnej panowało przekonanie, że reżim Hitlera był po prostu następnym [po kajzerowskim] konserwatywnym reżimem i że wszystkie konserwatywne reżimy są faszystowskie. [...] To samo nieporozumienie dotyczyło Polski. Jeżeli w Polsce był rząd konserwatywny, szczególnie konserwatywny katolicki reżim, znaczyło to w oczach liberałów, że Polacy niczym praktycznie nie różnią się od nazistów". (Wypada przypomnieć, że w odróżnieniu od europejskiego języka politycznego, w którym słowo „liberał" odnosi się do umiarkowanego polityka centrowego, w Stanach Zjednoczonych liberał jest – w przybliżeniu – synonimem europejskiego socjaldemokraty.)

je swoim zwierzchnikom. Wiosną 1943 roku pracujący wyłącznie dla prezydenta Franklina Delano Roosevelta mały zespół śledczy, w którym znajdowali się również eksperci od spraw niemieckich, doszedł do wniosku, że Niemcy nie kłamali na temat zbrodni katyńskiej. John F. Carter, szef tego zespołu, złożył prezydentowi ustny raport w tej sprawie*. Roosevelt znał więc prawdę, tym bardziej gorszące było jego późniejsze postępowanie.

Jak wspominał Józef Czapski, kiedy Niemcy ogłosili odkrycie katyńskich mogił,

> zaczęliśmy gwałtownie zbierać wszystkie materiały, żeby one trafiły do Roosevelta, do Ameryki. Spotkaliśmy bardzo przyzwoitego Amerykanina, żołnierza z polskim nazwiskiem, oficera [ppłk Szymanski?], który jechał do Roosevelta do Waszyngtonu. Wszystkie materiały zbieraliśmy, najdokładniejsze, żeby doszły do Roosevelta, bo wiedzieliśmy, że on się ciągle wahał, czy była możliwość, żeby Rosjanie to zrobili. Dwa lata potem dowiedziałem sie, że te papiery nigdy do Roosevelta nie doszły i że z jego rozkazu ich Dwójka [wywiad] niszczyła wszystkie papiery, w których mówiono, że to zrobili Rosjanie.**

Kiedy w maju 1944 roku przyjaciel i osobisty wysłannik Roosevelta w różnych poufnych misjach, oficer US Navy George Howard Earle, przedstawił mu dowody radzieckiej zbrodni w Katyniu, które zebrał podczas pobytu w Turcji, Roosevelt odparł: „George, to wszystko niemiecka propa-

---

* *US House of Representatives. Select Committee on the Katyn Forest Massacre. The Katyn Forest Massacre*, op. cit., cz. V, s. 2246–2250 (zeznanie Cartera). Cyt. za: Janusz K. Zawodny, *Katyń*, op. cit., s. 146.

** J. Czapski, *Wierzyłem, że oni żyją*, op. cit., s. 70. Pierwszy raport Czapskiego ambasada Stanów Zjednoczonych w Moskwie wysłała do Departamentu Stanu 7 lutego 1942 r.

ganda i niemiecki spisek"*. Prezydent, który według Janusza Zawodnego dysponował wówczas ośmioma dowodami winy Sowietów, nie zdobył się na uczciwość i nie powiedział przyjacielowi, że zna prawdę, lecz względy geostrategiczne wymagają, by chwilowo przymknął na nią oczy. Earle zapewne zrozumiałby, jak ważki to argument, i nie wysłałby do Roosevelta listu z 22 marca 1945 roku, w którym zapowiedział, że opublikuje artykuł ujawniający prawdę o Katyniu, chyba że do 28 marca prezydent mu tego zabroni. Prezydent nie tylko mu tego zabronił w liście z 25 marca, ale na dodatek – widocznie przykładając do uczciwości przyjaciela własną miarę – tydzień później na wszelki wypadek zesłał go na Samoa, skąd Earle został odwołany natychmiast po śmierci Roosevelta (zmarł on 12 kwietnia 1945 roku) i przeproszony.

22 maja 1945 roku podpułkownik John H. Van Vliet junior, który jako jeniec został w 1943 roku wraz z kilkoma innymi kolegami przewieziony przez Niemców do Katynia, gdzie pokazano mu groby, złożył raport z tych oględzin generałowi majorowi Claytonowi Bissellowi, zastępcy szefa wywiadu Wydziału Wojny (G-2) amerykańskiego Sztabu Generalnego. Van Vliet jednoznacznie przypisał winę Moskwie, a Bissell natychmiast utajnił raport, który następnie „zaginął". Pytany na początku lat pięćdziesiątych przez komisję Kongresu, dlaczego to zrobił, Bissell odparł jasno i szczerze, że „Polska nie mogła brać udziału w wojnie z Japonią. Rosjanie mogli. To zdecydowało". (Zachodni alianci najwyraźniej nie doceniali swojej ówczesnej potęgi militar-

* *US House of Representatives. Select Committee on the Katyn Forest Massacre. The Katyn Forest Massacre*, op. cit., cz. VII, s. 2204 (zeznanie Earle'a), za: J. K. Zawodny, ibidem, s. 148–149.

nej. Stany Zjednoczone nie potrzebowały pomocy Armii Czerwonej, żeby pokonać Japonię. Histeryczna prośba Churchilla w grudniu 1944 roku, by Stalin przyspieszył ofensywę na froncie wschodnim i odciążył w ten sposób front zachodni, przełamany przez niemieckie dywizje pancerne w Ardenach, była zbędna, gdyż niemieckim czołgom właśnie kończyło się paliwo.) Dla Roosevelta nie mniej ważne niż pokonanie Japonii było też powołanie do życia ONZ, a właśnie wiosną 1945 roku negocjowano Kartę Narodów Zjednoczonych. Wyłamanie się ZSRR spowodowałoby fiasko tej inicjatywy.

Do komunikatu z konferencji ministrów spraw zagranicznych ZSRR, Stanów Zjednoczonych i Wielkiej Brytanii, która obradowała w Moskwie od 19 do 30 października 1943 roku, dołączono deklarację Stalina, Roosevelta i Churchilla. Została ona opublikowana w prasie trzech mocarstw. Jedno ze zdań w wersji „Prawdy" z 2 listopada 1943 roku brzmiało następująco:

> Tak więc Niemcy, którzy brali udział w rozstrzelaniu włoskich oficerów [...] będą doprowadzeni na miejsce zbrodni i osądzeni na miejscu [...].

Jak pisze J. K. Zawodny,

> Amerykańska wersja była identyczna z sowiecką i również mówiła o „włoskich oficerach". Brytyjczycy byli mniej ulegli i uczciwi. Londyński „Times" także opublikował 2 listopada pełny tekst deklaracji, w której odnośny fragment mówił o Niemcach, [...] *którzy brali udział w rozstrzelaniu p o l s k i c h o f i c e r ó w* [...].
>
> Siedemnaście dni później brytyjskie Foreign Office obwieściło, że:
>
> Z powodu zniekształceń przekładu tekst deklaracji o niemieckich okrucieństwach [...] odbiega od prawidłowego tekstu wydanego przez rząd sowiecki*.

* J. K. Zawodny, ibidem, s. 46–47.

Sprawa mogła być jednak bardziej skomplikowana. Sowieci już wówczas szukali „Antykatynia" (po raz drugi, lecz w inny sposób, zaczęli to robić w 1989 roku, tym razem na terenie Polski – patrz rozdział szósty) i z pewnością to z ich inicjatywy zamieszczono w deklaracji passus o włoskich oficerach, którzy istotnie zostali rozstrzelani na terytorium ZSRR przez Niemców, gdy Włochy, dotychczasowy sojusznik, 13 października 1943 roku wypowiedziały im wojnę. Zwrócono więc w deklaracji uwagę opinii publicznej na niewątpliwą zbrodnię niemiecką, natomiast p o m i n i ę t o sprawę masakry polskich oficerów. Pytanie brzmi zatem: kto spowodował r z e c z y w i s t y błąd w publikacji „Timesa"? Słów *italianskij* i *polskij* nie sposób pomylić, nie był to więc błąd w przekładzie. Musiała to być celowa zmiana tłumaczenia. W takiej ocenie utwierdza też znaczna zwłoka w zamieszczeniu sprostowania. Czy rozmyślnej zamiany Włochów na Polaków dokonano w redakcji „Timesa", czy w Foreign Office? Tego nie można obecnie rozstrzygnąć. Jeżeli stało się to w tym pierwszym miejscu, to być może albo uznano, że tłumacz Foreign Office popełnił błąd, albo redaktorem prowadzącym wydania była osoba sympatyzująca z Polakami, a sprzeciwiająca się linii politycznej brytyjskiego rządu. Jeżeli zamiana była dziełem Foreign Office – a tak należy sądzić, bo zapewne tam przetłumaczono deklarację – to celem było niedrażnienie polskiej opinii publicznej (w tym polskich żołnierzy, którzy wkrótce mieli wziąć udział w kampanii włoskiej i francuskiej), a strona radziecka zapewne została uprzedzona ustnie, że taka zamiana nastąpi, lecz później zostanie sprostowana.

Jest pewne, że premier Winston Churchill nie miał wąt-

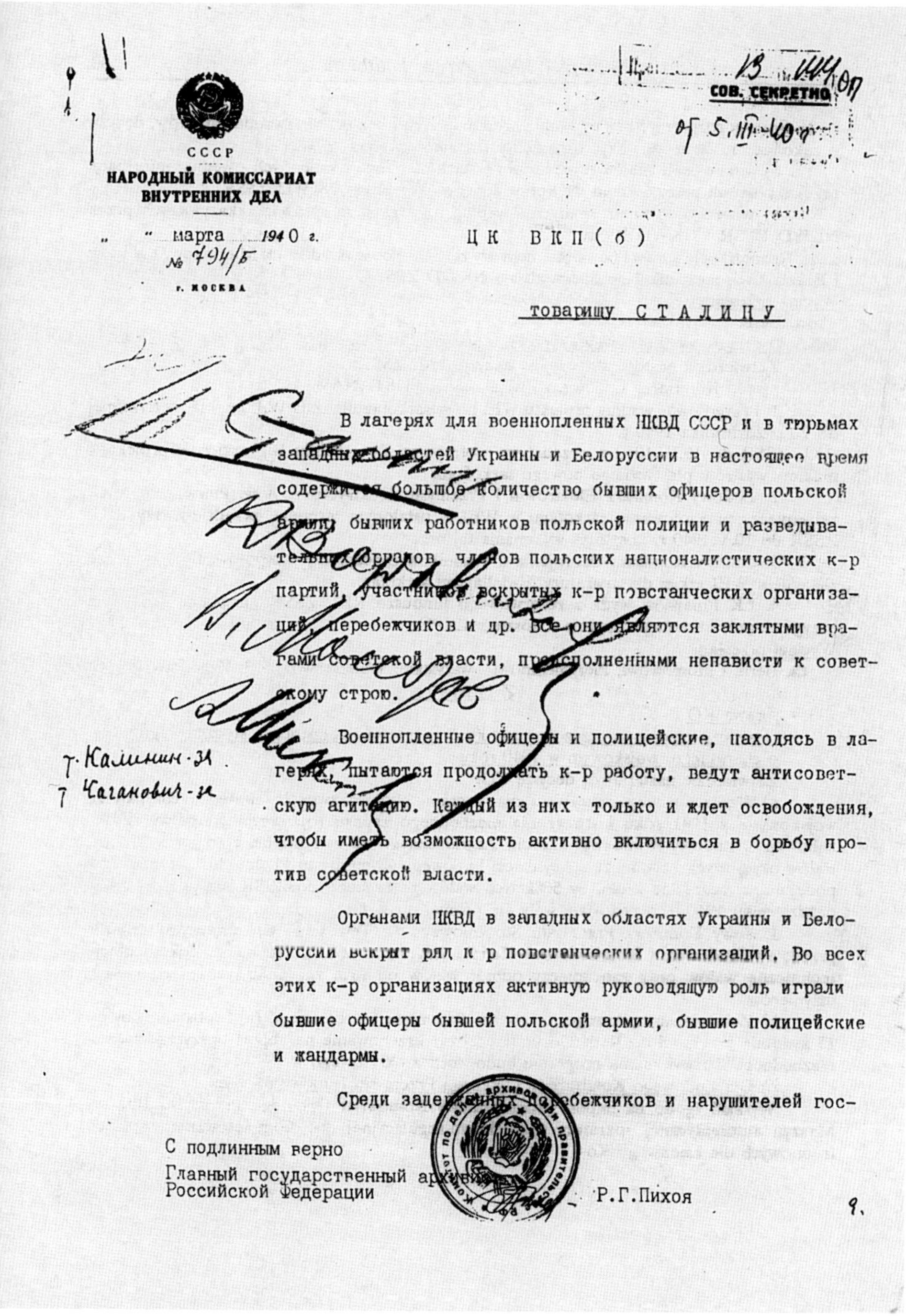

СССР
НАРОДНЫЙ КОМИССАРИАТ
ВНУТРЕННИХ ДЕЛ

„ “ марта 1940 г.
№ 794/Б
г. Москва

СОВ. СЕКРЕТНО

ЦК ВКП(б)

товарищу СТАЛИНУ

В лагерях для военнопленных НКВД СССР и в тюрьмах западных областей Украины и Белоруссии в настоящее время содержится большое количество бывших офицеров польской армии, бывших работников польской полиции и разведывательных органов, членов польских националистических к-р партий, участников вскрытых к-р повстанческих организаций, перебежчиков и др. Все они являются заклятыми врагами советской власти, преисполненными ненависти к советскому строю.

Военнопленные офицеры и полицейские, находясь в лагерях, пытаются продолжать к-р работу, ведут антисоветскую агитацию. Каждый из них только и ждет освобождения, чтобы иметь возможность активно включиться в борьбу против советской власти.

Органами НКВД в западных областях Украины и Белоруссии вскрыт ряд к-р повстанческих организаций. Во всех этих к-р организациях активную руководящую роль играли бывшие офицеры бывшей польской армии, бывшие полицейские и жандармы.

Среди задержанных перебежчиков и нарушителей гос-

т. Калинин – за
т. Каганович – за

С подлинным верно
Главный государственный архивист
Российской Федерации Р.Г.Пихоя

9.

Pierwsza strona notatki Berii do Stalina z 5 marca 1940 r. Widoczne podpisy sowieckich przywódców aprobujące wniosek o zlikwidowanie polskich jeńców wojennych.

Zdjęcie lotnicze stacji kolejowej w Gniezdowie, gdzie jeńcy byli wyładowywani, a następnie przewożeni do lasu widoczną u góry drogą przecinającą tory.

„Willa NKWD", prawdopodobnie miejsce rozstrzelania większości jeńców z obozu w Kozielsku. W 1943 r. została zburzona.

Zakole Dniepru, między drzewami zarys „willi NKWD".

Zdjęcie lotnicze polany, na której rozstrzelano jeńców, a następnie pogrzebano w dołach śmierci. Wydobyte ciała leżą w szeregach złożone na ziemi. Wyżej widoczna droga prowadząca od stacji kolejowej do „willi NKWD".

Jeden z odkrytych dołów śmierci.

„W tej okropnej chwili przychodzi mi na myśl straszliwe porównanie ich do wielkiej skrzyni sardynek. Ułożone są jak sardynki, przekładane nawzajem to nogami, to głową, sprasowane, spłaszczone w trupim soku" – Józef Mackiewicz, *Widziałem na własne oczy*.

Lekarze sądowi wykazali, że spoczywającym w tym dole strzelono w tył głowy, gdy leżeli na brzuchu.

Międzynarodowa komisja lekarska przy obdukcji zwłok.

Ręce oficera związane na plecach, głowa zakryta workiem omotanym sznurkiem.

Major Wojska Polskiego powstaje z grobu.

Otwór wlotowy pocisku...

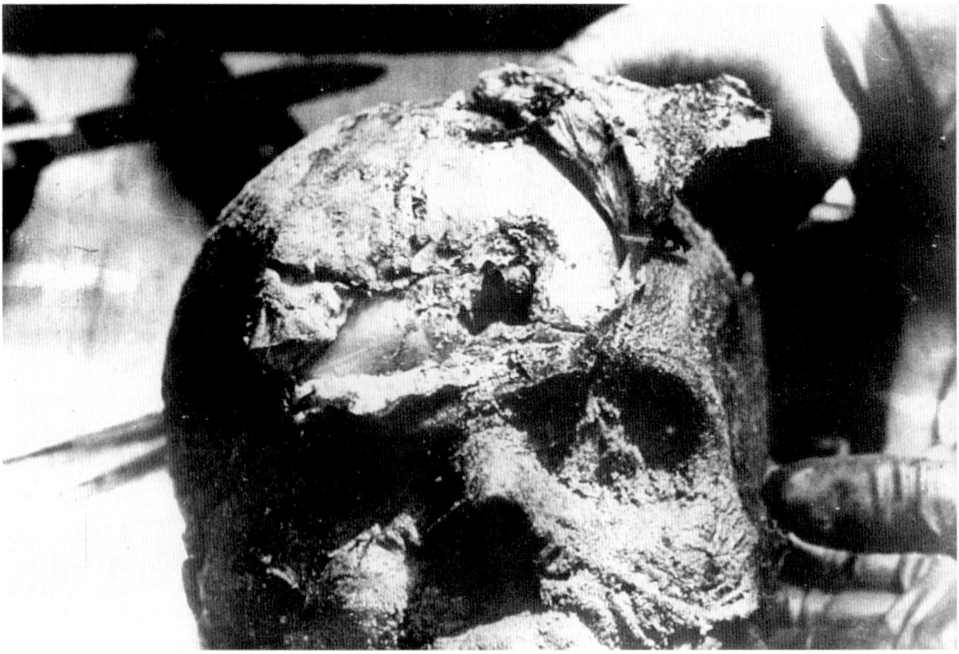

...i znacznie większy wylotowy.

Zwłoki gen. Mieczysława Smorawińskiego.

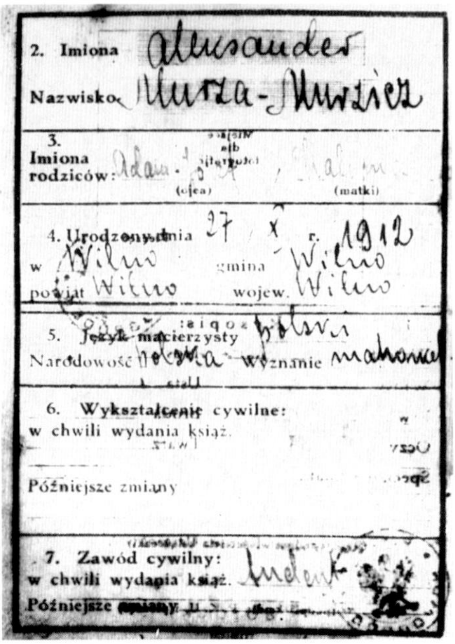

2. Imiona Aleksander
Nazwisko Murza-Murzicz
3. Imiona rodziców: (ojca) (matki)
4. Urodzony dnia 27 X r. 1912
w Wilno gmina Wilno
powiat Wilno wojew. Wilno
5. Język macierzysty polski
Narodowość polska Wyznanie mahome
6. Wykształcenie cywilne:
w chwili wydania książ.
Późniejsze zmiany
7. Zawód cywilny:
w chwili wydania książ. student
Późniejsze zmiany

Wśród ofiar byli też polscy Tatarzy – legitymacja Aleksandra Murzy-Murzicza.

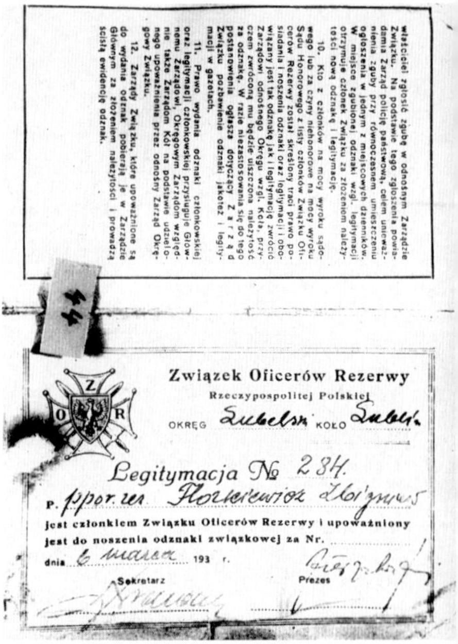

Związek Oficerów Rezerwy
Rzeczypospolitej Polskiej
Okręg Lubelski Koło Lublin
Legitymacja № 234
P. ppor. rez. Florkiewicz Zbigniew
jest członkiem Związku Oficerów Rezerwy i upoważniony jest do noszenia odznaki związkowej za Nr. ......
dnia 6 marca 193 r.
Sekretarz Prezes

Legitymacja ppor. Zbigniewa Florkiewicza.

Identyfikator („nieśmiertelnik") ppor. Florkiewicza.

Po lewej mieszkaniec okolic lasu katyńskiego Parafian Kisielow składa wyjaśnienia członkom międzynarodowej komisji lekarskiej.

Z lewej miejscowy wieśniak, który widział, jak przewożono polskich jeńców, i słyszał strzały w lesie. W środku zwrotniczy ze Smoleńska, który zaobserwował transporty jeńców z Kozielska do Gniezdowa.

Delegacja Polskiego Czerwonego Krzyża w drodze do Katynia.

Sekretarz generalny PCK Kazimierz Skarżyński pyta miejscowego Rosjanina o przebieg egzekucji. Pośrodku ks. Kanonik Stanisław Jasiński z Krakowa, nieoficjalny przedstawiciel kardynała Adama Sapiehy.

Delegacja PCK nad jednym z dołów śmierci.

Ks. Jasiński wśród ofiar zbrodni.

Polacy!

Właśnie staje się wiadomym, że w nowo odkrytych grobach masowych w lesie pod Smoleńskiem niemieccy żołnierze znaleźli przeszło 10000 waszych mężów, ojców, braci i synów, którzy jako polscy jeńcy-oficerowie w roku 1939 zostali przez bolszewików wywiezieni.

Bolszewicy oficerów tych, pomiędzy nimi generała Mieczysława Smorawińskiego z Lublina, w bestialski sposób zamordowali i zakopali w ziemię.

Oto prawdziwe oblicze bolszewizmu!

Bliższych szczegółów dowiecie się z prasy i rozgłośników radiowych.

Okupowana Polska. Kolportaż niemieckich ulotek informujących o sowieckiej zbrodni w Katyniu.

ОСОБАЯ ПАПКА

Совершенно секретно 68/Т

ПОДЛЕЖИТ ВОЗВРАТУ
0680
-9 МАР 1965
6-й СЕКТОР
ЦК КПСС Общий отдел

Товарищу Хрущеву Н.С.

В Комитете государственной безопасности при Совете Министров СССР с 1940 года хранятся учетные дела и другие материалы на расстрелянных в том же году пленных и интернированных офицеров, жандармов, полицейских, осадников, помещиков и т.п. лиц бывшей буржуазной Польши. Всего по решениям специальной тройки НКВД СССР было расстреляно 21.857 человек из них: в Катынском лесу (Смоленская область) 4.421 челвек, в Старобельском лагере близ Харькова 3.820 человек, в Осташковском лагере (Калининская область) 6.311 человек и 7.305 человек были расстреляны в других лагерях и тюрьмах Западной Украины и Западной Белоруссии.

Вся операция по ликвидации указанных лиц проводилась на основании Постановления ЦК КПСС от 5-го марта 1940 года. Все они были осуждены к высшей мере наказания по учетным делам заведенным на них как на военнопленных и интернированных в 1939 году.

С момента проведения названной операции, т.е. с 1940 года никаких справок по этим делам ни кому не выдавалось и все дела в количестве 21.857 хранятся в опечатанном помещении.

Для Советских органов все эти дела не представляют ни оперативного интереса, ни исторической ценности. Вряд ли они могут представлять действительный интерес для наших польских друзей. Наоборот какая-либо непредвиденная случайность может привести

С подлинным верно
Главный государственный архивист
Российской Федерации Р.Г.Пихоя

11

Pismo przewodniczącego KGB Aleksandra Szelepina do I sekretarza KC PZPR Nikity Chruszczowa z marca 1959 r. Szelepin wnosi w nim o zniszczenie 21 857 teczek akt osobowych polskich jeńców i więźniów rozstrzelanych wiosną 1940 r. na polecenie najwyższych władz ZSRR.

pliwości, iż to Sowieci dokonali masowego mordu w lesie katyńskim. Brytyjskie czynniki oficjalne milczały o tym podczas wojny z tego samego powodu co Amerykanie – rzecz całkowicie zrozumiała z politycznego punktu widzenia. Jak już w maju 1943 roku pisał ambasador Owen O'Malley,

> Zajmując się sprawą Katynia od strony propagandy, jesteśmy powstrzymywani przez palącą potrzebę dobrych stosunków z sowieckim rządem, co przejawia się w bardziej surowej i podającej wszystko w wątpliwość ocenie dowodów, niż miałoby to miejsce w normalnych warunkach politycznych bądź gdyby dotyczyło to naszych spraw prywatnych. Zostaliśmy zmuszeni do zahamowania normalnych, zdrowych procesów naszego myślenia i sądzenia; zostaliśmy zmuszeni do niesprawiedliwego podkreślania braku taktu i impulsywności Polaków, do powstrzymywania ich przed jawnym, publicznym przedstawieniem tej sprawy, do ograniczania działań prasy i opinii publicznej przed zgłębieniem tej wstrętnej historii do końca. Zasadniczo jesteśmy zobowiązani do odciągania uwagi od rozwiązań, które w normalnych okolicznościach domagałyby się wyjaśnienia, i do hamowania niepokojów. Używaliśmy dobrego imienia Anglii w tej samej funkcji jak mordercy, używający małych drzewek do zamaskowania masakry [podkr. T.A.K.], ale w świetle niezmiernej wagi sojuszy i heroicznego oporu Rosjan wobec Niemiec, większość ludzi uznałaby takie postępowanie za właściwe i rozsądne".*

* Pierwszy raport O'Malleya, 24 maja 1943 r., ibidem, s. 204–205. Interesujące są pisemne komentarze najwyższych urzędników Foreign Office (s. 209–211):

Sir William Denis Allan: „[O'Malley] sugeruje, chwilowo powstrzymując się od publicznych oskarżeń Rosjan jako sprzymierzeńców, abyśmy prywatnie przyjęli do wiadomości prawdę, a w przyszłości nie zapomnieli, że to Sowieci popełnili zbrodnię katyńską. Przyszła polityka rosyjsko-angielska ma być zatem w istocie kierowana moralnym obowiązkiem, «by oddać sprawiedliwość pamięci tych nieszczęsnych, dzielnych ludzi i usprawiedliwić żyjących przed zmarłymi». O'Malley nalega zatem, byśmy brali przykład z Polaków i pozwolili, by nasi dyplomaci rządzili się sercem, a nie głową". W mniemaniu sir Williama moralność w stosunkach

Również w Polsce niektórzy uważali, że rozliczenie prawdziwych sprawców zbrodni katyńskiej musi poczekać do czasu pokonania Niemiec. Jak pisał Ferdynand Goetel,

> Ludzie przenikliwsi zdawali sobie sprawę, że wymordowanie jeńców polskich w Katyniu jest dziełem Rosjan. Wszakże był to okres, w którym działała już instrukcja „Burza"*. Przyspieszyć klęskę Niemiec, przyczynić się do niej, zaważyć na zwycięstwie – oto były cele zbyt waż-

międzynarodowych, na której rosnącą rolę wskazywał O'Malley, przynależy więc do sfery pozaracjonalnej i nie stanowi żadnego argumentu.

Sir Frank Kenyon Roberts: „Nie wydaje mi się, by ktokolwiek mógł nie zgodzić się z wnioskami O'Malleya o winie rządu rosyjskiego. [...] Nie ma też powodu, dla którego mielibyśmy obniżać nasz standard moralny zmierzając do poprawienia naszych stosunków z Rosjanami. [...] Wydaje mi się jednak, że [...] intencją O'Malleya jest wzbudzenie jak największych uprzedzeń w stosunku do ZSRR". Skąd ta insynuacja?

Lord William Strang, asystent podsekretarza stanu w FO (uważany za germanofila): „Skłonny byłbym wydrukować to bez zmian (z wyjątkiem pierwszego załącznika) i rozpowszechniać wyłącznie wśród członków Gabinetu. To wspaniały raport i zasługuje na lekturę".

Sir Orme Sargent, zastępca podsekretarza stanu w FO: „Popieram". Ale co?

Sir Alexander Cadogan, stały podsekretarz stanu w FO: „To wielki problem. Przyznaję, że chętnie jak tchórz odwróciłbym głowę od Katynia, by nie wiedzieć, co się tam stało. [...] Jak wielu swoich obywateli zaszlachtował dotąd reżim sowiecki? A nie wiem, czy krew polska krzyczy o pomstę głośniej od krwi Rosjan. [...] Byłoby uczciwie rozpowszechnić raport. Skoro jednak zdaniem ogółu wiedza o tych faktach i tak nie zmieni kształtu naszej polityki, czy jest sens lub korzyść, by ujawnić ten dokument i wywoływać u jego czytelników stan moralnego niepokoju?" Hipokryzja kilku ostatnich słów jest wstrząsająca.

W swoim raporcie z 11 lutego 1944 r., analizującym raport komisji Burdenki, O'Malley napisał: „Nigdy nie zapomnijmy o tym, co się stało, i nigdy do tego nie wracajmy" (s. 217).

* Był to plan wywoływania szeregu lokalnych powstań na terenach opuszczanych przez wojska niemieckie, na moment przed wkroczeniem na nie Armii Czerwonej, aby z jednej strony przyczynić się do pokonania Wehrmachtu, z drugiej zaś – ujawnić tam polską administrację podległą legalnemu rządowi w Londynie i zapobiec przejęciu władzy przez popieranych przez Kreml komunistów. Akcja „Burza" była więc skierowana militarnie przeciw Niemcom, a politycznie przeciw Sowietom. Jej elementami były powstania we Lwowie, w Wilnie i Warszawie.

ne, by występować z oskarżeniem przeciw jednemu z antyniemieckich sprzymierzeńców. – Ja pana rozumiem – rzekł mi pewien konspiracyjny polityk. – Sprawa jest ważna, i nawet ma znaczenie historyczne, ale taktyka nie pozwala jej podejmować dziś.*

Janusz K. Zawodny pisze jednak, że nie może zrozumieć powodów milczenia aliantów po wojnie, zwłaszcza po tym – można dodać – jak Kreml oszukał Zachód w kwestii porozumień jałtańskich, które przewidywały przeprowadzenie wolnych wyborów w państwach wyzwolonych przez Armię Czerwoną, i po rozpadnięciu się wojennego sojuszu z ZSRR. Być może Waszyngton i Londyn obawiały się reakcji własnej opinii publicznej, gdyby wyszło na jaw, że ich sowiecki sojusznik ma na sumieniu ludobójstwa, być może – w wypadku Stanów Zjednoczonych – w elicie władzy było zbyt wielu ludzi zafascynowanych Związkiem Radzieckim, a być może – gdy chodzi o Wielką Brytanię – powód był jeszcze inny, o czym za chwilę. W każdym razie w Stanach Zjednoczonych już w 1949 roku powstał społeczny komitet złożony ze znanych i szanowanych osobistości, który wszczął własne śledztwo w sprawie katyńskiej. Natomiast 18 września 1951 roku, pod wpływem informacji o nieludzkim traktowaniu amerykańskich jeńców wojennych wziętych do niewoli podczas trwającej właśnie wojny koreańskiej**, powołano specjalną kongresową Komisję do Przeprowadzenia Pełnych

---

* Ferdynand Goetel, *Zachód i Katyń*, „Wiadomości", nr 27, Londyn 8 lipca 1951, za: A. L. Szcześniak, *Katyń. Relacje, wspomnienia, publicystyka*, op. cit., s. 229–230.

** W niewoli koreańskiej zginęło 38 proc. amerykańskich jeńców (w niewoli niemieckiej 1,2 proc.). Gen. Jan Sejna z czechosłowackiego wywiadu wojskowego, który zbiegł na Zachód, „zeznał pod przysięgą, że lekarze rosyjscy i czescy prowai Całkowitych Badań Masakry Katyńskiej, Międzynarodowej Zbrodni Popełnionej na Żołnierzach i Obywatelach Polskich na Początku II Wojny Światowej, której przewodniczył Ray Madden*. Przeprowadziwszy drobiazgowe śledztwo, ustaliła ona**, że zbrodni na polskich oficerach dopuścili się Sowieci („Katyń mógł być wzorem dla Korei" – napisali amerykańscy kongresmani***).

---

dzili w latach wojny koreańskiej eksperymenty medyczne na jeńcach amerykańskich, którzy po zakończeniu wojny zostali zgładzeni".

We wrześniu 1996 r. „New York Times" doniósł, że „w papierach po prezydencie [Dwighcie] Eisenhowerze odnaleziono intrygujący meldunek: około 610 żołnierzy armii lądowej i 300 lotników było przetrzymywanych w północnej Korei jeszcze w pięć miesięcy po zakończeniu wojny i wymianie jeńców. Z nowo odkrytych dokumentów wynika, że administracja prezydenta Eisenhowera ukrywała przed opinią publiczną starania o zwolnienie tych ludzi. «W epoce nuklearnej Eisenhower nie mógł zagrozić wojną Chińczykom czy Rosjanom, aby odzyskać tych jeńców» [...]". Zostali oni zatem złożeni na ołtarzu polityki, podobnie jak ofiary masakry katyńskiej. Jeszcze w 1996 r. pisano, że „północnokoreański podoficer, który zdezerterował do południowej Korei, utrzymuje, że widział w zeszłym roku kilkunastu starszych białych mężczyzn pracujących w polu. Pilnujący ich strażnicy mieli mu powiedzieć, że są to Amerykanie" (Jacek Kalabiński, *Zaginieni od 43 lat. Korea – Stany Zjednoczone*, „Gazeta Wyborcza", 20 września 1996, s. 11). I raczej nie byli to ci Amerykanie, którzy zdezerterowali z armii amerykańskiej, chyba że trzymanie ich pod strażą miałoby świadczyć o tym, że chętnie zmieniliby swoją pierwotną decyzję.

* W jej skład weszli: Daniel Flood, Foster Furcolo, George Dondero, Thaddeus Machrowicz, Alvin O'Konski, Timothy Sheehan. Szefem radców prawnych był John Mitchell, dochodzenie prowadził Roman Pucinski.

** Komisja prowadziła przesłuchania od 1 października 1951 r. do 4 czerwca 1952 r., w Waszyngtonie, Chicago, Londynie, Frankfurcie, Berlinie i Neapolu.

*** „NKWD sfilmował egzekucje przeprowadzone w Smoleńsku, bądź to w miejscowym więzieniu, bądź w piwnicy swojej siedziby. Podczas wojny koreańskiej Sowieci dali Korei Północnej kopię tego filmu dla celów instruktażowych" (Benjamin B. Fischer, *Stalin's Killing Field. The Katyn Controversy*, w: https://www.cia.gov/library/center-for-the-study-of-intelligence/kent-csi/docs/v43i3a06p.htm, przyp. 9. B. B. Fischer jest historykiem w Center for the Study of Intelligence CIA).

Komisja Kongresu zaleciła prezydentowi Stanów Zjednoczonych przekazanie jej raportu końcowego (*Final Report*, liczący 2363 strony) Zgromadzeniu Ogól-

Rząd brytyjski nie poszedł śladem Amerykanów. W lutym 1952 roku komisja śledcza Kongresu otrzymała list od Winstona Churchilla, w którym odrzucił on zaproponowaną mu wcześniej możliwość wypowiedzenia się na temat zbrodni katyńskiej na użytek tejże komisji. Dopiero 1 stycznia 1972 roku, pod wpływem oskarżających Sowietów publikacji Louisa FitzGibbona, została jedynie odtajniona korespondencja dyplomatyczna z lat 1943–1944 sir Owena O'Maleya, brytyjskiego ambasadora przy polskim rządzie emigracyjnym w czasie wojny, który niedwuznacznie obarczał winą Moskwę (dwa wyżej wspomniane raporty, napisane z dogłębną znajomością rzeczy). Mimo to w połowie lat siedemdziesiątych władze brytyjskie, będące pod silnym naciskiem ZSRR i Międzynarodówki Socjalistycznej, wzbraniały się wydać zgodę polskim organizacjom emigracyjnym na postawienie pomnika ofiar Katynia na skwerze w South Kensington. Ostatecznie 18 września 1976 roku pomnik ten odsłonięto na peryferyjnym londyńskim cmentarzu Gunnersbury. Jeszcze w 1990 roku, dwa tygodnie przed tym, jak prezydent Gorbaczow przekazał prezydentowi Jaruzelskiemu pierwsze „dokumenty katyńskie", i przed ukazaniem się 13 kwietnia 1990 roku oświadczenia agencji TASS potwier-

---

nemu NZ celem wszczęcia starań o wniesienie przed haski Międzynarodowy Trybunał Sprawiedliwości skargi przeciw ZSRR o popełnienie zbrodni katyńskiej. Jednak wkrótce po opublikowaniu raportu (22 grudnia 1952 r.) zakończyła się wojna koreańska i zalecenie komisji nie zostało wykonane. Nie wiadomo, czy podczas rokowań genewskich Sowieci jako warunek zakończenia działań zbrojnych postawili rezygnację Amerykanów z wniesienia skargi przed MTS.

W 1971 r. brytyjski parlamentarzysta Airey Neave zgłosił wniosek, by rząd Jej Królewskiej Mości poruszył sprawę zbrodni katyńskiej na forum ONZ. Wniosek ów jednak przepadł w głosowaniach w Izbie Gmin i Izbie Lordów.

dzającego winę ZSRR, Foreign Office, indagowane przez profesora Normana Daviesa, utrzymywało, że „wciąż nie ma bezpośrednich dowodów sowieckiej winy, są tylko poszlaki", chociaż najpóźniej w 1945 roku Brytyjczycy otrzymali raport PCK dokumentujący winę Sowietów. W interpretacji Brytyjczyków pojęcie poszlaki jest bardzo elastyczne i niezwykle trwałe. 14 października 1992 roku profesor Rudolf Pichoja, szef archiwów poradzieckich, w imieniu prezydenta Jelcyna przekazał prezydentowi Wałęsie podstawowe akta sprawy katyńskiej, a dopiero zimą 2003 roku został wydany zbiór brytyjskich dokumentów dotyczących Katynia.

> Do niedawna należały one do najbardziej strzeżonych dokumentów rządu Jej Królewskiej Mości. Być może dlatego, że dokumenty te są wymownym świadectwem, iż kolejne rządy brytyjskie, znając prawdę, milczały wobec sowieckich prób przerzucenia odpowiedzialności za zbrodnię na Niemców".*

O ile można zrozumieć milczenie Brytyjczyków podczas wojny, gdy chodziło o zachowanie jednolitego frontu wobec Trzeciej Rzeszy, o tyle trudno pojąć, dlaczego milczeli o tym jeszcze sześćdziesiąt lat, a szczególnie po roku 1989. Postawa taka przypomina zachowanie człowieka, który milczy, obawiając się nie wypowiedzianej groźby. Trudno bowiem uwierzyć, że wyłącznym powodem, iż brytyjskie rządy tak uporczywie broniły się przed prawdą, był lęk, że się skompromitują, im dłużej bowiem Brytyjczycy milczeli, tym bardziej się kompromitowali. Czego mogłaby dotyczyć owa domniemana groźba? Najprawdopodobniej ujawnienia przez

---

* Jan Nowak-Jeziorański, *Milczeli, bo się bali*, „Gazeta Wyborcza", 9 maja 2003, s. 21.

Kreml udziału Brytyjczyków – lecz nie rządu ani samego premiera Churchilla – w zamachu na generała Sikorskiego w Gibraltarze*.

Przedstawiony tu obraz wiedzy o zbrodni katyńskiej, jaką mieli polscy, brytyjscy i amerykańscy politycy w latach czter-

---

* Gen. Sikorski zginął w katastrofie samolotowej. Dwie komisje brytyjskie, w lipcu i sierpniu 1943 r., wydały opinię, z którą polemizowało wielu pilotów brytyjskich (nieoficjalnie) i polskich (otwarcie), że katastrofa była wypadkiem. Jednak dokładna analiza okoliczności katastrofy prowadzi do wniosku, że wersja wypadku jest nie do utrzymania w świetle praw fizyki, zasad pilotażu i cech konstrukcyjnych samolotu B-24 *Liberator*. Katastrofa musiała być zatem elementem zamachu, ponieważ trzecia możliwość nie istnieje (patrz T. A. Kisielewski, *Zamach. Tropem zabójców generała Sikorskiego*, REBIS, Poznań 2005, zwłaszcza rozdz. 2). W 1969 r. wywiad w tajnym raporcie dla premiera Harolda Wilsona przyznawał, że – wbrew niespójnym wnioskom obu komisji marsz. Slessora – zamachu nie można wykluczyć. Wnioski tych komisji mają zatem tę samą wartość co raport komisji Burdenki, która w styczniu 1944 r. ogłosiła, że w Katyniu polskich oficerów rozstrzelali Niemcy. Rzetelny opis przebiegu katastrofy w Gibraltarze i prawdziwa przyczyna śmierci gen. Sikorskiego są zawarte w ciągle utajnionym raporcie, jaki bez żadnych wątpliwości musiały sporządzić brytyjskie służby specjalne. Obecnie kilkadziesiąt poszlak przemawia za tym, że to Stalin nakazał zabić gen. Sikorskiego, niewykluczone jednak, że była to samodzielna, połączona akcja brytyjskiej i polskiej opozycji – obie sprzeciwiały się polityce swoich rządów i opowiadały za odwróceniem sojuszy. Jeśli inicjatywa należała do Stalina, to jego rozkaz został przekazany zamachowcom (byli nimi Brytyjczycy i prawdopodobnie również Polacy w służbie Kremla) w taki sposób, że pozory świadczą, iż wykonali oni rozkaz brytyjskiego rządu. W obawie przed radzieckim szantażem Londyn obawiał się przyznać, że zna prawdę o Katyniu, a obecnie nie ujawnia prawdy o śmierci gen. Sikorskiego, wciąż bowiem boi się, że Kreml opublikuje własną wersję wydarzeń, której rząd brytyjski nie będzie mógł zaprzeczyć, opierając się na dokumentach. (Patrz T. A. Kisielewski, *Zabójcy. Widma wychodzą z cienia*, REBIS, Poznań 2006.)

2 lipca 1943 r., dwa dni przed śmiercią gen. Sikorskiego dokonano nieudanego zamachu na Churchilla (patrz *Kto strzelał do Winstona Churchilla*, rozmowa Piotra Zychowicza ze Zbigniewem Stańczykiem z Instytutu Hoovera, „Rzeczpospolita", 28–29 kwietnia 2007, s. A16. Przedruk i komentarz w: T. A. Kisielewski, *Gibraltar '43*, Świat Książki, Bertelsmann, Warszawa 2007, rozdz. 6).

dziestych, opiera się na oficjalnej historiografii. Jednak oficjalni historiografowie wiedzą znacznie mniej niż tworzący historię politycy, a przynajmniej było tak jeszcze do niedawna. W rzeczywistości czołowi światowi politycy wiedzieli o Katyniu wszystko na długo przed rewelacjami Radia Berlin. Niezbędne zatem wydaje się szersze przedstawienie tu sprawy powszechnie prawie nieznanej.

Jak już wiadomo ze wstępu, przed pierwszą wojną światową klucz folwarków Iwiszcze koło Smoleńska, leżący w sąsiedztwie lasu katyńskiego, należał do polskiej rodziny Koźlińskich. Jednym z synów Piotra Koźlińskiego i Leokadii z domu Lefftreu był Edward, podczas pierwszej wojny światowej oficer służb specjalnych w korpusie generała Józefa Dowbora-Muśnickiego. Kiedy na mocy traktatu ryskiego z 1921 roku rejon Katynia znalazł się po radzieckiej stronie granicy, Edward Koźliński, inżynier rolnik i leśnik, znakomicie władający rosyjskim i niemieckim, zamieszkał z żoną w jej posiadłości Czarnowszczyzna w województwie nowogródzkim. Państwo Koźlińscy mieli dwoje dzieci, córkę i syna Zbigniewa.

Rotmistrz Edward Koźliński oraz jego żona i córka w lutym 1940 roku, podczas pierwszej wielkiej deportacji obywateli polskich w głąb Związku Radzieckiego, zostali aresztowani przez NKWD. Osiemnastoletni Zbigniew uniknął ich losu, ponieważ mieszkał wtedy w okolicach Lidy i często podróżował do Warszawy jako tajny kurier. Jego matka i siostra zmarły na zesłaniu.

W pierwszej połowie maja 1940 roku przełożeni Zbigniewa Koźlińskiego rozkazali mu udać się do wsi Kiemiany.

Tam, w zakonspirowanej kryjówce Związku Walki Zbrojnej*, ku swemu zdumieniu i wzruszeniu zastał ojca.

Edwardowi Koźlińskiemu udało się uciec z radzieckiej niewoli. Nie został od razu wywieziony na wschód, lecz w Smoleńsku przesłuchiwało go dwóch przybyłych z Moskwy oficerów wywiadu. Wiedzieli, że jest on potomkiem właścicieli Gniezdowa, że tam właśnie białogwardziści ukryli broń, dokumenty i kasę pułkową w złocie i że jego brat Henryk również uczestniczył w tej operacji. Domagali się, by wskazał miejsca ukrycia wszystkich tych przedmiotów. Zawieźli go łazikiem do lasu katyńskiego. („Lasek katyński nie jest duży. Obejmuje kilka hektarów"**, stanowi jednak część wielkiego kompleksu leśnego ciągnącego się wiele kilometrów wzdłuż Dniepru.) Tam Edward Koźliński zaznaczył na mapie przypuszczalne miejsce ukrycia, koło kurhanu nad Dnieprem, i wraz z dwoma oficerami rozpoczął wędrówkę po lesie. W pewnej chwili wyszli na dużą polanę i ujrzeli dwie wielkie zbiorowe mogiły, jedną otwartą, „do połowy wypełnioną ciałami w polskich mundurach i widocznymi dystynkcjami oficerskimi", drugą częściowo zasypaną. Edward Koźliński „widział rany w tyle głowy, krew, wszyscy byli ułożeni twarzą do dołu [...]"***. Jeden z radzieckich oficerów zmieszany stwierdził, że w okolicy musi panować jakaś epidemia, i wszyscy trzej natychmiast się stamtąd wycofali.

* ZWZ powstał na przełomie 1939 i 1940 r., jako zreorganizowana struktura Służby Zwycięstwu Polski, założonej jeszcze we wrześniu, przed kapitulacją Warszawy.

** Józef Mackiewicz, *Widziałem na własne oczy*, op. cit., s. 103–104.

*** Zbigniew Koźliński, *Czas Wernyhory*, Oficyna Wydawnicza „Vocatio", Warszawa 1997, s. 55.

Edward Koźliński został zamknięty w stacyjnym areszcie dla spekulantów, a radzieccy oficerowie odjechali, prawdopodobnie zostawiając rozkaz rozstrzelania niepożądanego świadka zbrodni. W nocy uwolniła go dworcowa sprzątaczka w zamian za bardzo porządny sweter, prawdopodobnie sądząc, że ma do czynienia z drobnym „spekulantem". Przez jakiś czas ukrywał się w Smoleńsku u ludzi, których tożsamości nie chciał ujawnić. (Dopiero później jego syn dowiedział się, że była to rodzina Żyda Josielewicza, którego brat handlował w Szczuczynie drewnem. Zbigniew Koźliński pomógł szczuczyńskim Josielewiczom uniknąć zagłady.) Josielewiczowie ze Smoleńska opowiedzieli mu o zbrodni katyńskiej. Okazało się też, że w mieście działa „antyberiowskie podziemie", że wszyscy wiedzą o rozstrzeliwaniu Polaków, a nawet że NKWD czasem rozstrzeliwuje dla postrachu pojedynczych mieszkańców Gniezdowa. Edward Koźliński „Radził, aby natychmiast rozpocząć bombardowanie urzędów w Moskwie i Mińsku listami z oświadczeniami, że tajemnica NKWD została odkryta, że dowie się o niej świat. Kilkanaście takich listów znajomy ze Smoleńska zawiózł już do Mińska, ktoś do Moskwy, aby wrzucić [je] do skrzynek pocztowych. Ojciec chciał w ten sposób zahamować machinę mordu jak najszybciej. Sądził, że ma do czynienia dopiero z początkiem tajnej akcji, którą trzeba przerwać, ujawniając ludobójczą manię zbrodniarzy" – pisze w swojej książce Zbigniew Koźliński*.

Josielewicz kupił Edwardowi Koźlińskiemu fałszywe dokumenty kolejarskie i ten po dwóch dniach podróży pocią-

* Ibidem, s. 57.

giem towarowym wiozącym ładunek dla Niemiec dotarł do Białegostoku, ostatniego dużego miasta w północnej części radzieckiej strefy okupacyjnej Polski. Chciał mieć pewność, że meldunek o jego odkryciu dotrze do najwyższych polskich władz, dlatego właśnie spotkał się z synem. Kazał mu dostarczyć ów meldunek do Grodna i do Warszawy, by tamtejsze władze podziemne przekazały go z kolei rządowi emigracyjnemu. Sam zamierzał przez Wilno i Kowno przedostać się do Skandynawii, a stamtąd na Zachód, aby złożyć meldunek osobiście. Jednak miesiąc później, w połowie czerwca 1940 roku, po upadku Francji, Związek Radziecki de facto zaanektował Litwę, Łotwę i Estonię. Być może Edward Koźliński został ujęty przez NKWD już na Litwie, a być może dużo wcześniej, przy próbie przekroczenia granicy litewskiej. W każdym razie nie wiadomo, co się z nim stało, jeśli nie liczyć wiadomości, że „podobno widziano go w *gułagu* na *lesorubce* w *Karełofińskiej Obłasti*"*.

Zaszyfrowany meldunek przekazany synowi, który schował go w dwóch miejscach i na dodatek wyuczył się go na pamięć, brzmiał następująco: „Melduję, zostałem aresztowany w Lidzie przez NKWD. Na badania przewieziony do Smoleńska, w rodzinne strony. W połowie kwietnia zabrano mnie na konfrontację lokalną do Gniezdowa. W lesie Katyń nad Dnieprem są masowo rozstrzeliwani nasi jeńcy, oficerowie. Masowa zbrodnia. Potworne..." Tutaj następował numer ewidencyjny i data**.

Zbigniew Koźliński wykonał polecenie ojca, dotarł ko-

* Ibidem, s. 84.
** Ibidem, s. 54.

lejno do Grodna i Warszawy. Natychmiast skontaktował się z podziemnymi władzami wojskowymi i przedstawił meldunek ustny i pisemny, który brzmiał tak niewiarygodnie, że oficerowie polskich tajnych służb pierwsi podali go w wątpliwość, co dobrze świadczy o ich profesjonalizmie. Podejrzewali, że Edward Koźliński doznał jakiegoś wstrząsu psychicznego podczas aresztowania lub w więzieniu albo jest agentem NKWD. Posądzali też o to Zbigniewa, a nawet całą organizację ZWZ w województwie nowogródzkim. Były to podejrzenia tym bardziej dopuszczalne, że od polskich oficerów z Kozielska, Starobielska i Ostaszkowa wciąż jeszcze nadchodziły listy do ich rodzin. Jak pisze Zbigniew Koźliński, bywały chwile, że on sam powątpiewał w relację ojca.

Ostatecznie meldunek został uznany za prawdziwy. W czerwcu jeden z dwóch przesłuchujących Zbigniewa oficerów powiedział mu, że listy od polskich internowanych przestały przychodzić. Natomiast wbrew sugestii Edwarda Koźlińskiego listów ostrzegawczych do Sowietów nie wysłano – zresztą było już za późno, by mogły odnieść skutek – ale za to „były nawiązane rozmowy wywiadu niemieckiego z Rosjanami. [...] Za wielkie pieniądze od ofiarnych ludzi, za zbiory muzealne pałaców [Niemcy] mieli zażądać wydania tutaj polskich oficerów. Rosjanie odmówili, mimo tej wielkiej przyjaźni z Hitlerem. Obawiam się, że wiemy dlaczego" – zakończył oficer polskiego wywiadu przesłuchujący Zbigniewa Koźlińskiego. W świetle wspomnianej przez Macieja Kozłowskiego relacji, że niemieccy oficerowie asystowali przy egzekucjach w Katyniu, wydaje się, że niemiecki wywiad, pośrednicząc w staraniach o wydostanie polskich oficerów z ZSRR, nie robił tego w dobrej wierze. O ile można bowiem zakładać, że niemieckie MSZ nie wiedziało o zbrodni katyńskiej i niemieckich obserwatorach, o tyle trudno uwierzyć, że nie wiedział o niej niemiecki wywiad. Przypuszczalnie podjęcie się tego pośrednictwa przez (prawdopodobnie) Abwehrę było dla niej jedynie okazją do poinformowania Sowietów, że Polacy wiedzą o masakrze swoich oficerów i mają na nią dowód (świadka). Taka gra wywiadowcza byłaby z jednej strony demonstracją sojuszniczej lojalności Berlina, a z drugiej – subtelnym szantażem wobec Kremla.

Jedną z podstawowych zasad pracy wywiadu jest sprawdzanie każdej informacji w tylu źródłach, w ilu tylko to możliwe. Chodzi zarówno o potwierdzenie autentyczności samej informacji, jak i pierwotnego informatora, o ustalenie jej pochodzenia, przekonanie się, czy nie była to dezinformacja lub prowokacja, zbadanie, czy źródło może dostarczyć kolejnych informacji. Dlatego rok później, prawie natychmiast po ataku Niemiec na ZSRR, kapitan „Garda" z nowogródzkiego ZWZ rozkazał czterem swoim ludziom, aby udali się do Katynia „w celu sprawdzenia i potwierdzenia treści meldunku" Edwarda Koźlińskiego. Dowódcą tego patrolu został porucznik Jan Skorp „Puszczyk", a w jego skład weszli: Zbigniew Koźliński „Gryf", Bolesław Misiuro „Świerk" i Stanisław Gwozdowski „Sztyft". Pierwsza wyprawa, w którą wybrali się jako pastuchy bydła wiezionego koleją dla wojsk niemieckich na froncie wschodnim, spełzła na niczym, gdyż niemieccy żandarmi nie pozwolili im opuścić pociągu w Smoleńsku. Druga, na którą ruszyli, gdy „żniwa [były] na ukończeniu", tym razem konna, również się nie powiodła. Polacy, przebrani w mundury Armii Czerwonej, udający jej żołnierzy przebijających się przez front do swoich, dotarli aż za Mińsk, lecz dalsza jazda okazała się niemożliwa z uwagi na coraz bardziej wrogą postawę miejscowej ludności, zagrażającą ich życiu i powodzeniu zadania. Było pewne, że nawet jeśli dotrą do Katynia, tamtejsi mieszkańcy zadenuncjują ich Niemcom. „Największym błędem tej wyprawy jest założenie, że tu, na ruskich terenach, *krasnoarmiejców* będą traktować jak swoich". Armia Czerwona zbierała owoce bolszewickiego systemu terroru.

W trzecią wyprawę, której nadano kryptonim „Wernyhora", polski patrol ruszył z autentycznymi delegacjami niemieckiego towarzystwa grupującego folwarki oraz przemysł rolny i leśny (LO, Landbewirtschaftungsgesellschaft Ostland), potwierdzonymi przez niemiecką żandarmerię. Taki fortel był możliwy dzięki rodzinnym korzeniom Zbigniewa, sięgającym Gniezdowa. Koźliński powiedział po prostu Niemcom, że chce się przekonać, w jakim stanie jest jego rodzinny majątek po ćwierćwieczu bolszewickich porządków, oraz że ma zamiar przekazać go pod zarząd LO.

Patrol bez kłopotów dotarł pociągiem do Smoleńska. Miejscowy gospodarz imieniem Makar, którego Polacy przypadkiem poznali tuż po wyjściu z dworca, na podstawie ich powierzchowności domyślił się, kim są i po co przyjechali. Udzieliwszy im gościny, powiedział, że każdy mieszkaniec Smoleńska i okolic wie, co się stało z polskimi jeńcami, ale wszyscy milczą. Następnego dnia zawiózł on polskich żołnierzy do położonej niedaleko Dniepru wsi Sofiejka, gdzie poznał ich z innym gospodarzem, również noszącym imię Makar. Tam Polacy dowiedzieli się, że lustrację lasu katyńskiego będą musieli przeprowadzić z zachowaniem ostrożności, ponieważ w „willi wypoczynkowej" NKWD kwateruje

„niemiecki oddział łącznikowy" (powinno być „łączności"), co – przy okazji – potwierdza zeznanie pułkownika Friedricha Ahrensa, o którym będzie mowa nieco dalej. Jednak według Makara stacjonujący w okolicy Niemcy nie wiedzieli o masakrze polskich oficerów, bo „nie gadają z ludźmi".

24 grudnia 1941 roku patrol ZWZ wykonał zadanie. Makar i Zbigniew Koźliński spenetrowali las katyński, podczas gdy siostra Makara i Bolesław Misiuro zlustrowali jego skraj od strony szosy. Następnie Makar poprowadził do lasu porucznika Jana Skorpa i Stanisława Gwozdowskiego. W nocy do chaty Makara zaczęli się licznie schodzić mieszkańcy Sofiejki. Polacy zebrali liczne relacje, w tym byłej narzeczonej żołnierza NKWD, opisujące przebieg egzekucji (niektórym polskim oficerom pozwalano umknąć, aby następnie ćwiczyć pościg zbiega. „Silniejszych używano na kukły do walki wręcz". Stąd prawdopodobnie ślady bagnetów odkryte przez Niemców na ciałach niektórych ofiar). Niektórzy mieszkańcy Sofiejki przynieśli też łuski i naboje zebrane na miejscu egzekucji kilka miesięcy wcześniej, jesienią 1941 roku, po wycofaniu się na wschód Armii Czerwonej i władz bolszewickich, ponad rok po masakrze.

Polski patrol pozytywnie zweryfikował meldunek rotmistrza Edwarda Koźlińskiego sprzed półtora roku i wrócił do bazy. Wszyscy jego członkowie przysięgli, że zachowają akcję „Wernyhora" w całkowitej tajemnicy. Była to zresztą zbędna formalność. Zwraca uwagę, że nie wykorzystali oni autentycznych niemieckich dokumentów, w które się zaopatrzyli, i nie pojawili się oficjalnie w Gniezdowie, aby obejrzeć dawną posiadłość rodziny Koźlińskich. Słusznie bowiem założyli, że zakonspirowany radziecki kontrwywiad domyśliłby się celu ich wizyty i zlikwidowałby ich prawdopodobnie jeszcze przed wyjazdem ze Smoleńska. Zresztą wkrótce potem radziecki wywiad nie tyle się domyślił, ile dowiedział się o polskiej wyprawie do Katynia. Przełożony żołnierzy z patrolu, kapitan „Garda" vel „Stary", został w 1942 roku „zamordowany w niejasnych okolicznościach". „«Puszczyk» uważał, że [Sowieci] «Starego» rozszyfrowali idąc od strony jego meldunków. Wiadomo, że walczył, wiadomo, że zginął, gdyż nie dał się uprowadzić. Tak się nić urwała"*. Śmierć przełożonego ocaliła więc życie czterech członków patrolu. Zwrot „rozszyfrowali idąc od strony jego meldunków" oznacza, że radziecki kret znajdował się na wysokim szczeblu polskiej struktury podziemnej, czyli tam, gdzie zbiegały się meldunki z terenu, w tym od kapitana „Gardy". Być może w samej Warszawie.

Bolesław Misiuro i Stanisław Gwozdowski zginęli w czasie wojny. Zbigniew Koźliński został ciężko ranny w bitwie partyzanckiej z dywizją SS w październiku 1943 roku. Stracił wówczas nogę, lecz przeżył wojnę. Przez pewien czas żył pod przybranym nazwiskiem, ukończył studia. W połowie lat pięćdziesiątych skontaktował się z nim Jan Skorp. Przez wiele lat przestrzegał Koźlińskiego, by nigdy nikomu nie wspominał o akcji „Wernyhora".

Zbigniew Koźliński przerwał milczenie dopiero pod koniec lat osiemdziesiątych. W listopadzie 1990 roku kwartalnik literacki „Puls" opublikował wywiad, który przeprowadził z nim profesor Jacek Trznadel**. 21 kwietnia 1991 roku

---

* Ibidem, s. 136.

** *Wiedziałem o zbrodni katyńskiej od czerwca 1940*, „Puls", Londyn, nr 46–47, lato–jesień 1990. W tytule wywiadu jest błąd, gdyż Z. Koźliński dowiedział się od ojca o zbrodni w pierwszej połowie maja.

wystąpił w programie TVP „Rewizja nadzwyczajna". Artykuł o jego katyńskiej wyprawie wydrukował również londyński „Dziennik Polski"*. Wreszcie w 1995 roku ukazała się książka Jacka Trznadla, zawierająca nie tylko rozszerzoną wersję wywiadu z „Pulsu", ale również pierwsze potwierdzenie relacji panów Koźlińskich pochodzące ze źródła rosyjskiego**.

Major Oleg Zakirow ze smoleńskiego KGB, z pochodzenia Uzbek, po dziadku, rozstrzelanym w 1931 roku, „członek rodziny wroga ludu", był jednym z nielicznych obywateli radzieckich, którzy bez przymusu i uczciwie zajęli się ujawnianiem zbrodni katyńskiej. Podobnie jak niewiele lat później Aleksandr Litwinienko, zwrócił się przeciwko nieprawościom we własnych szeregach – w służbie specjalnej. Przypłacił to karierą zawodową, a w końcu wyemigrował z rodziną do Polski, której władze nie uznały zresztą za stosowne wynagrodzić go tak, jak na to zasłużył***. Od września 1990 do 1991 roku

---

* Marian Pyzel, *Polski patrol w Katyniu*, „Dziennik Polski", Londyn, 17 lipca 1991 r.

** Jacek Trznadel, *Powrót rozstrzelanej armii*, Warszawa 1995.

*** W 1990 r. O. Zakirow otrzymał dwie nagrody Rady Ochrony Pamięci Walk i Męczeństwa.

Jak pisze Krystyna Kurczab-Redlich, jego córka Larisa wyjechała „do Łodzi. Do Polski prawdziwej. Wykładowczyni chemii na kursie przygotowawczym na medycynę, p. Bożena S., mówi: «Przyjechały tu Ruskie nas wystrzelać», i stawia notę niedostateczną, o medycynie nie ma już więc mowy. Larisa dostaje się na psychologię kliniczną, kończy jako jedna z lepszych studentek. [...]

Koniec studiów i stypendium oraz akademika, gdzie koczowała wraz z matką krążącą między Warszawą a Smoleńskiem. Galinie, poważnie chorej na serce, obniżono rentę inwalidzką. W Łodzi znajduje dorywczą pracę jako sprzątaczka. Larisa dźwiga towary w sklepach Makro, gdzie kierownik okrada ją z zarobków [...].

W 1998 roku [Zakirow] decyduje się na opuszczenie Smoleńska. Przedtem dwukrotnie potrąca go motocykl. [...] Jeszcze ze Smoleńska Zakirow śle pisma do prezydenta Kwaśniewskiego o pomoc w załatwieniu azylu politycznego. Popiera

Zakirow przyjął zeznania mieszkańców okolic Katynia. 12 listopada 1990 roku złożył w Warszawie Jackowi Trznadlowi relację z pierwszych przesłuchań, a pod koniec 1991 roku uzupełnił ją rękopiśmiennym dokumentem. Zeznania mieszkańców uzyskane przez Zakirowa całkowicie potwierdziły meldunek Edwarda Koźlińskiego z 1940 roku i jego weryfikację dokonaną w 1941 roku przez czteroosobowy patrol ZWZ.

Kiedy w czerwcu 1940 roku Zbigniew Koźliński dowiedział się od oficera polskiego wywiadu, że meldunek jego

---

wycinkami z prasy. Milczenie. Pozostały starania o status uchodźcy, taki sam jak dla wszystkich. W Urzędzie Imigracji MSW przy ul. Koszykowej, gdzie po całym dniu stania z trudem udało się wręczyć dokumenty, artykuły prasowe i poświadczenie medali Olega, usłyszeli: «Po coście przyjechali?! Tam wam dobrze, nie ma niebezpieczeństwa». [...]

Dla Rodzin Katyńskich właściwie nie istniał. Jedna z nich odmówiła nie tylko pomocy, ale nawet napisania jakiegokolwiek listu popierającego jego prośbę. Na wniosek jej przewodniczącego UOP ponownie sprawdzał Zakirowa. I choć potwierdził jego «czystość», z tamtej strony pomocnej ręki nie podano.

Zakirow chodził rankami na giełdę pracy. Murarka, naprawa dachów, betoniarka. Kiedy żona chorowała, córce nie zapłacono należnych pieniędzy, a Olega akurat nigdzie nie potrzebowano, zarośnięty – nie miał nawet na żyletki – usiadł na Piotrkowskiej. Żebrał. Rodzina żywiła się odpadkami z bazaru na Bałutach. [...]

Żona poczuła się lepiej. Z czasem zaczęła udzielać korepetycji z języka rosyjskiego. Córka znalazła pracę. Jeszcze później wspomnienia Zakirowa zaczęło drukować ukazujące się w Polsce w języku rosyjskim pismo «Nowaja Polsza». Ale kancelarie Prezydenta, Premiera, wojewody, MSW mełły odpowiedzi w urzędniczym młynie z lodowatą obojętnością. Przyjaciele Zakirowa, dziennikarze, działacze, sąsiedzi, pisali artykuły, petycje, dzwonili do Bardzo Ważnych Osób. Bez skutku.

Niezupełnie, Zakirowowie otrzymali polskie obywatelstwo [10 maja 2002 r.]. Tuż przed końcem prezydentury Aleksandra Kwaśniewskiego przyznano Zakirowowi rentę w wysokości 1500 złotych. Przy okazji kolejnego masowego rozdawnictwa medali dostał mu się Krzyż Kawalerski Orderu Odrodzenia Polski. W swoim garniturze za 10 złotych był jednym z dwustu wówczas nagradzanych". (Krystyna Kurczab-Redlich, *Buntownik z KGB – Zbrodnia katyńska*, „Rzeczpospolita", 16 września 2006.)

ojca o Katyniu uznano za zgodny z prawdą, był przekonany, że „pójdzie [on] do Anglii"*. Przekonanie to było uzasadnione, gdyż wywiad istnieje po to, by przekazywać władzom wojskowym i politycznym wszelkie informacje, które uzna za ważne i wiarygodne. Brak było jednak dotąd potwierdzenia, że najwyższe polskie władze istotnie zostały zapoznane z meldunkiem Edwarda Koźlińskiego już latem 1940 roku.

Autor tej książki otrzymał takie potwierdzenie.

Pułkownik Jan Cieślak (1913–1993), oficer kontrwywiadu Armii Krajowej, przekazał synowi Andrzejowi relację, według której polski wywiad już latem 1940 roku zameldował centrali w Londynie o zlikwidowaniu polskich oficerów przez NKWD. Meldunek ten został tam wysłany bezzwłocznie, a polskie władze natychmiast przekazały go Brytyjczykom**. Według Andrzeja Cieślaka jego ojciec co najmniej dwukrotnie jeździł podczas wojny jako kurier do Londynu, w tym raz w 1940 roku, więc być może on właśnie przekazał meldunek Edwarda Koźlińskiego pułkownikowi (Włodzimierzowi?) Kraszkiewiczowi***, a niewykluczone,

---

* Koźliński, op. cit., s. 72.

** Rozmowy autora z dr. hab. Andrzejem Cieślakiem, 1 lutego 2006 r. i 6 kwietnia 2006 r.

W 1939 r. Janowi Cieślakowi, wówczas w stopniu porucznika, okupacyjne władze sowieckie we Lwowie nadały przymusowo obywatelstwo radzieckie i wcieliły go do Armii Czerwonej. Por. Cieślak prawie natychmiast zdezerterował, dzięki łapówce (zapłacił gotówką, nie swetrem, jak E. Koźliński), i przedostał się do Generalnego Gubernatorstwa, gdzie natychmiast włączył się w prace Związku Walki Zbrojnej. Pod koniec wojny, kiedy stało się oczywiste, że Polska dostanie się pod władzę komunistów, płk Cieślak oddał się m.in. działalności związanej z utworzeniem niezależnych struktur edukacyjnych, które umożliwiłyby kształcenie młodzieży w duchu patriotycznym, poza wpływem oficjalnej indoktrynacji.

*** We wrześniu 1939 r. mjr Włodzimierz Kraszkiewicz był dowódcą batalionu KOP „Żytyń".

że wcześniej również przesłuchiwał Zbigniewa Koźlińskiego. Obecnie pan Andrzej Cieślak poszukuje dokumentów potwierdzających zarówno relację ojca, jak i jego własne domniemania. Jest to procedura czasochłonna, ponieważ świętej pamięci pułkownik Cieślak założył swoje archiwum i umieścił w nim poszczególne dokumenty według reguł przyswojonych podczas pracy w konspiracji.

Na razie, do końca 2007 roku, Andrzejowi Cieślakowi udało się odnaleźć załącznik do raportu wywiadowczego dostarczonego do Londynu w 1940 roku. Jest to sporządzony przez polskie podziemie maszynowy rosyjskojęzyczny odpis meldunku dotyczącego przebiegu i zakończenia akcji rozstrzeliwania polskich jeńców wojennych, który 25 maja 1940 roku złożył swoim przełożonym kapitan NKWD Rumiancew (względnie Riumin) z Zarządu NKWD Obwodu Smoleńskiego. Ów odpis, napisany na niskiej jakości papierze przebitkowym, nadto bardzo postarzałym, jest wyjątkowo słabo czytelny. Zamieszczony tu został w polskim tłumaczeniu, którego dokonał Andrzej Cieślak.

Raport

W okresie od kwietnia 1940 – [do] maja 1940 zgodnie z dyrektywą Zarządu NKWD i rozkazami wykonawczymi na terenie Smoleńskiego Zarządu NKWD wykonano postanowienia wykonawcze wobec jeńców wojennych zdrajców ZSRR oficerów i wysoko postawionych urzędników b. państwa polskiego.

1). jeńców dowożono eszelonami wg wykazu Zarządu NKWD w Moskwie z następujących miejsc izolacji:

Ostaszków, Starobielsk, [...] [Kozielsk? – nazwa niemożliwa do odczytania z uwagi na złą jakość dokumentu].

2). eszelon wg kpt. NKWD z Moskwy N. Bychowca nie mógł przekroczyć 200–250 jeńców.

3). Kpt. Bychowiec raportował przybycie eszelonu i wykonanie rozkazów oraz przyczyny niewykonania.

4). wg komendantów obozów odosobnienia jeńców poinformowano o powrocie na zachód tj. na tereny Rzeszy Niemieckiej (b. Polski).

5). Kpt. Bychowiec poinformował mnie o przekazaniu jeńców dostarczonych w rejon Smoleńska (Kozie Góry), wracają na teren b. państwa polskiego.

6). wykonanie orzeczonych wyroków śmierci przebiegało sprawnie. Nie zanotowano żadnych incydentów ze strony jeńców.

7). zastosowano przyjęte procedury.

8). zgodnie z tymi procedurami, po uprzednim badaniu medycznym, jeńców zawożono na miejsce wykonania. Tam ich kładziono na ziemi w liczbie od 5–8 i wykonywano strzały w głowę. Następnie zasypywano przy pomocy koparki i spychacza w uprzednio wykonanym wykopie.

9). poszczególnych jeńców, którzy nie wierzyli zapewnieniom władz o ich powrocie do b. Polski, a mogli zakłócić przebieg czynności wykonawczych, nie dostarczono do miejsca wykonania, lecz skierowano do innych obozów (relacja kpt. Bychowca).

10). czynnościami wykonawczymi objęto 4630 jeńców. Stwierdzono wykonanie czynności.

11). niniejszy raport przekazano gen. majorowi NKWD Zarubinowi.

12). w/w nie miał zastrzeżeń do przebiegu czynności wykonawczych.

Wykonanie postanowień wykonawczych uznaje się za zakończone. Akta osobowe jeńców przekazano do Zarządu NKWD w Moskwie celem likwidacji

Kapitan NKWD Rumiancew [względnie Riumin?]
Smoleński Zarząd NKWD
25.05.1940 r.

Zwraca uwagę kilka szczegółów tego raportu. Po pierwsze, przypadkowa zbieżność nazwisk kapitana NKWD N. Bychowca i kapitana Jerzego Bychowca, jeńca obozu w Kozielsku zamordowanego w Katyniu. Po drugie, punkt pierwszy odnosi się do wszystkich trzech głównych miejsc kaźni (Katyń, Charków, Twer), ponieważ wiemy, że do Katynia dowożono jeńców tylko z Kozielska, a autor raportu wymienia też dwa pozostałe obozy. Po trzecie, w punkcie ósmym wątpliwość budzą wszystkie trzy zdania. Wiemy bowiem, że nie wszystkich jeńców rozstrzeliwano w dołach śmierci, tylko niewielu zastrzelono w pozycji leżącej, a ponadto nie jest pewne, czy wszystkie doły zasypano, korzystając z koparki i spychacza. Po czwarte, w punkcie dziesiątym prawdopodobnie jest błąd. Liczba rozstrzelanych w Katyniu podana w raporcie jest dokładnie o dwieście osób większa, niż wynika zarówno z innych dokumentów, jak i z ekshumacji.

Uwagi te nie podważają autentyczności rosyjskojęzycznego odpisu oryginału ani wierności polskiego tłumaczenia, lecz jedynie wskazują na niedbałość albo niedoinformowanie autora raportu. Pułkownik Jan Cieślak powiedział synowi, że polski wywiad zdobył ten raport dzięki łapówce. Obecnie wciąż trwają poszukiwania kopii meldunku wywiadu dla rządu w Londynie – jak wiemy, sowiecki raport był załącznikiem do tego meldunku. Świadczy to zarówno o profesjonalizmie polskiego wywiadu, który starał się o niezależne potwierdzenie meldunku Edwarda Koźlińskiego, jak i o jego godnej podziwu operatywności.

Wspomnienia Zbigniewa Koźlińskiego łącznie z relacją Jana Cieślaka ukazują w całkowicie nowym świetle, jaką wiedzę mieli alianci o zbrodni katyńskiej przed 13 kwietnia

1943 roku, kiedy to obwieściło o niej Radio Berlin. W takiej sytuacji postępowanie władz polskich przed tą datą wydawałoby się niezrozumiałe, gdyż generał Anders i jego podwładni prowadzili w latach 1941–1942 intensywne poszukiwania polskich oficerów w dobrej wierze, to znaczy wciąż – mimo narastających podejrzeń – mając nadzieję, że oni żyją. Jednak wynikałoby z tego tylko tyle, że raport polskiego wywiadu został ściśle utajniony w wąskim kręgu zarówno Polaków, jak i ich zachodnich aliantów, a Sikorski, pytając Stalina o los polskich oficerów, sprawdzał prawdomówność dyktatora. Mimo że, jak pisze profesor Paweł Wieczorkiewicz*, co najmniej dwóch członków polskiego rządu emigracyjnego było radzieckimi agentami (nosili pseudonimy Gienrich i Sadownik), polski raport mógł być tak utajniony, że nie wiedzieli o nim nawet ministrowie rządu londyńskiego**,

---

* *Polscy agenci Kremla*, „Wprost", nr 1203, 26 grudnia 2005.

** Nie byłby to pierwszy taki wypadek. „Płk dypl. [Józef] Jaklicz po przyjeździe do Francji (drogą prywatną) wręczył tekst tajnej umowy wojskowej francusko-polskiej z maja 1939 r. osobiście generałowi Sikorskiemu w październiku lub listopadzie 1939 roku. Generał potraktował widocznie ten dokument tak tajnie, że poza nim nikt z Polaków, którzy znaleźli się we Francji, o istnieniu tej umowy nie wiedział. Kiedy bowiem w 1944 roku po przyjeździe do Londynu składałem zeznania przed «Komisją dla badań przyczyn klęski wrześniowej», która funkcjonowała od końca 1939 roku, zostałem zaskoczony pytaniem sędziego śledczego Liniewicza, czy Polska miała z Francją jakieś umowy wojskowe na wypadek wojny. Gdy mu podałem z pamięci treść umowy z maja 1939 roku, z trudem ukrywał zdumienie, że po czterech latach badań i dochodzeń Komisji nie jest wiadomo o istnieniu takiej umowy. Odnosząc wrażenie, że nie dowierza moim słowom, poradziłem mu, ażeby zwrócił się do Ministerstwa Obrony Narodowej, gdzie z pewnością odnośny dokument się znajduje. Po pewnym czasie powiedział mi, że w Ministerstwie Obrony Narodowej oświadczono mu, że takiego dokumentu nie ma" (Wacław Stachiewicz, *Wierności dochować żołnierskiej*, Oficyna Wydawnicza Rytm, Warszawa 1998, s. 792–793).

zatem Kreml nie został przez nich ostrzeżony, iż dotarł on do Londynu. Jednak nawet jeśli polscy agenci Kremla nie wiedzieli o tym dokumencie, to obaj, Stalin i Sikorski, zdawali sobie sprawę, że wzajemnie się oszukują, ponieważ – jak wiemy – NKWD wiedział od wywiadu niemieckiego, że Polacy odkryli zbrodnię katyńską już wtedy, gdy Sowieci ją popełniali. (Polski patrol wszedł do Katynia dopiero trzy tygodnie po kremlowskich rozmowach Sikorski–Stalin, a NKWD zapewne dowiedział się o tym o wiele później.) Z tym że przewaga była po stronie Stalina, ponieważ Sikorski prawdopodobnie nie wiedział, że Stalin wie, że jest przez niego oszukiwany. Bardzo prawdopodobne, że Stalin został poinformowany o istnieniu polskiego raportu także dzięki sowieckim „kretom" w MI6 lub w brytyjskich kołach rządowych.

Rada Edwarda Koźlińskiego z kwietnia 1940 roku, by smoleńszczanie natychmiast zaczęli „bombardować" władze radzieckie listami z ostrzeżeniem, że zbrodnia katyńska przestaje być tajemnicą, była bardzo rozsądna, gdyż mogła nakłonić Kreml do przerwania masakry i nie prowadziłaby do ujawnienia, że owo „bombardowanie" nastąpiło z polskiej inspiracji. Całkowite utajnienie meldunku Koźlińskiego przez Polaków i ich zachodnich aliantów w 1940 roku również było rozsądne, gdyż – po pierwsze – duża część polskiego społeczeństwa, a nawet krajowych elit politycznych, po ujawnieniu tej sowieckiej zbrodni mogłaby nawiązać współpracę z niemieckimi okupantami, którzy w owym czasie jeszcze nie rozpętali terroru na masową, ludobójczą skalę, a długofalowe konsekwencje takiej współpracy byłyby dla Polaków zabójcze. Po drugie, polscy, brytyjscy i amerykańscy politycy nie mogliby aż tak przeciwstawić się własnej opinii publicznej, by zawrzeć sojusz wojenny z jawnym masowym mordercą. Nie tylko nie mogliby więc liczyć na pomoc Armii Czerwonej w wojnie z Niemcami, ale wręcz skazaliby Stalina na podtrzymanie sojuszu z Hitlerem. W listopadzie 1940 roku wysłałby on do Berlina Mołotowa ze znacznie bardziej umiarkowanymi roszczeniami imperialnymi, które nie doprowadziłyby do zerwania między oboma totalitarnymi reżimami. Losy wojny potoczyłyby się inaczej, a Polacy podzieliliby los Żydów.

Powtórzmy też, że nie można mieć pretensji do Winstona Churchilla i Franklina D. Roosevelta, iż starali się zatuszować odpowiedzialność Moskwy za zbrodnię katyńską, kiedy ujawnili ją Niemcy – wszak toczyła się wojna, która miała przesądzić o losach świata. Jednak świadectwa panów Koźlińskich i Cieślaków stanowią ostateczny cios dla reputacji Roosevelta w kontekście jego postępowania z Earlem (gdyż trudno sobie wyobrazić, by Amerykanie nie zostali poinformowani o raporcie Koźlińskiego) oraz dowodzą, jak bardzo Brytyjczycy obawiali się reakcji Kremla na ujawnienie sprawy Katynia (a także – po dziś dzień – prawdziwej przyczyny śmierci generała Sikorskiego) już po rozpadzie Wielkiej Koalicji, podczas zimnej wojny.

Wspomniane polskie świadectwa zasługują na dalsze staranne badania, których celem powinno być ustalenie, którzy anglosascy politycy – i kiedy – zostali zapoznani z meldunkiem Edwarda Koźlińskiego. Badania te należy prowadzić w archiwach brytyjskich i amerykańskich, a prowadzący je historycy będą w lepszym niż dotąd położeniu, gdyż między innymi dzięki zaprezentowanym tu polskim źródłom okazało się, że po przejęciu w 1945 roku przez MI6 archiwum polskiego wywiadu nie zatarto wszystkich śladów jego działalności, a zatem władze brytyjskie straciły argument (rzekome zniszczenie tego archiwum), którym posługiwały się dotąd, by uniemożliwić prace badawcze.

Trzeba tu też podkreślić, że Katyń to nie tylko symbol kaźni i miejsce pochówku 4,4 tysiąca polskich oficerów przywiezionych tam z obozu w Kozielsku, a nawet wszystkich 22 tysięcy ofiar decyzji Stalina z 5 marca 1940 roku. Katyń to także część „archipelagu GUŁag", a pierwszym nieradzieckim świadkiem tego, co tam się działo, był Icek Erlichson, młody polski Żyd z Wierzbnika koło Starachowic. We wrześniu 1939 roku, uciekając wraz z masami innych uchodźców przed wojskami niemieckimi, przedostał się na prawy brzeg Sanu, do radzieckiej strefy okupacyjnej, gdzie natychmiast został aresztowany jako „angielski szpieg" (miał wówczas 17 lat), a następnie uwięziony w lwowskim więzieniu Brygidki (gdzie spotkał między innymi generała Mariusza Zaruskiego). Z początkiem stycznia 1940 roku został przewieziony do Starobielska. Znalazł się w tym samym obozie co polscy jeńcy, lecz w innym bloku. Wiosną widział, jak Sowieci wywozili polskich oficerów w zorganizowanych, masowych transportach. Jednak niektórych zabierali pojedynczo, jak na przykład majora (?) Śliwińskiego, polskiego oficera pochodzenia żydowskiego, ukaranego w ten sposób za to, że miał gazetę, którą wbrew zakazowi dostarczył mu właśnie Erlichson. Samego Erlichsona karnie dołączono do transportu jeńców i więźniów cywilnych, który w kwietniu 1940 roku został skierowany do obozu numer 9 w okolicy Katynia. (Był to prawdopodobnie jeden z owych trzech obozów wspomnianych w raporcie komisji

Burdenki, w których rzekomo byli przetrzymywani wszyscy jeńcy Kozielska, Starobielska i Ostaszkowa, i tam też zostali przejęci przez Niemców w lipcu 1941 roku.) Pewnego dnia, jesienią 1940 roku, szefowi obozowej kuchni, niejakiemu Lebiedience, spodobały się oficerskie buty z cholewami majora Binensztoka. Ponieważ Rosjanin rzucił na ten temat uwagę z rodzaju propozycji nie do odrzucenia, wieczorem właściciel butów odwiedził kucharza. Lebiedienko uznał, że transakcja wymaga uczczenia. „A wypiwszy parę kieliszków stał się rozmowny i zdradził majorowi, że ludzie wywożeni z obozu katyńskiego są rozstrzeliwani w pobliskich lasach. Pogłoski, że wywozi się ludzi do obozów pracy – powiedział mu podchmielony szef kuchni – są nieprawdziwe. Z lasów katyńskich nikt jeszcze nie uszedł z życiem". Usłyszawszy to, major przehandlował swoje oficerki za zwykłe półbuty, kombinezon, osiem bochenków chleba i trochę machorki. Po powrocie do baraku Binensztok natychmiast namówił do bezzwłocznej ucieczki majora W., porucznika Sokoła i właśnie młodego Erlichsona. Jeszcze tego samego wieczoru wszyscy czterej niepostrzeżenie przeczołgali się pod trzema rzędami drutów kolczastych i uciekli.

Wędrując przez niezmierzone lasy, natykali się na obozy podobne do obozu numer 9 („Pełno ich było w tym ogromnym lesie"), a ich uwagę zwróciły znaki krzyża na niektórych drzewach. „W niektórych partiach lasu dostrzegliśmy świeżo usypane wzgórki. Po co je usypano? Jaką kryją tajemnicę?"

Po dwóch dobach Binensztok uznał, że dla bezpieczeństwa powinni się rozdzielić. On sam poszedł z porucznikiem Sokołem, a Erlichson z majorem W. Cztery dni później major W. i Erlichson stali się świadkami tragedii. Ujrzeli, jak

> Podjechało kilka samochodów ciężarowych, które zatrzymały się przy zygzakowatych dołach. [...] Wyładowawszy ludzi, samochody te szybko odjeżdżały, a na ich miejsce przybyły następne, z których przy wrzasku strażników i wyciu szalejących psów wyładowywano nowe grupy więźniów. [...] Więźniów zagnano do dołów. Doły były bardzo płytkie, ledwo sięgały dolnej części korpusu, dlatego widzieliśmy dokładnie, jak stali zbici, jeden przy drugim, a potem jak żołnierze ustawili się przed nimi i skierowali w ich stronę karabiny maszynowe. [...] Na miejscu kaźni zapadała coraz głębsza cisza. Grupka żołnierzy za pomocą łopat rozpoczęła zasypywanie dołów. Ich sylwetki wydały mi się znajome. Nie miałem wątpliwości, to byli strażnicy z naszego obozu.

Po kolejnych dwóch dniach major W. i Erlichson, wyczerpani, głodni, z otartymi stopami, zaryzykowali i wstąpili do jakiejś chaty. Przyjęło ich, zrazu nieufnie, stare małżeństwo. Zbiegowie zostali jednak nakarmieni i udzielono im noclegu. Podczas kolacji stary chłop stał się rozmowny i wbrew ostrzeżeniom żony podzielił się z Polakami swoimi spostrzeżeniami. Przede wszystkim okazało się, że uciekinierzy zbłądzili, gdyż wciąż znajdowali się około dwudziestu kilometrów od Katynia. Nie to jednak wstrząsnęło majorem W. i Erlichsonem.

> „– Cały ten teren – mówił chłop – od 1937 roku został zamieniony w olbrzymi cmentarz dziesiątków tysięcy zamordowanych tutaj ludzi". Wyjaśniła się też sprawa krzyży na drzewach. Otóż wieśniacy mieszkający na obrzeżu lasów, najczęściej ludzie wierzący, wkradali się na tereny, gdzie odbywały się egzekucje, i wypalali na drzewach znak krzyża: dla upamiętnienia zmarłych, jak stwierdził starzec. NKWD miało nieustające zajęcie przy ścinaniu tych drzew. Jednakże krzyże pojawiały się ponownie, na innych drzewach.

Jak wynika z tej relacji, lasy wokół Katynia stały się grobem tysięcy obywateli radzieckich, zanim jeszcze ich los podzielili polscy oficerowie*. Jak napisał w punkcie piętnastym swojego *Orzeczenia* doktor Marian Wodziński z Krakowa, szef polskiej Komisji Lekarskiej przy Komisji Technicznej PCK w Katyniu,

> Znalezienie na terenie lasku katyńskiego całego szeregu innych grobów ze zwłokami Rosjan z typowymi postrzałami czaszki pozwalało przypuszczać, że lasek katyński służył już od dłuższego czasu jako miejsce egzekucji.
>
> Na podstawie stopnia rozkładu gnilnego zwłok w poszczególnych grobach rosyjskich czas przebywania ich w ziemi należało określić na pięć do piętnastu lat.**

Katyń powinien być uznany za rosyjski odpowiednik takich miejsc sowieckiego ludobójstwa, jak białoruskie Kuro-

---

* Według innych doniesień lasy wokół Katynia były miejscem masowych egzekucji ludności rosyjskiej co najmniej od listopada 1925 r., a nawet od 1917 r. W *Sprawozdaniu Komisji Technicznej Polskiego Czerwonego Krzyża*, autorstwa jego sekretarza generalnego Kazimierza J. Skarżyńskiego, stwierdzono, że podczas sondowania okolic ośmiu ówczesnych mogił zbiorowych polskich oficerów odkryto „szereg masowych grobów Rosjan w różnym stanie rozkładu trupów, aż do szkieletów włącznie".

„Oficjalnie Rosjan [zamordowanych w Katyniu] jest około dziesięciu tysięcy. Zdaniem historyków może być i pół miliona. W latach 20. rozstrzeliwano tu uczestników buntów chłopskich. Gdy w 1937 roku ruszyła Wielka Czystka, NKWD otoczyło las drewnianym płotem i postawiło wartowników. [...] Podobno w Katyniu spoczywają szczątki radzieckich marszałków Tuchaczewskiego i Blüchera oraz Nikołaja Bucharina, głównego ideologa partii [...]. Potwierdzić nie sposób – z trzystu radzieckich mogił zbiorowych zbadano zaledwie sześć. Dlatego w części rosyjskiej chodzimy po drewnianych mostkach" (Anna Żebrowska, *Tylko Polak ma tu imię*, „Gazeta Wyborcza" – „Katyń", 15–16 września 2007, s. 13).

** Relacja dr. Mariana Wodzińskiego, lekarza Komisji Technicznej PCK w Katyniu (spisana we wrześniu 1947 r. i złożona w Archiwum PSZ w Londynie, za: Andrzej Leszek Szcześniak, *Katyń. Tło historyczne, fakty, dokumenty*, Wydawnictwa „Alfa", Warszawa 1989, s. 113.

paty i ukraińska Bykownia. Charakterystyczne, że miejsca te były terenami wypoczynkowo-rozrywkowymi NKWD – jak rejon rozstrzeliwania i grzebania polskich oficerów w Katyniu, miejsce pochówku polskich oficerów koło Miednoje czy Piatichatki, gdzie pogrzebano polskich oficerów zamordowanych w Charkowie – albo okolicznych mieszkańców, jak Bykownia pod Kijowem, w której złożono ciała polskich oficerów straconych na Ukrainie, a wcześniej Ukraińców, czy Kuropaty pod Mińskiem, gdzie prawdopodobnie Sowieci pochowali większość obywateli polskich z białoruskiej listy katyńskiej, przedtem zaś setki tysięcy Białorusinów.

Major W. zapytał, czy zdarzały się ucieczki z katyńskich obozów. Chłop odparł: „«– [...] uciekało wielu, ale niewielu uciekło. Ledwo dwa dni temu niedaleko stąd złapano dwóch wojskowych, których rozpoznano po oznakowaniu żołnierskiej bielizny. NKWD-ziści zaprowadzili ich do lasu i zaraz potem usłyszano strzały». [...] Nie było wątpliwości, że chodziło o majora Binensztoka i porucznika Sokoła"*.

Następnego dnia major W. postanowił, że on i Erlichson również powinni się rozdzielić. „Jeżeli któryś z nas przeżyje, jego obowiązkiem będzie przekazać rodzinom wiadomość o losie pozostałych" – powiedział. Kilka godzin po rozstaniu Erlichson zbliżył się do stacji kolejowej. Zanim jeszcze do niej dotarł, został aresztowany przez NKWD.

Uratował się dzięki temu, że przedstawił się jako kryminalista pochodzenia robotniczego, który – skazany za handel

---

* Nazwisko ppor. lek. dentysty Alfreda Binensztoka figuruje w spisie jeńców obozu starobielskiego, w opracowanej przez mjr. Adama Moszyńskiego *Liście katyńskiej* (Wydawnictwo „Gryf", Londyn 1972). Analiza przypadku Binensztoka – patrz aneks 2. „Samotni skazańcy".

zegarkami – uciekł z transportu więziennego koło Smoleńska. Funkcjonariusze NKWD obiecali mu „tym razem" ośmioletni wyrok więzienia i wysłali do Chersonia. W tamtejszym więzieniu ponownie spotkał generała Zaruskiego, bardzo już wyczerpanego. Generał „Z każdym dniem stawał się słabszy. Osiem dni później nagle stracił przytomność. Rzucono go jak psa na nosze, mimo że jeszcze żył, i wyniesiono z celi". Erlichson nigdy mu nie powiedział, że jego żonę skazano na dwanaście lat.

Po dwóch miesiącach od przybycia do Chersonia Erlichson został skazany na sześć lat łagru i wywieziony na Kołymę. Prawdopodobnie od śmierci uratowało go to, że jako polski obywatel już po kilku miesiącach został zwolniony z łagru na mocy układu Sikorski–Majski.

Cała rodzina Erlichsona zginęła pod okupacją niemiecką. On sam wraz z poznaną i poślubioną w Związku Radzieckim żoną wyemigrował po wojnie z Polski do Francji, a po latach do Stanów Zjednoczonych. W 1953 roku opublikował w Paryżu swoje wspomnienia w jidysz pod tytułem „Moje cztery lata w Związku Radzieckim"*.

Jak już wspomniano w przypisach do tego rozdziału, w kwietniu 1943 roku pracowała w Katyniu zaproszona

---

* Cyt. za: I. E. Edison, *Smakowanie raju*, Biuro Wydawnicze Towarzystwa Społeczno-Kulturalnego Żydów (faktycznie nakładem autora), Warszawa 1992, tłum. z jidysz Adam Rok, s. 135 (cytaty ze s. 40–50). Inicjał „E." jest przypuszczalnie pierwszą literą prawdziwego nazwiska autora (Erlichson). Nakład książki wyniósł 400 egzemplarzy, nie ma jej żadna biblioteka w Polsce. Strony 40–46 zostały przedrukowane pt. *Ucieczka z Katynia* w: „Kulisy – Express Wieczorny", 14–16 grudnia 1990, s. 7.

Autor serdecznie dziękuje panu Adamowi Rokowi za wszelkie informacje i wyjaśnienia dotyczące zarówno tej książki, jak i innych publikacji Icka Erlichsona-Edisona, oraz niektórych szczegółów jego biografii.

przez Niemców dwunastoosobowa międzynarodowa komisja lekarzy – oraz obserwator, Francuz doktor Costedoat – wybitnych specjalistów w dziedzinie medycyny sądowej, która potwierdziła niemiecką wersję zbrodni. Dwóch członków tej komisji znalazło się następnie na terenach wyzwolonych przez Armię Czerwoną: František Hájek z Czechosłowacji i Marko Antonow Markow z Bułgarii, gdzie oskarżono go, że jest „wrogiem ludu", i więziono od lutego 1945 do lutego 1946 roku. Zmuszono ich do odwołania poprzedniej opinii, a Markow został przywieziony na proces norymberski, gdzie jego rola ograniczyła się do potwierdzania sugestii radzieckiego prokuratora, co w końcu zdenerwowało przewodniczącego trybunału, sędziego Geoffreya Lawrence'a. Ci spośród byłych członków komisji, którzy doczekali się wyzwolenia przez aliantów zachodnich, nigdy nie zmienili zdania, a niektórzy zeznawali nawet przed komisją Kongresu Stanów Zjednoczonych.

Był jeszcze jeden człowiek, który nigdy nie zmienił zdania. Iwan Kriwoziercow, chłop ze wsi Gruszczenka w okolicach Katynia, z zawodu kowal, znajdował się wśród tych Rosjan, których zeznania w lutym i marcu 1943 roku pozwoliły Niemcom zlokalizować mogiły katyńskie i ustalić czas dokonania masowego mordu. Pierwszy wskazał groby siedemdziesięciotrzyletni kołchoźnik Parfienij Kozłow*. Rok później został aresztowany przez NKWD, odwołał zeznania, a następnie zaginął. (Mieszkańcy okolic Katynia zostali wysiedleni, a na ich miejsce przywieziono innych ludzi. Andrejew, leśniczy z Katynia, został skazany na dwadzieścia

* Czesław Madajczyk, op. cit., s. 8. Wg innych autorów pierwszeństwo należy się palaczowi Parafianowi Kisielewowi.

pięć lat więzienia. Jego żonę również uwięziono, podobnie jak dwóch żołnierzy z kordonu strzegącego lasu – Magiszewa i Medżidowa*.) Kriwoziercow był rozumniejszy – jeszcze latem 1943 roku wraz z matką i małą siostrzenicą uciekł przed zbliżającą się Armią Czerwoną. W czerwcu 1945 roku zgłosił się do polskich władz wojskowych w Niemczech i złożył zeznania. Według pisarza i publicysty Józefa Mackiewicza brytyjskie władze okupacyjne nie okazały zainteresowania jego wiedzą, natomiast Janusz K. Zawodny twierdzi, że brytyjski wywiad go przesłuchał (wersja Mackiewicza jest udokumentowana). Zaproponował Amerykanom, że będzie świadczył w procesie norymberskim, lecz oni, zamiast przyjąć jego ofertę, zagrozili, że wydadzą go władzom radzieckim. Następnie wyjechał do Włoch, gdzie w Anconie złożył pełną relację (jako „*obscure and anonymous witness*") Mackiewiczowi, któremu posłużyła ona za kanwę książki *The Katyn Wood Murders*, opublikowanej 29 czerwca 1951 roku. Jesienią 1946 roku Kriwoziercow przeniósł się do Wielkiej Brytanii i z obawy, by nie wytropili go radzieccy agenci, zmienił nazwisko na Michał Łoboda. Stale towarzyszył mu serdeczny przyjaciel, marynarz Jan Chomiuk (Rosjanin?). Obaj przebywali najpierw w obozie dla uchodźców wojennych w West Chiltington w hrabstwie Sussex, a następnie w obozie Stowell Park Hostel w hrabstwie Gloucester. Żyjący w ubóstwie Kriwoziercow, prosty rosyjski chłop, wyobrażał sobie, że na sprzedaży swojej tajemnicy „amerykań-

* Swiatosław Karawanski, ukraiński dysydent, który w 1967 r. spotkał Andrejewa w więzieniu we Władimirze, wywiad dla Tadeusza Mieleszki z Sekcji Polskiej Radia Wolna Europa, w: „Orzeł Biały", nr 185, Londyn, styczeń 1980, za: A. L. Szcześniak, *Katyń. Relacje, wspomnienia, publicystyka*, op. cit., s. 243–245.

skim agentom" mógłby się wzbogacić. Zwierzał się z tego pomysłu Chomiukowi, w okolicznych barach przechwalał się, że posiadł ważną tajemnicę. W październiku 1947 roku przeniesiono go do obozu Easton-in-Gordano w hrabstwie Somerset. Wkrótce potem przepadł jak kamień w wodę, a o przyczynie jego zniknięcia zaczęły krążyć różne plotki. Chomiuk, który zamieszkał w Bristolu, także się zdematerializował. Przyczynę śmierci Kriwoziercowa poznał Mackiewicz dopiero w marcu 1952 roku, dzięki pośrednictwu i interwencji pewnego brytyjskiego parlamentarzysty: „30 października 1947 r. ciało jego [Kriwoziercowa] znaleziono w jednym z sadów. Badania przeprowadzone 3 listopada 1947 r. w komisariacie policji w Flax Bourton, Somerset, stwierdziły, że zmarły popełnił samobójstwo przez powieszenie". Według Zawodnego „Wielu Polaków i Anglików, którzy znali Kriwoziercowa, nie chciało dać wiary tej oficjalnej wersji"*. Także Czesław Madajczyk zwraca uwagę na „dziwne okoliczności" śmierci Kriwoziercowa.

W latach 1945–1946 na norymberskim procesie głównych hitlerowskich zbrodniarzy wojennych Związek Radziecki poniósł prawną, polityczną i propagandową klęskę w sprawie katyńskiej. Radziecki prokurator, opierając się wyłącznie na raporcie fasadowej komisji Nikołaja Burdenki z 24 stycznia 1944 roku, oskarżył Niemców** o zamordowanie latem 1941 roku 11 tysięcy polskich jeńców wojennych

* J. K. Zawodny, *Katyń*, op. cit., s. 103.

** Z relacji jednego z polskich korespondentów na procesie norymberskim, Eryka Lipińskiego, może wynikać, że Sowieci do ostatniej chwili nie byli zdecydowani, czy sprawę zbrodni katyńskiej wnieść pod osąd trybunału. „Na początku procesu dostaliśmy gruby plik kartek, na których były wymienione wszystkie zbrodnie hitlerowskie. Bardzo szczegółowo wymieniano nawet zabicie jednej osoby, ale

(! – Niemcy zawyżyli, choć niedostatecznie, liczbę zwłok w mogiłach katyńskich, ponieważ byli przekonani, że znajdują się w nich jeńcy nie tylko z Kozielska, lecz również ze Starobielska i Ostaszkowa. Teraz strona radziecka zrobiła to samo, ponieważ miała nadzieję, że dzięki temu nikt nigdy się już nie upomni o polskich jeńców z tych dwóch ostatnich obozów. Polacy, którzy wiedzieli, ile zwłok odkopano w Katyniu, jeszcze kilkanaście lat później, już po śmierci Stalina i dojściu do władzy Nikity S. Chruszczowa, wierzyli, że jeńcy ze Starobielska i Ostaszkowa wciąż żyją i powrócą do kraju). Radziecki prokurator bezpośrednią odpowiedzialnością za tę zbrodnię ludobójstwa obciążył 537. pułk inżynieryjny Wehrmachtu i jego dowódcę, pułkownika Friedricha Ahrensa. Ahrens – być może wbrew przekonaniu Sowietów – przeżył wojnę i ku zaskoczeniu trybunału zgłosił się dobrowolnie. Udowodnił, że jego 537. pułk nie był pierwszą jednostką niemiecką, która dotarła do Katynia (stacjonował tam 537. pułk łączności pod dowództwem pułkownika Alberta Bedenka), i że został jego dowódcą dopiero w listopadzie 1943 roku, a jego nazwisko nie brzmi Arnes, jak podawali Sowieci. Przesłuchania kolejnych świadków, porucznika Reinharda von Eichborna, pułkownika Bedenka i generała Eugena Oberhausera, także wykazały brak winy

---

o Katyniu nie było ani słowa. Zwróciłem się więc do prokuratora radzieckiego płk. Smirnowa (jak wiadomo, polscy prokuratorzy nie byli dopuszczeni do występowania w tym procesie i reprezentowali nas prokuratorzy ZSRR) z pytaniem, dlaczego w tym, tak dokładnym wykazie, nie została wymieniona zbrodnia katyńska, która przecież oficjalnie była przypisana Niemcom? Płk Smirnow nie zareagował na moje pytanie od razu. Popatrzył mi głęboko w oczy i po chwili odpowiedział: – «*Towariszcz lejtnant* (byłem w mundurze), *Katyń – eto drugoje dieło*»" (cyt. za: T. Pióro, *W lesie katyńskim*, „Polityka", nr 7, 18 lutego 1989).

Niemców. Nie chcąc powiększać swojej kompromitacji, radziecki prokurator zaprotestował przeciw przesłuchaniu kolejnego niemieckiego oficera, kapitana Böhmerta. Sprawdziła się przepowiednia Churchilla, wygłoszona 12 kwietnia 1945 roku podczas posiedzenia gabinetu wojennego: „Jeśli tylko dopuści się do sprawiedliwego procesu, pojawią się wszelkiego rodzaju komplikacje"*.

Po zeznaniach niemieckich oficerów wersja Kremla legła w gruzach. Jeden z obrońców głównych oskarżonych, doktor Hans Laternser, zapytał wówczas złośliwie: „Czy mogę zadać oskarżeniu pytanie, kto ma być odpowiedzialny w sprawie Katynia?" Sędzia Geoffrey Lawrence, szanowany za bezstronne prowadzenie rozpraw, usiłował ratować i tak już nadwerężoną reputację trybunału: „Proponuję nie odpowiadać na tego rodzaju pytania". Reputacji trybunału w tym wypadku nie sposób jednak było obronić, ponieważ złamana została zasada, że nikt nie może być sędzią we własnej sprawie, a przecież rząd radziecki tak czy inaczej był stroną – albo oskarżoną, albo poszkodowaną w wyniku fałszywego oskarżenia, albo oskarżającą; poza tym nie wysłuchano wszystkich zainteresowanych stron, w tym przede wszystkim polskiej (Sowieci nawet nie pozwolili, by marionetkowy rząd polski wniósł przeciwko Niemcom oskarżenie o zbrodnię katyńską; można by rzec, że Kreml oskarżył Niemców niemal wyłącznie o naruszenie jego czci). Ponadto moralne prawo Moskwy, nawet gdyby to Niemcy popełnili zbrodnię katyńską, do współosądzania zbrodni ludobójstwa było bardzo wątpliwe po tym, jak w latach trzydziestych Sta-

---

* www.nationalarchives.gov.uk/releases/2006/January/January1/warcrimes.htm.

lin z premedytacją uśmiercił prawdopodobnie ponad dziesięć milionów obywateli ZSRR podczas sztucznie wywołanego głodu na Ukrainie w latach 1932–1933* i kolejne miliony w wyniku masowych „czystek", poczynając od 1936 roku**. Ponadto, chociaż sędziowie trybunału norymberskiego (z niewielkimi wyjątkami) wykonywali swoje obowiązki, zachowując bezstronność, to z formalnego punktu widzenia byłoby lepiej, gdyby na ich miejscach zasiadali prawnicy z państw neutralnych.

---

* Robert Conquest, *Harvest of Sorrow: Soviet Collectivization of Agriculture and the Terror Famine*, University of Alberta Press, Edmonton 1986. Conquest oblicza, że w latach 1932–1933 w całym Związku Radzieckim zostało zagłodzonych na śmierć ponad 10 mln osób, z tego 7 mln na Ukrainie. W 1997 r. Stéphane Courtois oszacował łączną liczbę śmiertelnych ofiar reżimu stalinowskiego na 20 mln (S. Courtois, Nicolas Werth, Jean-Louis Panné, Andrzej Paczkowski, Karel Bartosek, Jean-Louis Margolin, *Czarna księga komunizmu. Zbrodnie, terror, prześladowania*, Prószyński i S-ka, Warszawa 1999).

Historia stalinowskiego Gułagu, opublikowana w 1995 r. przez Rosyjską Fundację Społeczną Aleksandra Sołżenicyna, Stowarzyszenie Memoriał i rosyjskich archiwistów, podaje, że „W stalinowskim Związku Radzieckim wydano ok. 52 milionów wyroków w sprawach politycznych, rozstrzelano milion ludzi, a 6 mln zesłano do łagrów bez wyroków sądowych. [...] Autorzy [...] obliczyli liczbę egzekucji, ale nie zajmowali się szacunkami ofiar głodu, chorób i pracy ponad siły w gułagach" („Gazeta Wyborcza", 31 października–1 listopada 1995, s. 10).

** Dr Marek Edelman, ostatni dowódca powstania w getcie warszawskim, w 1992 r. uznał za konieczne powołanie trybunału – radzieckiego lub międzynarodowego – do osądzenia zbrodni katyńskiej. W 1999 r. prof. Witold Kulesza, dyr. Komisji Ścigania Zbrodni przeciwko Narodowi Polskiemu, również wezwał do przeprowadzenia „Norymbergi nad komunizmem".

„Bez moralnej Norymbergi nad Związkiem Sowieckim wszelka próba oceny II wojny światowej nie ma sensu. Bez osądzenia – choćby historycznego – zbrodni sowieckich, także po 1941 roku, dyskusja o wojnie jest zakłamana. Wyczyny Armii Czerwonej, zwłaszcza w Prusach Wschodnich, są przerażające. To ludobójstwo. I Niemcy mają powód, żeby je przypominać". Prof. Paweł Wieczorkiewicz, wywiad w: „Nowe Państwo", 6 maja 2005.

Zbrodnia katyńska, obecna w akcie oskarżenia, nie pojawiła się w sentencji wyroku trybunału norymberskiego. Sowieci nie zaprotestowali.

Trybunał powołano do ścigania i karania zbrodni popełnionych przez Niemców, zbrodnie radzieckie nie podlegały jego jurysdykcji. W swoich pamiętnikach Winston Churchill napisał, że „Zainteresowane zwycięskie rządy zdecydowały, że sprawa ta [zbrodni katyńskiej] powinna być pominięta, i zbrodnia katyńska nigdy nie została dokładnie zbadana".

Od czasu procesu norymberskiego władze radzieckie kwalifikowały mord w lesie katyńskim jako zbrodnię przeciw ludzkości (choć właściwiej byłoby go zakwalifikować jako zbrodnię wojenną, ponieważ w większości – wliczając jeńców dwóch pozostałych obozów oraz część więźniów zgładzonych na Ukrainie i Białorusi – dotyczył członków sił zbrojnych obcego państwa, czyli kombatantów*). Obstawały przy tej opinii nawet po 13 kwietnia 1990 roku, gdy przyznały się do winy, a po rozpadzie Związku Radzieckiego stanowisko to podtrzymała Rosja za prezydentury Borysa Jelcyna. Dopiero podczas drugiej kadencji prezydenckiej Władimira Putina, rozpoczętej w 2004 roku, Kreml zmienił zdanie i rosyjska Prokuratura Generalna oznajmiła polskiemu Instytutowi Pamięci Narodowej, że odtąd nie uznaje masowego mordu w Katyniu za zbrodnię przeciw ludzkości, która – zgodnie z prawem międzynarodowym publicznym – nie podlega przedawnieniu.

---

* W języku polskim termin „kombatant", oznaczający w prawie międzynarodowym publicznym członka sił zbrojnych, który bierze czynny udział w walce, jest niemal wyłącznie utożsamiany ze słowem „weteran", niestety także przez autorów niektórych słowników.

ROZDZIAŁ 6

Od Stalina do Putina

Raport fasadowej „Komisji specjalnej do ustalenia i zbadania okoliczności rozstrzelania przez niemieckich najeźdźców faszystowskich w lesie katyńskim jeńców wojennych – oficerów polskich" był jedynym dokumentem, na którym od początku 1944 roku władze radzieckie opierały swoją wersję zbrodni katyńskiej. Jak widać już z samej nazwy komisji, teza jej raportu, sporządzonego oczywiście przez NKWD, była przesądzona, zanim jeszcze komisja przybyła do Katynia. Zresztą sam akademik Nikołaj Burdenko, przewodniczący komisji, chirurg i osobisty lekarz Stalina, niedługo przed śmiercią w 1946 roku wyznał B. Olszanskiemu, synowi zmarłego w 1929 roku przyjaciela (też lekarza), że masakry w lesie katyńskim dokonano na rozkaz Kremla. „Musieliśmy zupełnie zaprzeczyć szeroko znanemu oskarżeniu niemieckiemu. [...] Badanie było wyrywkowe i wszystkie zwłoki miały cztery lata [w 1944 roku]. Śmierć nastąpiła w 1940 roku (...). Prawdę mówiąc, dla mnie jako lekarza sprawa jest jasna i bezdyskusyjna. Nasi towarzysze z NKWD popełnili wielki błąd"*. Wypowiadając to ostatnie zdanie, Burdenko, człowiek wykształcony i uczciwy, bynaj-

* Za: J. K. Zawodny, op. cit., s. 131.

mniej nie komunista (urodzony w roku 1876, dopiero w 1939 roku wstąpił do partii), bezwiednie powtórzył cytowane już słowa Mierkułowa; jest to – jak również użycie zwrotu „towarzysze z NKWD" – świadectwem intelektualnej i semantycznej deprawacji umysłów w państwie totalitarnym.

Jak zauważył Czesław Madajczyk,

> Bardzo istotny jest także następujący fakt. Ponownie grzebanym, a zidentyfikowanym zwłokom członkowie Komisji Technicznej PCK zakładali metalowe tabliczki z numerami, którym odpowiadały opublikowane personalia*. Jeżeli radziecka Komisja Specjalna nie znalazła tych tabliczek, to nasuwa się zasadnicze pytanie, czy odkopała ona te same groby pomordowanych polskich oficerów.**

Może owych 925 zwłok (czy rzeczywiście tyle?) zbadanych przez komisję Burdenki należało do zamordowanych przez NKWD obywateli radzieckich?

Dziwne jest także, iż komisja nie zaprosiła ekspertów Międzynarodowego Czerwonego Krzyża, skoro jedynym argumentem strony radzieckiej przeciwko takiemu posunięciu w 1943 roku było twierdzenie, że pracowaliby oni pod niemieckim naciskiem. Czyżby Sowieci wiedzieli, że misje Czerwonego Krzyża nie poddają się żadnym naciskom, ani niemieckim, ani radzieckim?

Polscy komuniści przebywający w ZSRR w kwietniu 1943 roku, natychmiast po ogłoszeniu przez Niemców o odkryciu mogił katyńskich, przyjęli wspólny front z propagandą sowiecką. Niewątpliwie był to jeden z podstawowych czynni-

---

* Tabliczki z numerami otrzymywały wszystkie ofiary, również nie zidentyfikowane.

** C. Madajczyk, op. cit., s. 87.

ków, które utwierdziły Stalina w zamiarze zsowietyzowania Polski, ale bez włączania jej do ZSRR. Już w maju 1943 roku podpułkownik Zygmunt Berling, awansowany z tej okazji na generała, zaczął organizować 1. Dywizję Piechoty im. Tadeusza Kościuszki, której kadry – pod nadzorem radzieckich „doradców" – miały się stać po wojnie rdzeniem wojska polskiego i polskiej administracji. Żołnierzami tej dywizji zostali ci zesłańcy z lat 1940–1941, którym nie udało się w porę dotrzeć do armii generała Andersa lub nie zostali do niej przyjęci. Nie pozostało im nic innego, jak wykorzystać ostatnią, jak się wówczas wydawało, szansę wydostania się z ZSRR. Kiedy dywizja przybyła z Armią Czerwoną na wschodnie ziemie Rzeczypospolitej, okupowane przez Sowietów w latach 1939–1941, a teraz ponownie, wśród żołnierzy, którzy łudzili się, że odzyskają rodzinne domy, zaczęły się ciche bunty, z trudem uśmierzane przez oficerów politycznych i partyjnych agitatorów.

Nieszczęściem żołnierzy Berlinga było też to, że w powszechnej opinii Polaków zostali uznani za janczarów Stalina, czemu niewątpliwie sprzyjało wykorzystanie 1. Armii w celach politycznych i propagandowych. W gruncie rzeczy wzięła ona udział jedynie w trzech operacjach: bitwie pod Lenino – gdzie niedostatecznie wyszkolona 1. Dywizja Piechoty wskutek błędów radzieckich dowódców wyższego szczebla atakująca pozycje niemieckie bez przygotowania straciła jedną czwartą stanu – przełamaniu Wału Pomorskiego i operacji berlińskiej.

Sześć dni po opublikowaniu raportu komisji Burdenki, 30 stycznia 1944 roku, delegacja polskiej dywizji została przywieziona do Katynia. Był w niej między innymi młody podporucznik Tadeusz Pióro*, którego ojciec, pułkownik lekarz, zginął w Charkowie, i który po latach wspominał:

> Kierowani przez regulujących ruch żołnierzy NKWD dojechaliśmy tam ze Smoleńska szeroką bitą drogą, która doprowadziła nas na skraj młodego lasku. Wysiedliśmy. Pieszo doszliśmy do niewielkiej polany, na której widniała świeżo usypana olbrzymia mogiła z ułożonym na pokrywającym ją śniegu orłem i napisem z szyszek: „Cześć poległym! 1941". Pośrodku stał wielki krzyż drewniany. [...] Była msza żałobna, potem kilka przemówień. W czasie mszy zacząłem spacerować po otaczającym mogiłę lasku, gdzieniegdzie walały się jeszcze wgniecione w mech pod warstwą śniegu pordzewiałe orzełki, przegniłe resztki czapek z rdzawymi postrzępionymi plamami w tylnej części otoków (do jeńców strzelano w potylicę) i jakieś kawałki sznurów i drutów. Przyszła mi do głowy myśl, aby podejść do najbliższej wioski i od jej mieszkańców dowiedzieć się czegoś więcej o wydarzeniach w Kosogórach. Okazało się to jednak niemożliwe: na wszystkich wyjściach z lasu stały posterunki NKWD [...].**

---

* T. Pióro, absolwent Akademii Sztabu Generalnego w Moskwie (1950), w latach 1956–1958 przedstawiciel Sztabu Generalnego WP w Naczelnym Dowództwie Układu Warszawskiego, awansowany na generała w 1957 r., w latach 1959–1964 szef sztabu Okręgu Pomorskiego, następnie zastępca komendanta Akademii Sztabu Generalnego ds. nauki. „Gen. Tadeusz Pióro został usunięty przez gen. Jaruzelskiego z wojska [i zdegradowany do szeregowca] po decyzji Centralnej Komisji Kontroli Partyjnej wydalającej go z szeregów PZPR pod zmyślonym przez SB lub WSW zarzutem, iż ukrył przed Partią swe żydowskie pochodzenie. Gen. Bończa-Pióro, który pochodził (podobnie jak gen. Jaruzelski) z rodziny ziemiańskiej i też trafił do LWP jako ochotnik w Rosji, był z racji swego niewłaściwego pochodzenia społecznego szykanowany przez Informację Wojskową w czasach stalinowskich. W 1968 roku został nieoczekiwanie oskarżony o to, że nazywa się naprawdę Feder, i za to wyrzucony z PZPR, a następnie z LWP. Historia jak u Franza Kafki" (Antoni Zambrowski, *Miedziane czoło towarzysza generała*, http://www.asme.pl/110366367367243.shtml). W latach 90. gen. Piórze przywrócono stopień wojskowy.

** Tadeusz Pióro, *W lesie katyńskim*, „Polityka", nr 7, 18 lutego 1989.

„Tego samego dnia Pióro dowiedział się, że ludność okolicznych wsi została wysiedlona w 1943 roku, a jej miejsce zajęli przybysze z odległych rejonów. Po powrocie do jednostki odmówił napisania obiecanego wcześniej artykułu do gazetki frontowej o niemieckiej zbrodni w Katyniu. Przełożeni nie pytali dlaczego"*. Tadeusz Pióro był jednym z niezliczonych żołnierzy armii generała Berlinga (a także późniejszych członków PZPR do czasu rozwiązania tej partii w styczniu 1990 roku), którzy nigdy nie mieli złudzeń zarówno co do zbrodni katyńskiej, jak i charakteru stosunków polsko-radzieckich. Zakłamanie mordu katyńskiego stało się fundamentem zależnego od ZSRR państwa polskiego i oficjalnych relacji między oboma krajami, choć Kreml zdawał sobie sprawę, że niewielu jest w Polsce ludzi, także we władzach państwowych i partyjnych, na których rzeczywiście może liczyć. Stosunkowo najwięcej było ich do połowy lat pięćdziesiątych, a zarazem właśnie w tym okresie byli oni bezpośrednio wspierani przez licznych obywateli radzieckich, zwłaszcza w wojsku i służbie bezpieczeństwa.

W 1945 roku Henryk Świątkowski, minister sprawiedliwości w zdominowanym przez komunistów Tymczasowym Rządzie Jedności Narodowej, polecił wszcząć śledztwo w sprawie zamordowania polskich oficerów w Katyniu. Władze spodziewały się, że wykaże ono winę Niemców. Nadzorował je prokurator Jerzy Sawicki, a bezpośrednio poprowadził doktor Roman Martini, prokurator z Krakowa.

Wybór Martiniego nie był przypadkowy. Jako były jeniec oflagu był święcie przekonany, że zbrodni katyńskiej

* Piotr Osęka, *Kłamstwo specjalnego znaczenia*, „Gazeta Wyborcza" – „Katyń", 16 września 2007, s. 6.

są winni Niemcy. Z tym nastawieniem rozpoczął śledztwo, spodziewając się, że potwierdzi ono wersję radziecką. Rezultatem dochodzenia miało być postawienie przed sądem Polaków, którzy poświadczyli – choć nie przed Niemcami – winę sowiecką, między innymi pisarzy Ferdynanda Goetla, przed wojną prezesa Związku Literatów Polskich, oraz Józefa Mackiewicza, a także dziennikarzy Emila Skiwskiego, który rzeczywiście był niemieckim kolaborantem (za tymi trzema osobami wysłano listy gończe)*, i Władysława Kaweckiego**, pracującego podczas okupacji w niemieckiej polskojęzycznej gazecie „Goniec Krakowski". (W styczniu 1945 roku, już kilka dni po zajęciu Krakowa przez armię radziecką, NKWD aresztował w tym mieście warszawianina doktora Hieronima Bartoszewskiego, który był jeden dzień w Katyniu z delegacją PCK. Świadczy to, jak doskonale Sowieci znali losy świadków ekshumacji z 1943 roku i jak zaciekle ich tropili. W lutym 1945 roku NKWD aresztował w Krakowie doktora Jana Robla***. Został on zwolniony

* W czerwcu 1945 r. Goetel podpisał oświadczenie, że twierdził, iż to Sowieci popełnili zbrodnię katyńską, zmuszony przez Niemców. Po ucieczce z Polski odwołał to oświadczenie.

** Podczas przesłuchania przed komisją Kongresu Kawecki zeznał, że w 1947 r. adiutant attaché wojskowego polskiej ambasady w Rzymie odnalazł go na zapadłej włoskiej wsi i usiłował przekupstwem skłonić do podpisania deklaracji odwołującej jego wielokrotnie wygłaszany publicznie pogląd, że to Sowieci wymordowali polskich oficerów w Katyniu. J. Czapski w liście do J. K. Zawodnego z 15 marca 1971 r. uznał to zeznanie za „podejrzane". (J. K. Zawodny, *Katyń*, op. cit., s. 300).

*** Materiały znalezione w mogiłach katyńskich przez Komisję Techniczną PCK zapakowano do kopert i w 9 skrzyniach o wymiarach ok. 2 × 0,75 × 0,75 m i jednej małej, zawierającej 22 pamiętniki jeńców, przewieziono do Oddziału Chemicznego Państwowego Instytutu Medycyny Sądowej i Kryminalistyki w Krakowie. Tam, pod okiem Niemców, materiały te badał – w o wiele szerszym zakresie, niż chcieli Niemcy – polski zespół dr. Jana Robla. Do czasu ewakuacji materiałów z aresztu po dwóch lub trzech miesiącach. W sierpniu polski sędzia Karol Szwarc przesłuchiwał doktora Adama Szebestę, który miesiąc wcześniej próbował odnaleźć skrzynie, w których Niemcy umieścili dowody wydobyte z katyńskich dołów śmierci. Szebesta, oficer AK i zastępca pełnomocnika

---

zdążono zbadać 285 kopert, na podstawie których zidentyfikowano 266 osób. Każdy pamiętnik skopiowano w 4 egzemplarzach. Oficjalne protokoły ekspertyz przekazano Niemcom, ale dr Robel sporządził co najmniej dwa komplety duplikatów. Oba ocalały. Od marca do maja 1945 r. NKWD więził w Krakowie Robla i troje jego współpracowników, ale nikt nie wydał miejsca ukrycia dokumentów.

W sierpniu 1944 r. 14 (lub 16) skrzyń ze znaleziskami i ekspertyzami zespołu Robla wbrew rozkazowi H. Himmlera, aby je zniszczyć, wywiózł do Wrocławia niemiecki szef IMS, dr Werner Beck, były asystent prof. Buhtza. „Beck zeznał w 1950 r. w Hamburgu Amerykanom, że 22 stycznia 1945 r. przyjechał do Wrocławia, zabrał skrzynie i postanowił przekazać je Międzynarodowemu Czerwonemu Krzyżowi lub wojskom USA. Jednak z obawy, aby depozyt nie wpadł w ręce tropiących go Rosjan, został spalony na dworcu kolejowym w Radebeul pod Dreznem", tuż przed wkroczeniem tam Sowietów i podporządkowanej im 2. Armii Wojska Polskiego (Jerzy Antczak, *Powrót siedmiu oficerów*, „Tygodnik Powszechny", nr 17, 27 kwietnia 2003). Radziecki kontrwywiad wojskowy cały czas tropił transport wiozący te skrzynie. Prawdopodobnie udało mu się „odzyskać" jedynie część „depozytu katyńskiego", w postaci fotografii zwłok polskich oficerów i pewnej liczby ich mundurów, które to materiały podobno widział w maju 1945 r. w pomieszczeniach Wydziału Lekarskiego polski lekarz, były jeniec niemiecki. Albo był to „prywatny zbiór" dr. Becka, albo nie zdążył on spakować wszystkich materiałów wywiezionych z Krakowa, które badał jeszcze przez pewien czas we Wrocławiu.

Jak podaje J. K. Zawodny (ibidem, dok. nr 8, s. 272), 29 marca 1957 r. w Princeton były premier Stanisław Mikołajczyk powiedział: „Jednej z tych dziewięciu skrzyń [z materiałami z grobów katyńskich – uzup. J. K. Zawodny] nie spalono w Niemczech. Amerykanie ją mają. Wiem z bardzo dobrego źródła". Jeśli nawet to prawda, to Mikołajczyk mylił się co do liczby skrzyń: jak wyżej napisano, od sierpnia 1944 r. było ich 14 lub 16.

W latach 50. ówczesny Instytut Ekspertyz Sądowych w Krakowie przeniósł się do innego budynku. Wtedy to woźny Stanisław Grygiel na polecenie dr. Robla ukrył za belką stropową nowej siedziby paczkę z dokumentami. W kwietniu 1991 r., podczas remontu robotnicy odkryli tę paczkę. Ostatecznie trafiła ona do archiwum IES (http://www.ipn.gov.pl/wai.php?serwis=pl&dzial=376&id=960).

Zarządu Głównego PCK na okręg krakowski, który z racji tej drugiej funkcji pojechał w 1943 roku do Katynia, był później więziony przez dwa miesiące i w 1952 roku w wywiadzie dla „Dziennika Zachodniego" powiedział, że polskich oficerów zabili w Katyniu Niemcy. Były sekretarz generalny PCK Kazimierz Skarżyński, którego trzykrotnie, 26 i 29 czerwca oraz 2 lipca 1945 roku, przesłuchiwał sędzia Szwarc*, 10 maja 1946 roku uciekł z Polski, jak później Goetel, Skiwski i doktor Marian Wodziński, szef Komisji Lekarskiej PCK w Katyniu.) Jednocześnie usiłowano wpłynąć na polskich wizytatorów Katynia, aby odwołali swoje wcześniejsze opinie, jako rzekomo wyrażone pod naciskiem Niemców. Udało się „przekonać" Goetla (chwilowo), krakowskiego księdza kanonika Stanisława Jasińskiego, Edmunda Seyfrieda, byłego prezesa Rady Głównej Opiekuńczej, a po kilku latach doktora Szebestę. W późniejszych latach skazano na kary więzienia kilkanaście osób, które zawiezione przez Niemców do Katynia w 1943 roku uwierzyły w winę Sowietów** i głosiły ją publicz-

---

* Andrzej Przewoźnik, *Nieznany bohater. Kazimierz Skarżyński: człowiek, który pierwszy opowiedział Polakom o Katyniu*, „Tygodnik Powszechny", 22 września 2007. W prywatnej rozmowie ze Skarżyńskim sędzia Szwarc stwierdził, że świadek przekonał go co do winy Sowietów, chociaż podczas tych przesłuchań Skarżyński starał się zminimalizować rolę Komisji Technicznej i Komisji Lekarskiej PCK w badaniu zwłok polskich oficerów w Katyniu, a przede wszystkim podkreślał te elementy dowodowe i poszlakowe, które mogłyby być interpretowane na korzyść Sowietów. W żadnej mierze nie odwołał opinii, że zbrodnię katyńską popełnili Sowieci. W grudniu 1945 r. w uzupełnieniu do swojego raportu z czerwca 1943 r. opisał los sprawy katyńskiej w poprzednich dwóch latach. We wrześniu 1946 r. złożył dodatkowe oświadczenie przed Polskim Sądem Polowym w Londynie, dotyczące losów Polaków pracujących nad tą sprawą w czasie niemieckiej okupacji, uzupełniające jego raport z czerwca 1943 r. (J. K. Zawodny, ibidem, dok. nr 6, s. 249–257).

** Postawa władz niemieckich w poprzednich latach była wobec takich osób ambiwalentna. Z jednej strony dr Helge Tramsen, członek międzynarodowej konie; między innymi w 1950 roku łódzki sąd skazał na sześć lat więzienia Hieronima Majewskiego, a sąd w Rzeszowie wydał wyrok dwóch lat więzienia na Mikołaja Marczyka.

Do niedawna w literaturze przedmiotu dominowała następująca wersja śledztwa prowadzonego przez prokuratora Martiniego.

Martini, dopuszczony przez Sowietów do ich archiwów, znalazł w stolicy Białorusi raport kierownika mińskiego zarządu NKWD, Tartakowa, datowany 10 czerwca 1940 roku, z którego jasno wynikało, że jeńcy ze Starobielska i Ostaszkowa – w przeciwieństwie do tych z Kozielska – nie zostali skierowani w okolice Katynia, zatem zarówno niemieckie, jak i radzieckie szacunki podające liczbę zwłok znalezionych w Katyniu były zawyżone. Z tego z kolei logicznie wynikało, że prócz lasu katyńskiego na terenie ZSRR muszą być jesz-

misji patologów, który podobnie jak pozostali lekarze odmówił publicznego wypowiadania się na temat winy którejkolwiek strony za zbrodnię katyńską, został przez Niemców zwolniony z aresztu, gdzie znalazł się po dużej wpadce duńskiego ruchu oporu, którego był członkiem. Z drugiej strony Władysław Herz, były poseł na Sejm w latach 1919 1927, w latach 1940–1943 więzień obozu w Dachau, a następnie robotnik w poznańskich zakładach Centra, który w 1943 r. znalazł się wśród osób zmuszonych przez Niemców do obejrzenia katyńskich dołów śmierci, wkrótce potem – w odwecie za odmowę wzięcia udziału w propagandowym wiecu na temat Katynia w Gnieźnie – został uwięziony w obozie Gross-Rosen, w którym zmarł 20 lipca 1944 r., co zostało potwierdzone przez Czerwony Krzyż, po pięciu latach poszukiwań, dopiero w 2007 r. (relacja wnuczki W. Herza, Danuty Jendryczki, i prawnuczki, Katarzyny Jendryczki, w: „Gazeta Wyborcza", 14 listopada 2007, s. 21). Być może Niemcy uznali, że świadectwo, jakie może w przyszłości złożyć Tramsen, będzie wartościowsze od ewentualnego zeznania Herza.

Kiedy Herz przebywał w Katyniu, do jego skrzynki pocztowej „ktoś dwukrotnie wrzucił koperty z napisanymi na maszynie anonimami: «Dni twoje są policzone». I z podpisem: «NKWD»". Mamy więc do czynienia z kolejnym świadectwem, jak daleko i głęboko sięgała infiltracja Kremla, a zarazem jak oczywiste było dla niego, na kim ciąży wina za zbrodnię katyńską.

cze inne miejsca, w których zostali zabici polscy jeńcy. To odkrycie zachwiało wiarą Martiniego w prawdomówność Sowietów. Ktoś jednak przewidział tę metamorfozę. Późnym wieczorem 10 marca 1946 roku do jego mieszkania w Krakowie przyszło dwoje młodych ludzi, szesnastoletnia Jolanta Słapianka oraz dwudziestoletni Stanisław Lubicz-Wróblewski, i zamordowało prokuratora. Oboje zostali schwytani, aresztowani i oskarżeni o zabójstwo, ale przed procesem w tajemniczy sposób zniknęli z aresztu.

Janusz K. Zawodny wyraził wątpliwość, czy historia z odnalezieniem przez Martiniego dokumentu Tartakowa jest autentyczna (J. Mackiewicz wręcz uznał go za falsyfikat*). Nie łączył on raportu Tartakowa z Martinim, sądząc, że dokument ten został odnaleziony dopiero w 1957 roku w RFN**, a wcześniej sfałszowali go Niemcy, by dodatkowo podeprzeć swą tezę, w którą Zawodny nie wątpił, o winie Sowietów. Dopiero Leszek Martini, syn zamordowanego prokuratora, ujawnił w 1989 roku, że to jego ojciec odnalazł ów dokument – w Mińsku, tuż po wojnie***. Raport ten znajdował się pierwotnie w archiwum mińskiego oddziału NKWD. Część tego archiwum przejęli Niemcy w 1941 roku i znalazło się ono w mińskim oddziale Gestapo. Z kolei archiwum mińskiego Gestapo jesienią 1943 roku przejęła Armia Czerwona. Do jego zbadania został dopuszczony prokurator Martini.

---

* J. Mackiewicz, *Tajemnice z Archiwum Mińskiego NKWD*, „Wiadomości", Londyn, 31 sierpnia 1975.

** Opublikowany w „7 Tage", 7 lipca 1957. Pierwszym, który uznał – w pierwszej połowie lat 70. – że raport Tartakowa jest autentyczny, był brytyjski historyk Louis FitzGibbon.

*** Leszek Martini, *Prawda o Katyniu w świetle dokumentu*, „Tygodnik Powszechny", nr 27, 1989.

Jednakże Józef Bratko, autor kilku książek na temat drugiej wojny światowej*, podważa powyższą wersję wydarzeń. Odnaleziona przez niego Jolanta Słapianka w rozmowie z 29 marca 2004 roku przyznała, że to ona była przyczyną śmierci Martiniego („To ja narozrabiałam"). Potwierdziła w ten sposób słowa Wróblewskiego wypowiedziane na procesie w czerwcu 1947 roku: „Zasadniczym motywem tego czynu była moja miłość do Jolanty Słapianki oraz zemsta za uwiedzenie jej". Zwolennicy wersji zabójstwa politycznego mogliby argumentować, że podanie przez oboje sprawców w 1947 roku takiego motywu zabójstwa miało na celu zademonstrowanie ich lojalności wobec ukrytych mocodawców, natomiast podtrzymanie tej wersji w 2004 roku mogło z kolei wynikać z chęci uniknięcia oskarżenia przez organy wolnej Polski o współpracę z NKWD.

Natomiast autorzy innej książki, zawierającej przeprowadzone przez nich wywiady dla Polskiego Radia**, opublikowali następującą wypowiedź wdowy po prokuratorze, Stanisławy Martini, udzieloną w październiku 1989 roku, tuż po opublikowaniu artykułu syna, Leszka Martiniego: „Do dzisiaj wiele osób twierdzi, że Roman zginął, bo podczas wyjazdu do Mińska czy Smoleńska odnalazł dokumenty oskarżające Rosjan. Nie słyszałam nigdy o podróży męża do Związku Radzieckiego. Nie wyjeżdżał po ślubie, a wcześniej znaliśmy się jakiś czas i nigdy nie było mowy o jego zagranicznych podróżach. Wspomniałby o tym bodaj słowem, wygadał się przy jakiejś okazji do mnie czy do kolegów". Tu

* M.in. Józef Bratko, *Dlaczego zginąłeś, prokuratorze?*, Kraków 1997.

** Stanisław M. Jankowski, Edward Miszczak, *Powrót do Katynia*, KAW, Rzeszów 1990.

z kolei zwolennicy teorii zabójstwa politycznego mogliby rezonować, że Martini mógł jednak zachować swój wyjazd do Mińska w tajemnicy przed żoną.

Trzeba również zaznaczyć, że o ile historycy podają w wątpliwość rzetelność publikacji Józefa Bratki, szczególnie przed 1989 rokiem, o tyle nie mają takich zastrzeżeń wobec Stanisława M. Jankowskiego i Edwarda Miszczaka, z których pierwszy jest zawodowym historykiem.

Niezależnie od tego, czy świadectwa obu kobiet są prawdziwe, rzeczywiście wydaje się mało prawdopodobne, aby NKWD pozwolił polskiemu prokuratorowi, nawet cieszącemu się największym zaufaniem władz w Warszawie, wejść do swoich archiwów, nawet jeśli chodziłoby o zbadanie dokumentów Gestapo. Jest też pewne, że przedstawioną wyżej wersję podróży Romana Martiniego do Mińska i odkrycia tam przezeń dokumentu Tartakowa rozpowszechnił na Zachodzie niejaki Mieczysław Gorączko, były agent Gestapo, tak skompromitowany, że w latach sześćdziesiątych polski wywiad cywilny nie chciał skorzystać z jego usług*. Warto byłoby ustalić, czy Leszek Martini dowiedział się o wyprawie ojca do Mińska od niego czy z zachodnich publikacji. Nie wydaje się jednak – i to jest najważniejsze – by dokument Tartakowa był falsyfikatem, niezależnie od tego, kto, gdzie i kiedy go znalazł.

Historyk Janusz Kurtyka poświęcił nieco uwagi zabójcy prokuratora. Stanisław Wróblewski, w 1944 roku żołnierz Armii Krajowej, w 1945 roku wstąpił do Milicji Obywatelskiej, a pod koniec tegoż roku został zwerbowany do antykomunistycznego Ruchu Oporu bez Wojny i Dywer-

* http://www.pamietamkatyn1940.pl/222.xml

sji „Wolność i Niezawisłość" (WiN), kontynuatora Armii Krajowej. Kurtyka przypuszczał, że werbunek był pozorny, a całą komórkę WiN, do której należał Wróblewski, „założył" Urząd Bezpieczeństwa Publicznego (UBP, potocznie UB); sądził też, że UB specjalnie nadał rozgłos uczestnictwu Wróblewskiego w zamachu, aby uwiarygodnić go w środowiskach opozycyjnych wobec komunistów. W krakowskim więzieniu św. Michała Wróblewski został umieszczony w celi z nieczynnym przewodem kominowym zabezpieczonym... dyktą, którym uciekł. Wstąpił do antykomunistycznego oddziału partyzanckiego, wziął udział w kilku akcjach, a jego zadaniem było prawdopodobnie całkowite rozpracowanie oddziału i „podprowadzenie go na strzał" bezpieki. „I zaczął myśleć. Był dla UB chwilowo cennym agentem, ale jednocześnie został wmieszany w wydarzenia, które świadków mieć nie powinny. Zapewne zdawał sobie sprawę, że zetknięcie ze sprawą Katynia jest śmiercionośne i że nie przeżyje likwidacji oddziału", w którym był wtyczką bezpieki – pisał Kurtyka, opowiadając się za politycznym podłożem zabójstwa Martiniego. Wróblewski uciekł zatem do zachodniej Polski, „gdzie usiłował organizować podziemie – tylko w tych środowiskach był wtedy bezpieczny. Został ujęty w Legnicy w grudniu 1946 roku. Sądzono go w Krakowie z oskarżenia o zabójstwo Martiniego, bandytyzm i działalność przeciwko państwu. Wyrok mógł być tylko jeden: kara śmierci"*. Wróblewski został stracony 31 lipca 1947 roku.

---

* Janusz Kurtyka, *Katyń – Jeszcze jeden dokument*, „Tygodnik Powszechny", nr 30, 1989. J. Słapianka została skazana na 15 lat więzienia, lecz na wolność wyszła wcześniej, po nawiązaniu kontaktu z Urzędem Bezpieczeństwa.

Po niefortunnym doświadczeniu z prokuratorem Martinim władze nie próbowały już kontynuować kroków prawnych, by udowodnić, że to Niemcy zamordowali polskich oficerów będących w niewoli sowieckiej. W latach bezpośrednio po wojnie sprawa katyńska była jednak na tyle świeża i żywa w świadomości społecznej, że nie można jej było zbyć milczeniem. Powierzono ją zatem cenzurze prewencyjnej i propagandzie. Zadaniem tej pierwszej było niedopuszczenie, aby do gazet i radia przedostały się opinie sugerujące winę Sowietów. Natomiast propaganda z jednej strony forsowała stanowisko radzieckie, formalnie oparte wyłącznie na raporcie komisji Burdenki, z drugiej zaś usiłowała zdezawuować świadectwa Polaków, którzy zostali zawiezieni przez Niemców na lustrację katyńskich dołów śmierci. Szczególnie ostre ataki przeprowadzono na dwóch wybitnych pisarzy, Ferdynanda Goetla i Józefa Mackiewicza, a wszelkie ich dzieła – także nie związane ze sprawą katyńską – znalazły się na indeksie.

Trudno zliczyć wszystkie propagandowe publikacje przedstawiające sprawę katyńską w wersji sowieckiej, które ukazały się w Polsce w latach czterdziestych i pięćdziesiątych. Były ich setki, a może nawet tysiące. Największe natężenie ataku propagandowego przypadło na okres bezpośrednio przed i po zakończeniu wojny, a kolejnym apogeum był rok 1952, kiedy trwało śledztwo katyńskie przed komisją Kongresu Stanów Zjednoczonych. Później intensywność indoktrynacji znacznie osłabła.

Trzecią – po cenzurze i propagandzie – instancją komunistów w zwalczaniu prawdy o Katyniu były represje. Katyń ogłoszono jednym z miejsc, w których naziści popełnili zbrodnię ludobójstwa, jak w Auschwitz i na Majdanku, skutkiem czego negowanie niemieckiego sprawstwa zbrodni katyńskiej aparat represji kwalifikował jako postawę antynarodową.

Trudno obecnie stwierdzić, kiedy dokładnie członkowie wyższych szczebli struktury partyjno-rządowej w PRL zaczęli poufnie tłumaczyć szeregowym członkom partii, że polskich oficerów rozstrzelał w Katyniu NKWD w odwecie za bunt, jaki wzniecili oni rzekomo w obozie w Kozielsku. Dla słuchaczy, którzy nie wiedzieli o egzekucjach jeńców ze Starobielska i Ostaszkowa, mogło to brzmieć racjonalnie, w tych dwóch wypadkach nie wyjaśniało jednak ani nie usprawiedliwiało niczego. Przypuszczalnie ta wersja wydarzeń powstała dopiero po 1956 roku, kiedy Sowieci nie mieli już bezpośredniego wpływu niemal na wszystkie wewnętrzne sprawy w Polsce, w tym na zakres dozwolonych dyskusji w partii.

Wcześniej jednak, w latach 1945–1946, przeprowadzili wielką i krwawą akcję związaną ze zbrodnią katyńską. 4 lipca 1946 roku – w trzecią rocznicę zamachu na generała Sikorskiego w Gibraltarze oraz w dniu, w którym przed trybunałem norymberskim zaczęto przedstawiać dowody nie potwierdzające winy Niemców w sprawie zbrodni katyńskiej, a także pięć dni po sfałszowanym przez komunistów referendum w Polsce – w Kielcach doszło do pogromu ludności żydowskiej, w którym zginęły 42 osoby*.

Pogromy ocalałych z zagłady Żydów niestety nie były wówczas odosobnionym zjawiskiem ani w Polsce, ani w innych

* Podstawowa monografia: *Wokół pogromu kieleckiego*, red. Łukasz Kamiński i Jan Żaryn, wstęp Janusz Kurtyka, IPN–KŚZPNP, Warszawa 2006.

państwach europejskich*, a nawet w Libii**. Pierwsze większe rozruchy antyżydowskie w Polsce nastąpiły 11 sierpnia 1945 roku w Krakowie – zginęła w nich jedna osoba, a pięć zostało ciężko rannych. Ogółem w 1945 roku zabito mniej więcej czterystu Żydów, a w pierwszym kwartale następnego roku około pięćdziesięciu***. Część zginęła z wyroku WiN, jednak nie dlatego, że była Żydami, lecz funkcjonariuszami organów władzy i Urzędu Bezpieczeństwa****. Niektórzy Żydzi padli ofiarą zwykłych kryminalistów, nie zważających na ich narodowość czy wyznanie. Natomiast jeśli chodzi o pozostałe zamieszki, pojedyncze incydenty i pogromy, do głosu dochodziły zadawnione antagonizmy na tle ekonomicznym, zarówno między najuboższymi warstwami

* Antyżydowskie zamieszki wybuchły np. na Węgrzech w maju 1946 r., a w lipcu 1946 r. w Miszkolcu zginęło 5 Żydów. W kwietniu doszło do pogromu na Słowacji, a w samym Budapeszcie było ich cztery.

** 4 lipca 1945 r. nastąpiły antyżydowskie rozruchy w Trypolisie. Powtórzyły się one 2 listopada – zginęło wówczas ok. 140 Żydów. 6 stycznia 1946 r. w Zanzurze zamordowano ok. 150 osób tej narodowości, a w rejonie Trypolisu ok. 180 (http://www.izrael.badacz.org/historia/ocaleni.html).

*** David Engel, *Patterns of Anti-Jewish Violence in Poland 1944–1946*, Yad Vashem Studies, Jerusalem 1998, oraz Marek Jan Chodakiewicz, *After the Holocaust: Polish-Jewish Conflict in the Wake of World War II*, Boulder: East European Monographs, distributed by Columbia University Press, New York 2003, zgadzają się, że w latach 1945–1946 zginęło w Polsce od 500 do 600 Żydów. Sa to udokumentowane dane Ministerstwa Administracji Publicznej. Większość autorów przyjmuje jednak, że ofiar było od 1 do 1,5 tys., a najwyższe szacunki sięgają 2,5 tys.

**** Wcześniej, po wybuchu wojny niemiecko-radzieckiej i po wkroczeniu Wehrmachtu do byłej sowieckiej strefy okupacyjnej, zdarzały się wypadki odreagowania przez Polaków nienawiści wobec tych Żydów, którzy w 1939 r. radośnie witali Armię Czerwoną, a następnie wydawali NKWD polskich patriotów. Dochodziło do tego zwłaszcza w okręgu białostockim (m.in. pogrom w Jedwabnem) i dotknęło też wielu niewinnych. Jako akty zastosowania odpowiedzialności zbiorowej czyny te zasługują na bezwzględne potępienie.

obywateli polskich narodowości żydowskiej i polskiej, jak i w obrębie klasy średniej (konkurencja między kupcami, a także ludźmi wolnych zawodów – stąd od 1937 roku wziął się *numerus clausus* na niektórych wyższych uczelniach*). Polski antysemityzm różnił się zatem zarówno od nazistowskiego, dążącego do całkowitej zagłady Żydów, jak i od rosyjskiego, charakteryzującego się cyklicznymi, niezwykle krwawymi pogromami. W Polsce nie było niemieckiej „kryształowej nocy" 9/10 listopada 1939 roku, podczas której zginęło 91 osób (był to pierwszy w dziejach nowożytnej Europy – nie licząc Rosji – pogrom inspirowany przez władze); to niemieccy Żydzi uciekający przed nazistowskimi prześladowcami czekali w 1939 roku na granicznej stacji w Zbąszyniu na azyl w Rzeczypospolitej. Polacy nie zorganizowali też Zagłady ani pogromów w rodzaju odeskich z 1871 roku, kiedy to zginęło około 300 Żydów, czy w Kiszyniowie z 6 i 7 kwietnia 1903 roku, gdzie zamordowano ich 406**. Jednak na stary antagonizm nałożyła się sytuacja powojenna – wiele nieruchomości i dóbr ruchomych należących przed wojną do Żydów przejęli Polacy, których mienie zniszczyli bądź zagrabili Niemcy. Sądzili oni, że poprzedni właściciele zginęli w niemieckich obozach zagłady lub w ZSRR, i sami poczuwszy się właścicielami, nie potrafili zdobyć się na to, by zwrócić im ich majątek, tym bardziej że często chodziło po prostu o przeżycie. Sytuacja była tragiczna, gdyż

* W latach 50. *numerus clausus* w stosunku do Żydów obowiązywał nieformalnie na wielu uczelniach amerykańskich. Obecnie bywa stosowany wobec Azjatów.

** Po zamachu na Aleksandra II w 1881 r. w Rosji odnotowano 166 pogromów i innych aktów przemocy skierowanych przeciw Żydom, których fałszywie oskarżono o udział w tym zamachu.

obie strony, ciężko doświadczone w latach wojny, konkurowały o dobro, które mogło przypaść tylko jednej. I zwykle przypadało silniejszej, a Żydzi emigrowali. Zresztą wielekroć powodem emigracji była chęć porzucenia kraju, który stał się cmentarzem całej ich rodziny. Niezależnie od tego wielu Żydów od dawna zamierzało osiedlić się w Palestynie lub na Zachodzie.

Na oba konflikty o podłożu ekonomicznym nakładały się jeszcze dwa elementy. Pierwszym była nadreprezentacja Żydów w strukturach nowej władzy, zwłaszcza w budzącym postrach Urzędzie Bezpieczeństwa. We wszystkich warstwach społeczeństwa powodowało to niechęć i nieufność, a nawet nienawiść do Żydów, uważanych za bezpośrednich sprawców nowego zniewolenia Polski, czyli za wykonawców woli Kremla. Drugim elementem, występującym wśród najuboższych, słabo wykształconych warstw ludności polskiej, były absurdalne wyobrażenia na temat żydowskich zwyczajów, zwłaszcza mit mordu rytualnego. Niestety ludzie, którzy mogliby w tej sprawie zrobić najwięcej dobrego – chrześcijańscy duchowni – rzadko starali się wyprowadzić swe owieczki z błędu. Wystarczyło więc jedno napomknięcie o rzekomym mordzie rytualnym, aby natychmiast uwierzyło w to wielu ludzi.

Zapewne niewiele jest już osób, które wątpiłyby w sowiecką inspirację pogromu kieleckiego (tego samego dnia doszło też do pogromu w Rzeszowie). Wciąż nie wszystkie jego szczegóły są jasne i znane, jednak historycy badający tę sprawę po 1989 roku upewnili się co do trzech rzeczy: że w pogromie brali udział funkcjonariusze milicji, UBP oraz żołnierze, że w związku z pogromem władze kontaktowały się z radzieckimi „doradcami" (Polska Partia Robotnicza była mu przeciwna) oraz że wcześniej zorganizowano robotników, którzy wzięli udział w zaplanowanym pogromie. Ślady prowadzą do Łubianki. Na przełomie 1945 i 1946 roku przebywał w Kielcach Michaił Diomin, oficer NKWD, którego specjalnością było *mokroje dieło*, czyli mokra robota.

Cel pogromu kieleckiego stał się oczywisty już nazajutrz, gdy podległe Kremlowi władze w Warszawie nadały mu ogromny rozgłos, na który rzecz jasna zasługiwała tak wielka zbrodnia, ale czego nigdy wcześniej nie robiły. Sfałszowane referendum i sprawa katyńska w Norymberdze znalazły się na dalszych miejscach w prasie światowej. (Wiele innych pogromów w państwach satelickich ZSRR, w tym cztery w Budapeszcie, prawie wcale nie wzbudziło zainteresowania międzynarodowych mediów, co świadczy o tym, że zainspirowano je, by zwróciły szczególną uwagę na Kielce.) Następnie odbył się proces pokazowy, w którym skazano na śmierć również osoby najprawdopodobniej nie biorące udziału w pogromie. Europa i Ameryka dowiedziały się, że w Polsce popełniono masową zbrodnię na Żydach. W ten sposób zdezawuowano, skompromitowano i zohydzono Polaków w oczach Zachodu, aby przykryć i zagłuszyć prawdę o zbrodni katyńskiej i sfałszowanym referendum. Z racji wagi obu spraw można domniemywać, że pogrom kielecki był prowokacją, której nie przeprowadzono z dyskretnej inspiracji NKWD, lecz na twardo wydane polecenie*.

* Władcy Związku Radzieckiego czasem lubili korzystać z carskich wzorów. 25–27 sierpnia 1906 r. w należących wówczas do Rosji Siedlcach doszło do pogromu. Żydowski historyk I. Kaspi napisał w wydanej w Buenos Aires *Księdze pamięci gminy Siedlce*, opracowanej na podstawie odnalezionych raportów siedleckiej żan-

Problem polega na tym, że niestety znaleźli się Polacy, którzy dali się sprowokować do pogromu, chociaż w każdym społeczeństwie znalazłyby się osoby, które chętnie uwierzyłyby w pogłoskę o mordzie rytualnym na małym chłopcu, a taka właśnie pogłoska doprowadziła do tragedii. Nie usprawiedliwia to jednak nikogo. Jak powiedział Gustaw Herling-Grudziński, „Prowokacje udają się tylko wtedy, kiedy trafiają na podatny grunt. [...] Ci, którzy organizowali tę prowokację, prawdopodobnie wiedzieli, że trafią na bardzo podatny grunt"*.

Miesiąc po pogromie kieleckim, w sierpniu 1946 roku, Stalin rozpoczął walkę z żydowskim nacjonalizmem, przez co należało rozumieć walkę z językiem jidysz w literaturze i sztuce, a w nieco dalszej kolejności prześladowania – włącznie ze skrytobójstwami – działaczy organizacji syjonistycznych, a nawet byłych żydowskich partyzantów.

W październiku 1956 roku powrócił do władzy Władysław Gomułka, pod koniec lat czterdziestych usunięty ze wszystkich funkcji partyjnych i państwowych za „odchylenie prawicowo-nacjonalistyczne". Termin ten był eufemizmem sprzeciwu wobec bezkrytycznego kopiowania radzieckich

---

darmerii, że „«po raz pierwszy w dziejach carskiej Rosji oficjalnie zostało ustalone, że pogrom zorganizowany został bezpośrednio przez instancje władzy, a nie przez tłum, jak zazwyczaj opiewała oficjalna wersja o pogromach». Podczas pogromu straciło życie od 26 (oficjalne dane) do 100 (nieoficjalnie) Żydów, kilkudziesięciu odniosło rany, splądrowano ok. 40 sklepów i mieszkań. Kaspi zanotował też, że po pogromie ze wszystkich stron nadeszły wyrazy współczucia, a szczególnie ciepło odezwały się: polskie społeczeństwo i prasa" (Przemysław Maksymiuk, *Kiszyniów czy Siedlce*, „Rzeczpospolita", 29–30 grudnia 2001, s. D4).

* *Gustaw Herling-Grudziński. Chłopiec z Kielecczyzny*, nagrał i opracował Zdzisław Kudelski, „Rzeczpospolita", 27–28 lipca 2002, za: http://www.zwoje-scrolls.com/zwoje32t/text11p.htm.

wzorców ustrojowych i bezwarunkowego podporządkowania się dyrektywom Kremla. Gomułka był autentycznym komunistą, a jednak starał się bronić polskiej racji stanu, takiej, jak ją rozumiał. Z jednej strony dostrzegał słabość polskiego stanowiska w kwestii granicy polsko-niemieckiej, a z drugiej zdawał sobie sprawę, że w ówczesnym układzie sił w stosunkach międzynarodowych jedynym realnym gwarantem tej granicy jest Związek Radziecki. Stąd brały się permanentny antygermanizm i proradzieckość komunistycznej propagandy w Polsce. Z upływem lat narastały skutki błędów Gomułki w polityce wewnętrznej oraz jego skłonność do autorytarnych metod rządzenia, toteż tracił poparcie narodu i stawał się coraz bardziej zależny od Kremla, nie tylko w swojej polityce zagranicznej.

Tuż po powrocie na szczyt władzy w 1956 roku Gomułka cieszył się rzeczywistym poparciem bardzo dużej części, a być może nawet większości społeczeństwa. W przeważającej mierze wynikało to jednak z niezrozumienia przez Polaków politycznych priorytetów I sekretarza KC PZPR. Zwykli ludzie sądzili, że były więzień prezydenta Bolesława Bieruta, agenta NKWD niskiego szczebla, wyzbył się złudzeń co do komunizmu i będzie po prostu przywódcą narodu. Choć jednak Gomułka nie miał złudzeń co do stalinizmu i – szerzej – natury rosyjskiego ekspansjonizmu, chciał „zbudować socjalizm" w Polsce i wiedział, że musi bronić polskiej granicy zachodniej. Do jednego i drugiego potrzebował radzieckiego wsparcia, a było ono efektywne wyłącznie w sytuacji, gdy polskie społeczeństwo mniej lub bardziej chętnie godziło się z sowiecką dominacją. Wystrzegał się zatem wszystkiego, co mogło ją podważyć. „Władysław Gomułka był w 1956 roku kilkakrotnie na rozmaitych spotkaniach zapytywany o odpowiedzialność za Katyń. Udzielał zawsze takich samych odpowiedzi: sprawę badali Niemcy i znaleźli przekonujące dowody winy Związku Radzieckiego, potem badał ZSRR i znalazł przekonywające dowody winy Niemców. I jest jeszcze trzecie stanowisko: racja stanu Polski, która wymaga, żeby na ten temat milczeć"*.

W 1957 roku, podczas wizyty Gomułki w Moskwie, Nikita Chruszczow niespodziewanie zaproponował Gomułce, że następnego dnia, podczas „wiecu przyjaźni polsko-radzieckiej", ogłosi, że to rzeczywiście Stalin kazał zamordować polskich oficerów w Katyniu. Piotr Kostikow, wieloletni kierownik sektora polskiego w Wydziale Zagranicznym KC KPZR, tak zrelacjonował po latach inicjatywę nieco już pijanego Chruszczowa:

> „Dawaj, Wiesław, jutro powiemy o Katyniu, głośno i otwarcie. Wszystko zwalimy na Stalina. Tyle ma na sumieniu, to i to zniesie. (...) Zróbmy to raz i będzie spokój z całą tą okropną sprawą". W Gomułkę jakby grom strzelił. Odpowiedział zduszonym głosem: „Nie zdajecie sobie sprawy, jakie to echo może wywołać w naszym narodzie, jakie reakcje i nastroje, jak to może wpłynąć na stosunki polsko-radzieckie. To dla nas bardzo tragiczna sprawa, poważna, nie nadaje się do tego, aby o niej mówić na wiecach. To mogłoby spowodować reakcje łańcuchowe. Nie wystarczy zwalić na Stalina. Ludzie będą pytać o szczegóły. A gdzie leżą oficerowie? Wszyscy w Katyniu? Czy gdzieś jeszcze? Czy jesteście gotowi odpowiedzieć na wszystkie pytania rodzin? Nie? To, Nikito Siergiejewiczu, tej sprawy tak załatwić się nie da".**

---

* Andrzej Kaczyński, *Kłamstwo, milczenie, prawda. Zbrodnia Katyńska: Prawdy nie znał tylko ten, kto nie chciał*, „Rzeczpospolita", 12 kwietnia 2000.

** Piotr K. Kostikow, *Widziane z Kremla*, Polska Oficyna Wydawnicza BGW, Warszawa 1992, cyt. za: Piotr Osęka, *Kłamstwo specjalnego znaczenia*, op. cit., s. 7.

Gomułka częściowo miał słuszność. Wątpliwe, czy Chruszczow zdecydowałby się ujawnić zbrodnię katyńską w całym jej wymiarze, czyli powiedzieć Polakom również o masakrach polskich obywateli w Charkowie, Miednoje, Bykowni i (najprawdopodobniej) Kuropatach oraz w wielu innych, do tej pory nie znanych nam miejscach. Wydaje się jednak, że I sekretarz KC PZPR nie miał racji, uważając, że przyznanie się Sowietów do zbrodni byłoby zaskoczeniem dla rodzin pomordowanych, które nie miały wątpliwości, po czyjej stronie leżała wina za śmierć ich bliskich (choć z drugiej strony rodziny jeńców ze Starobielska i Ostaszkowa wciąż jeszcze się łudziły, że ich bliscy żyją, gdyż nie znalazły ich nazwisk na niemieckiej liście katyńskiej jeńców z Kozielska; po tym, jak 22 sierpnia 1955 roku ukazał się dekret Rady Najwyższej ZSRR o przekazaniu władzom polskim wszystkich obywateli polskich przebywających w Związku Radzieckim, do Polski zaczęły wracać tysiące łagierników, więźniów i osób przebywających na „wolnym osiedleniu"*). Ponadto Gomułka chyba przecenił wpływ dotychczasowej propagandy na całość polskiego społeczeństwa, które – zaledwie kilkanaście lat po wojnie – dobrze pamiętało odrębne komunikaty niemieckie i polskie (prasa podziemna), niezależnie od siebie obciążające odpowiedzialnością za zbrodnię Sowietów. W dodatku przypominała o tej zbrodni Rozgłośnia Polska Radia Wolna Europa, której słuchało wielu Polaków. Można przyjąć, że Gomułkę najbardziej przeraziła następująca wizja rozwoju sytuacji: Polacy uznają przyzna-

* 25 marca 1957 r. PRL i ZSRR zawarły porozumienie w sprawie repatriacji Polaków przetrzymywanych w Związku Radzieckim. Autor zna osoby, które powróciły dopiero w 1964 r.

nie się Kremla do winy za jego słabość, w kraju „podniesie głowę reakcja", panowanie komunistów zostanie zagrożone, w konsekwencji albo Polskę, jak Węgry w 1956 roku, czeka radziecka interwencja zbrojna, albo też utrata poparcia Moskwy dla powojennej granicy z Niemcami, czego Gomułka obawiał się najbardziej. Trzeba bowiem pamiętać, że był to jeszcze czas, gdy radziecka dyplomacja sondowała możliwość zjednoczenia Niemiec za cenę ich finlandyzacji, czyli neutralizacji przychylnej ZSRR, połączonej z nałożeniem na Niemcy znacznych ograniczeń w zakresie zbrojeń. Zachód oczywiście sprzeciwiał się tym zakusom, zdając sobie sprawę, że w razie ich powodzenia radzieckie dywizje pancerne będą mogły w dogodnej chwili w kilka godzin przejechać przez Niemcy do granicy francuskiej, „niosąc płomień rewolucji na Zachód", jak w 1920 roku wyraził się Michaił Tuchaczewski.

W konsekwencji Gomułka przyjął sposób postępowania, który tak usprawiedliwił w swoich pamiętnikach: „Bywają sytuacje, kiedy w imię najżywotniejszych interesów narodu nawet brudne kłamstwo należy przybierać w szaty prawdy. Tak miała się sprawa z Katyniem".

Tak czy inaczej, towarzysze radzieccy posłuchali Gomułki, dla którego propozycja Chruszczowa stała się impulsem do zmiany wewnętrznej strategii w sprawie katyńskiej. Od tej pory słowo „Katyń" zostało w Polsce objęte zapisem cenzury w prasie, radiu i telewizji (mogło się ukazywać wyłącznie w niskonakładowych publikacjach naukowych, rzecz jasna albo w kontekście „zbrodni niemieckiej", albo przynajmniej z podaniem fałszywego roku 1941). Ostatnią masową publikacją, w której ukazała się nazwa „Katyń", było wydanie *Małej encyklopedii powszechnej* PWN pod koniec lat pięćdziesiątych. Dopiero w latach siedemdziesiątych i osiemdziesiątych sprawa katyńska znów odżyła, tym razem w podziemnych publikacjach nielegalnej opozycji.

Także w Związku Radzieckim przystąpiono do częściowej „likwidacji" sprawy Katynia. 3 marca 1959 roku ówczesny przewodniczący KGB, Aleksandr Szelepin, wystosował odręczne pismo do Nikity Chruszczowa, do którego załączył odręczny projekt uchwały prezydium KC KPZR.

Ściśle tajne.

W Komitecie Bezpieczeństwa Państwowego przy Radzie Ministrów ZSRR od 1940 roku przechowywane są akta i inne materiały dotyczące rozstrzelanych w 1940 r. wziętych do niewoli i internowanych oficerów, żandarmów, policjantów, osadników, właścicieli ziemskich itp. osób z byłej Polski burżuazyjnej.

W sumie na podstawie decyzji nadzwyczajnej trójki NKWD ZSRR rozstrzelano 21 857 osób, z czego: w lesie katyńskim (obwód smoleński) 4421 osób, w obozie starobielskim (w pobliżu Charkowa) 3810 ludzi [błąd Szelepina, oczywiście ludzi tych nie rozstrzelano w obozie], w obozie Ostaszkowo (obwód kalininowski) 6311 ludzi [taki sam błąd]. 7305 osób rozstrzelano w innych obozach i więzieniach zachodniej Ukrainy i zachodniej Białorusi.

Cała operacja likwidowania wymienionych osób została przeprowadzona na podstawie decyzji KC KPZR z 5 marca 1940 roku [kolejny błąd: partia nosiła wtedy nazwę WKP(b), a decyzję podjęło Biuro Polityczne, a nie Komitet Centralny].

Od momentu przeprowadzenia wymienionej operacji, to jest od 1940 roku, żadnych informacji w tej sprawie nikomu nie udzielano i wszystkie akta [personalne rozstrzelanych] w liczbie 21 857 sztuk przechowywane są w opieczętowanym pomieszczeniu.

Dla organów władzy radzieckiej wszystkie te akta nie przedstawiają żadnej operacyjnej ani historycznej wartości. Jest też raczej wątpliwe, czy mogą mieć jakąś rzeczywistą wartość dla polskich przyjaciół.

Przeciwnie, jakakolwiek nieprzewidziana niedyskrecja może doprowadzić do zdekonspirowania przeprowadzonej operacji, ze wszystkimi szkodliwymi dla naszego państwa skutkami. Tym bardziej że w kwestii rozstrzelanych w lesie katyńskim istnieje oficjalna wersja, potwierdzona śledztwem, które z inicjatywy organów radzieckiej władzy w 1944 roku przeprowadziła komisja pod nazwą „Komisja specjalna powołana do ustalenia i zbadania faktu rozstrzelania przez faszystowsko-niemieckich okupantów w lesie katyńskim wziętych do niewoli polskich oficerów".

Zgodnie z wnioskami tej komisji wszyscy zlikwidowani tam Polacy uważani są za ofiary niemieckich okupantów. Materiały śledztwa były wówczas szeroko komentowane w radzieckiej i zagranicznej prasie. Wnioski komisji zapisały się na trwałe w pamięci międzynarodowej opinii publicznej. [podkr. T.A.K. – z wyjątkiem polskiej opinii publicznej]

W związku z tym, co zostało przytoczone powyżej, wydaje się celowe zniszczenie wszystkich akt personalnych osób rozstrzelanych w 1940 roku w trakcie realizacji wymienionej operacji.

Przewidując możliwość zaistnienia potrzeby informowania KC KPZR lub rządu radzieckiego, można pozostawić protokoły posiedzeń trójki NKWD ZSRR o wykonaniu decyzji trójek. Objętość tych dokumentów jest niewielka i można je przechowywać w specjalnej teczce.

Projekt uchwały [Prezydium] KC KPZR w załączeniu.

Przewodniczący Komitetu Bezpieczeństwa
Państwowego przy Radzie Ministrów ZSRR
Aleksandr Szelepin

Projekt
Ściśle tajne

Zezwolić Komitetowi Bezpieczeństwa Państwowego przy Radzie Ministrów ZSRR na zlikwidowanie wszystkich akt związanych z operacją przeprowadzoną na podstawie uchwały KC KPZR [ponownie podwójny błąd – j.w.] z dnia 5 marca 1940 roku, oprócz protokołów posiedzeń trójki NKWD ZSRR.*

Trudno przypuszczać, aby archiwum KGB cierpiało na brak miejsca, wypada zatem przyjąć, że argumentacja Szelepina była dość szczera. Albo z własnej inicjatywy, albo inspirowany przez niektórych towarzyszy, rzeczywiście obawiał się, że „jakakolwiek nieprzewidziana niedyskrecja może doprowadzić do zdekonspirowania przeprowadzonej operacji, ze wszystkimi szkodliwymi dla naszego państwa skutkami", a prawdopodobnie asumpt do takiej obawy dała zaskakująca nie tylko Gomułkę propozycja Chruszczowa. Dla większości wysoko postawionych radzieckich towarzyszy I sekretarz KC KPZR był w najlepszym razie enfant terrible, a w najgorszym – zagrożeniem dla pozycji Związku Radzieckiego i ich własnych. Dlatego też w październiku 1964 roku został pozbawiony wszelkich stanowisk w wyniku puczu na najwyższych piętrach sowieckiej nomenklatury partyjnej. Sam Szelepin zaś przypuszczalnie uważał, że przyznanie się do zbrodni katyńskiej najbardziej zaszkodzi nie tyle państwu, jak napisał, ile kierowanym przez niego organom bezpieczeństwa.

Podobnie jak notatka Berii została zaakceptowana przez Biuro Polityczne WKP(b), tak projekt uchwały KC KPZR, sformułowany przez Szelepina, również został wprowadzony w życie. Jak 21 kwietnia 1995 roku poinformował stronę polską szef Zarządu Zasobów Archiwalnych Federalnej Służby Bezpieczeństwa, generał Anatolij Krajuszkin, akta ka-

* Za tłumaczeniem w: „Gazeta Wyborcza", 16 października 1992, s. 4. Tamże reprodukcja uwierzytelnionej przez szefa archiwów rosyjskich, Rudolfa Pichoję, fotokopii projektu uchwały Prezydium KC KPZR.

tyńskie spalono na Łubiance na przełomie marca i kwietnia 1959 roku. Wbrew mniemaniu Szelepina, zniszczenie akt osobowych 21 857 ofiar zbrodni katyńskiej stało się z niepowetowaną szkodą dla historii, a akta te miały nieocenioną „wartość dla polskich przyjaciół". Nie jest jednak wykluczone, że zachowały się one na mikrofilmach, o czym dalej.

Dwa egzemplarze decyzji Biura Politycznego z 5 marca 1940 roku, protokół numer 13 z posiedzenia Biura Politycznego (strony 9 i 10), notatka Berii z 5 marca 1940 roku oraz list Szelepina z 3 marca 1959 roku wraz z załączonym projektem uchwały KC KPZR od 1970 roku stanowiły zawartość Teczki specjalnej numer 1 (*Osobaja papka nomier 1*) – najbardziej tajnej teczki, a właściwie koperty, tajnego archiwum kremlowskiego. Taka oto była największa tajemnica imperium radzieckiego i taka była waga zbrodni katyńskiej. Powinni o tym wiedzieć ci Rosjanie, których drażni rzekomo nadmierne eksponowanie tej sprawy przez Polaków. Nie chodzi o liczbę ofiar – rzeczywiście niewielką w stosunku do milionów radzieckich ofiar stalinizmu – lecz o to, że była ta największa jednorazowa zbrodnia wojenna w nowożytnej historii, na dodatek popełniona przez państwo, a nie przez dowódców wojskowych na polu walki lub tuż po ustaniu walk. I prawdopodobnie żadna podobna zbrodnia nie była przez tak długi czas okrywana ewidentnym kłamstwem. Żadna inna zbrodnia nie stała się też aktem założycielskim państwa sąsiadującego z państwem przestępcą.

Nadzieja wielu Polaków, że XXII Zjazd KPZR w 1961 roku doprowadzi do ujawnienia sprawy Katynia, nie mogła się ziścić. Od końca lat pięćdziesiątych prawie do końca lat osiemdziesiątych nad sprawą zbrodni katyńskiej zaległa iście cmentarna cisza. Jedynie w 1976 roku przerwała ją akcja polskich emigrantów w Londynie, związana z inicjatywą postawienia pomnika ofiar Katynia w Londynie, o której mowa w rozdziale piątym. Wzbudziła ona niezwykłe zaniepokojenie polskich władz, o czym świadczy następujący dokument radziecki z marca 1976 roku, autorstwa szefa KGB i dwóch sekretarzy KC KPZR:

Tajne

W ostatnim czasie imperialistyczne ośrodki dywersji ideologicznej, a szczególnie największe rozgłośnie zachodnie, wyjątkowo często powracają do tak zwanej sprawy katyńskiej w wiadomej goebbelsowskiej interpretacji.

Nie ustają próby wznoszenia „pomników ofiar Katynia" [cudzysłów zdaje się świadczyć, że według autorów dokumentu „ofiarom Hitlera" nie przysługiwało upamiętnienie] z napisami o antyradzieckiej treści (krótka informacja w załączeniu).

W związku ze zbliżającą się 35. rocznicą [w wersji sowieckiej zbrodnia dokonała się w 1941 roku] zbrodni niemieckich faszystów w katyńskim lesie ta prowokacyjna, antyradziecka kampania może się jeszcze nasilić.

Rozumiejąc niebezpieczeństwo i szkodliwość tej propagandy, polscy przyjaciele za pośrednictwem Ambasady ZSRR w PRL zwrócili się z propozycją przeprowadzenia wspólnych radziecko-polskich konsultacji w celu wypracowania ewentualnych wspólnych przeciwdziałań.

Wydział [Zagraniczny] KC KPZR, MSZ ZSRR i Komitet Bezpieczeństwa przy Radzie Ministrów ZSRR uważają za celowe pozytywnie potraktować życzenie polskich przyjaciół oraz podjąć odpowiednie środki z radzieckiej strony. (...)

Prosimy o opinię.

J. Andropow, W. Kuzniecow, K. Katuszew*

* Ibidem.

Jak już wiemy z rozdziału piątego, „odpowiednie środki ze strony radzieckiej" rzeczywiście zostały podjęte, co wpłynęło na zmianę lokalizacji pomnika na mniej eksponowaną. Niektórzy łączą wpływ owych środków z nieoczekiwaną zmianą premiera rządu Jej Królewskiej Mości: 5 kwietnia 1976 roku zupełnie niespodziewanie ustąpił z tego stanowiska Harold Wilson, a jego miejsce zajął James Callaghan (obaj z Labour Party).

Oficjalnie sprawa Katynia odżyła w okresie pierestrojki, kiedy podczas wizyty Michaiła Gorbaczowa w Warszawie, 14 lipca 1988 roku, na spotkaniu z polskimi intelektualistami na Zamku Królewskim powiedział on: „Teraz o zagładzie polskich oficerów w Katyniu. Wielu ludzi w Polsce jest przekonanych, że jest to dzieło rąk Stalina i Berii. Obecnie bada się skrupulatnie historię tej tragedii". Słowa te były odpowiedzią na apel z 8 marca 59 polskich intelektualistów (podpisany również przez Lecha Wałęsę) do Rosjan o przerwanie zmowy milczenia wokół Katynia oraz na krytykę działalności Wspólnej Komisji PZPR i KPZR do spraw Historii Stosunków między PRL a ZSRR, powołanej w maju 1987 roku z inicjatywy Wojciecha Jaruzelskiego i Michaiła Gorbaczowa (po wizycie Jaruzelskiego w Moskwie w kwietniu tegoż roku)*. Komisja zajęła się bowiem raczej drugorzędnymi kwestiami, podczas gdy jej powołanie rozbudziło

---

* Jak stwierdził prof. Zbigniew Wójcik, „pod modnym dziś od czasów deklaracji Gorbaczow–Jaruzelski terminem «białe plamy» kryją się w gruncie rzeczy w niewielkim tylko stopniu jakieś wielkie niewiadome, jakieś tajemnice, o których nie mamy pojęcia, co się za nimi znajduje. Rzecz idzie o zupełnie co innego – po prostu o fałsze i kłamstwa, o tendencyjne interpretacje, o półprawdy i przemilczenia, o szkodliwe mity i legendy" (Z. Wójcik, *Białe plamy w historii Polski XVII wieku*, referat wygłoszony na Konwersatorium Historii Kultury w kościele Świętej Trójcy w Warszawie, 28 listopada 1987, w: *Białe plamy?*, wyd. poza cenzurą, Warszawa 1988, s. 6).

nadzieję, że w pierwszej kolejności ujawni ona dokumenty paktu Ribbentrop–Mołotow i sprawy katyńskiej. Powołanie jej było zaś pokłosiem uchwał XXVII Zjazdu KPZR w 1986 roku, który ujawnienie całej prawdy historycznej uznał za konieczność dziejową.

Upłynęło ponad półtora roku, zanim stanowisko radzieckie zaczęło ewoluować w kierunku ujawnienia prawdy. Jak wynika ze źródeł kremlowskich, zadecydowały o tym procesy zachodzące w samej Polsce – obrady Okrągłego Stołu między partyjną nomenklaturą a demokratyczną opozycją, które zwiastowały koniec czterdziestopięcioletnich rządów w Warszawie zależnych od Kremla*. W marcu 1989 roku minister spraw zagranicznych Eduard Szewardnadze, kierownik Wydziału Zagranicznego KC KPZR Walentin Falin i szef KGB Władimir Kriuczkow skierowali do KC KPZR notatkę następującej treści:

> [...] W ostatnich dniach w centrum uwagi w Polsce znajduje się sprawa Katynia. W serii publikacji, których autorami są zarówno działacze znani ze swoich opozycyjnych poglądów, jak uczeni i publicyści zbliżeni do władz, stwierdza się otwarcie, że śmierci polskich oficerów winien jest Związek Radziecki i że rozstrzelano ich na wiosnę 1940.
>
> W oświadczeniu rzecznika rządu polskiego J. Urbana ten punkt widzenia został de facto zalegalizowany jako oficjalne stanowisko polskich władz. [...]

---

* Jak pisał Tadeusz Pióro (*W lesie katyńskim*, „Polityka", nr 7, 18 lutego 1989), jeszcze w 1988 r. „niejaki Świątka-Horyń zamieszkały na stałe w Londynie, w broszurze wydanej jakoby własnym sumptem pt. *The Katyn Forest*, obarcza winą za Katyń niemieckie gestapo. W ostrej replice na tę broszurę («'Nowe rewelacje' w sprawie Katynia», «Życie Warszawy» z 27.01.89), prof. W. T. Kowalski słusznie napisał, że relacja autora «zapewne zrobiłaby karierę na początku lat pięćdziesiątych, a dziś gmatwa tylko wyjaśnienie sprawy»".

Sprawa katyńska może – i czym dłużej to się przeciąga, tym niebezpieczeństwo jest poważniejsze – gwałtownie zwiększyć w PRL zainteresowanie wyjaśnieniem losów jeszcze tysięcy internowanych polskich oficerów, których ślady giną w okolicach Charkowa i Bołogoje*. Jak dotychczas, mimo apeli strony polskiej o wyjaśnienie tych dodatkowych problemów, żadnych rozumnych odpowiedzi nie udzielamy.

Najprawdopodobniej nie unikniemy rozmów z kierownictwem PRL i polskim społeczeństwem o tragicznych wydarzeniach z przeszłości. W tym wypadku upływ czasu nie jest naszym sprzymierzeńcem. Niewykluczone, że bardziej celowe byłoby wyjaśnić, jak było naprawdę i kto ponosi winę, i na tym zamknąć sprawę.**

Efektem tej notatki była decyzja Biura Politycznego KC KPZR:

W sprawie Katynia:

1. Zlecić Prokuraturze ZSRR, Komitetowi Bezpieczeństwa Państwowego, Ministerstwu Spraw Zagranicznych ZSRR, Wydziałom: Międzynarodowemu i Ideologicznemu KC KPZR, aby w terminie miesięcznym przedstawiły Biuru Politycznemu swoje propozycje w kwestii nowej radzieckiej linii w sprawie katyńskiej.

2. Wyrazić zgodę na prośbę strony polskiej o przewiezienie do Warszawy symbolicznych prochów z cmentarza polskich oficerów w Katyniu.

Jak wynika z tej decyzji, Gorbaczow nie był jeszcze gotowy natychmiast, w pełni i bezwarunkowo ujawnić prawdy. Świadczy o tym nie tylko to, że sprawie nadano biurokratyczny, iście bizantyjski bieg, ale przede wszystkim włączenie do niej Prokuratury ZSRR, mimo że nie dysponowała ona żadnymi dokumentami sprawy katyńskiej, a podstawowe

---

* Węzłowa stacja kolejowa między Kalininem/Twerem a Leningradem/Petersburgiem.

** Ibidem.

akta, Teczka specjalna numer 1, znajdowały się w zasięgu ręki Gorbaczowa. Znał on treść tych dokumentów, o czym świadczą dwie notatki kierownika archiwów KC KPZR W. Gałkina, z 18 i 19 kwietnia 1989 roku:

> Otrzymałem od tow. Bołdina [szefa kancelarii Gorbaczowa] dokumenty w zaklejonej teczce wraz z otwartą kopertą Nr 1, którą tego samego dnia oddałem do 6 sektora* w nowej zapieczętowanej kopercie Nr 1.
>
> W takiej formie otrzymałem te dokumenty od tow. Bołdina.**

Jak później mówił Walerij Bołdin, Gorbaczow zlecił mu odszukanie dokumentów dotyczących zbrodni katyńskiej. Bołdin otrzymał od kremlowskich archiwistów dwie zalakowane koperty, które w jego obecności Gorbaczow otworzył, przeczytał i – bez komentarza – ponownie zakleił. (Zatem najpóźniej wtedy zapoznał się z rozkazem Stalina z 5 marca 1940 roku, a być może zrobił to już wkrótce po objęciu stanowiska I sekretarza KC KPZR w 1985 roku.)

Ujawnienie sprawy katyńskiej przyspieszyła kwerenda radzieckich historyków, którzy badając zbrodnie stalinowskie na obywatelach radzieckich, odkryli również akta NKWD ZSRR odnoszące się do internowanych polskich oficerów

---

* Tzw. archiwum Biura Politycznego, znajdujące się w 6. sektorze Wydziału Organizacyjnego KC KPZR. Zawierało ono materiały zjazdów partyjnych i posiedzeń plenarnych Komitetu Centralnego, protokoły i stenogramy posiedzeń Biura Politycznego i Sekretariatu KC, oraz zbiory prywatne m.in. Stalina, Trockiego, Bucharina, Kirowa, Ordżonikidzego, Chruszczowa, Mołotowa, Breżniewa, Susłowa, Andropowa, Czernienki i Gorbaczowa.

Latem 1990 r. z najważniejszych dokumentów tego archiwum utworzono archiwum Gorbaczowa. 31 grudnia 1991 r. zostało ono przekształcone w archiwum prezydenta Rosji („Gazeta Wyborcza", 15 października 1992, s. 5).

** Ibidem.

i latem 1990 roku zamierzali opublikować wyniki kwerendy. W tej sytuacji Gorbaczow miał do wyboru albo zamrozić pierestrojkę, wstrzymując inicjatywę historyków, albo pogodzić się z biegiem wypadków, a nawet stanąć na jego czele. Wybrał to drugie. Zaprosił generała Wojciecha Jaruzelskiego, prezydenta Rzeczypospolitej Polskiej, do złożenia wizyty w Moskwie i 13 kwietnia 1990 roku, w pięćdziesiątą rocznicę nadania komunikatu Radia Berlin o odkryciu katyńskich dołów śmierci, wręczył mu dwie teczki zawierające spis polskich jeńców wojennych w Starobielsku oraz wykaz transportów z obozów w Kozielsku i Ostaszkowie do miejsc zagłady. Dokument zawierający rozkaz stracenia oficerów (decyzja Biura Politycznego z 5 marca 1940 roku) podobno zaginął. Przy tej okazji Gorbaczow oświadczył: „W ostatnim czasie zostały znalezione dokumenty, które pośrednio, jednakże przekonująco, świadczą o tym, że tysiące obywateli polskich poległych w smoleńskich lasach dokładnie pół wieku temu stało się ofiarami Beriowskich pomocników". Tego samego dnia, 13 kwietnia 1990 roku, agencja TASS opublikowała przełomowy komunikat stwierdzający, że zbrodnia katyńska była dziełem Sowietów – odpowiedzialnością obciążono Berię i NKWD.

Wcześniej, 3 marca 1990 roku, Gorbaczow zalecił Prokuraturze Generalnej i KGB kontynuowanie śledztwa w sprawie zbrodni katyńskiej. Jak powiedział na konferencji prasowej w Moskwie 14 października 1992 roku Piotr Kostikow, rzecznik prasowy prezydenta Jelcyna, „Gorbaczow wydał takie dyspozycje wiedząc, gdzie znajdują się materiały archiwalne i znając ich treść"*.

---

* „Gazeta Wyborcza", 15 października 1992, s. 1.

Zimą 1939–1940 internowani polscy jeńcy wojenni stali się zakładnikami Stalina w walce o uzyskanie prawnomiędzynarodowego uznania terytorialnych skutków sowieckiej agresji na Polskę we wrześniu 1939 roku, czyli o formalną zgodę rządu polskiego na anulowanie postanowień traktatu ryskiego z 1921 roku w odniesieniu do granicy polsko-radzieckiej. W 1990 roku ofiary Katynia zostały po raz drugi użyte jako karta przetargowa mająca służyć interesom Kremla.

Gorbaczowowi chodziło o dwie rzeczy. Po pierwsze, chciał zrelatywizować zbrodnię katyńską. Po drugie, starał się spersonalizować odpowiedzialność za jej popełnienie, odsuwając w ten sposób odpowiedzialność i odium od partii komunistycznej i państwa radzieckiego. Gdyby udało mu się osiągnąć ten drugi cel, to odciąłby partię i państwo od odpowiedzialności politycznej za zbrodnię poprzedników, a tym samym pozbyłby się obawy przed roszczeniami odszkodowawczymi Polaków.

3 listopada 1990 roku Michaił Gorbaczow wydał rozporządzenie, którego punkt dziewiąty brzmiał następująco:

> [Polecam] Akademii Nauk ZSRR, Prokuraturze ZSRR, Ministerstwu Obrony ZSRR, Komitetowi Bezpieczeństwa Państwowego ZSRR, by wspólnie z innymi instytucjami i organizacjami przeprowadziły do 1 kwietnia 1991 r. prace badawcze celem ujawnienia materiałów archiwalnych, dotyczących wydarzeń i faktów z historii sowiecko-polskich stosunków dwustronnych, w których wyniku strona sowiecka poniosła straty. Dane te wykorzystać – jeśli okaże się to niezbędne – w rozmowach ze stroną polską o problematyce „białych plam".*

---

* Za: Marek Tarczyński, *Rosja szuka anty-Katynia*, „Gazeta Wyborcza", 16 sierpnia 1995, s. 12.

„Za fakt najbardziej odpowiedni do rozliczeń rosyjscy badacze uznali losy jeńców bolszewickich wziętych do niewoli w wojnie 1920 r." Już wcześniej, 8 września 1990 roku, „Izwiestia" zadały pytanie: „A może rząd polski nie chce pójść za przykładem naszego, nie zdobędzie się na powiedzenie o tym w obawie, że liczba ofiar jest znacznie większa niż w Katyniu?"

Rzeczywiście, znaczna liczba sowieckich jeńców wojennych z m a r ł a w polskiej niewoli. Sprawa ta przedstawia się następująco.

Po podpisaniu 24.2.1921 r. układu o reparacji, wymianie jeńców i zakładników ustalono, że Polska przekaże 80 tys. jeńców wojennych i 30 tys. internowanych. Rosja zaś 40 tys. jeńców i ok. 500 tys. obywateli polskich, znajdujących się w Rosji. Do końca października 1921 r. Polacy odesłali do Rosji 65.797 ubranych i wyleczonych jeńców, Rosjanie zaś do Polski 23.335 jeńców. Na tym zakończył się okres intensywnej wymiany.

Bilansując liczby z okresu intensywnej wymiany trwającej od marca do listopada 1921 r. możemy stwierdzić, że do szacowanego limitu 110 tysięcy jeńców i internowanych z Polski do Rosji zabrakło około 44 tysięcy. Niespodziewanie w notach rosyjskich, wbrew rozliczeniom przyjętym wspólnie, pojawiły się sugestie, jakoby do niewoli polskiej trafiło 130 tysięcy jeńców, z czego 60 tysięcy zmarło. Badania Zbigniewa Karpusa, opublikowane w pracy *Jeńcy i internowani rosyjscy i ukraińscy w Polsce w latach 1918–1924* (Toruń 1991 r.) ustalają, że z liczby 44 tysięcy jeńców, brakujących do limitu wymiany, 25 tysięcy zaciągnęło się do formacji antybolszewickich [także w Polsce], około 1000 osiedliło się na stałe w Polsce i około 18 tysięcy zmarło w omówionych wyżej warunkach [„Zimno, głód, epidemie, zwłaszcza tyfusu, dyzenterii i hiszpanki, zbierały ogromne żniwo po obu stronach frontu"]. Śmiertelność jeńców rosyjskich w Polsce obrazuje dramatyzm sytuacji, ale nie była ona czymś wyjątkowym dla ówczesnych czasów. W podobnych proporcjach marli jeńcy polscy i polscy obywatele powracający z Rosji.*

W innym miejscu ten sam badacz cytuje lorda D'Abernona: „Widziałem sam wielu jeńców rosyjskich – takich, którzy od pięciu zaledwie minut znajdowali się w niewoli, i takich, którzy byli już od miesiąca – wszyscy na ogół zdradzali żywe zadowolenie ze swego losu i traktowali niewolę jako wyzwolenie z jarzma trudów i niebezpieczeństw wojny. Widziałem poza tym, że stosunek oficerów i władz polskich do jeńców nie był ani przykry, ani okrutny"**. Ta relacja lorda D'Abernona jest wiarygodna choćby w świetle tego, że rosyjscy żołnierze, głównie chłopi, już w 1916 roku mieli dość wojny, a na stronę bolszewików przeciągnął ich leninowski Dekret o pokoju z listopada 1917 roku, obiecujący im rychły powrót do domu. Ta obietnica nie została dotrzymana, podobnie jak inna, zawarta w Dekrecie o ziemi.

Po stronie polskiej zdarzały się przypadki niewłaściwego traktowania jeńców, wynikające najczęściej z bezmyślności lub indolencji. Na przykład 5 listopada 1920 roku wysłano z Kowla do Puław 300 jeńców rosyjskich, których 37 zmarło, a 137 zachorowało na skutek niewłaściwych warunków podróży, trwającej zresztą aż pięć dni! Generał Kazimierz Sosnkowski rozkazał oddać pod sąd komendanta stacji w Puławach, konsekwencje karne spotkały również dowództwo etapu w Kowlu.

---

* Marek Tarczyński, *Konsul mistyfikator*, „Express Wieczorny", 17 listopada 1994, s. 3.

** Marek Tarczyński, *Rosja szuka anty-Katynia*, „Gazeta Wyborcza", 16 sierpnia 1995, s. 12.

W okresie letnim 1920 r. warunki w obozach były znośne. Dramat rozpoczął się jesienią, kiedy nadeszły chłody i napływało coraz więcej jeńców chorych na tyfus i czerwonkę, panoszące się szczególnie na południowych frontach Armii Czerwonej. Jeńcy byli obdarci, bosi, wycieńczeni. W obozach brakowało leków, pościeli, bielizny, środków dezynfekcyjnych itp. Wszystko to sprzyjało rozprzestrzenieniu się epidemii. Kraj był wyniszczony wojną, nie starczało żywności, opału. Szczególnie ciężkie warunki były w [obozie w] Tucholi. Jeniec Bołujew Wasilij po ucieczce zeznawał przed sowieckim śledczym: „Ranni leżeli całymi tygodniami nie opatrywani, na ich ranach mnożyło się robactwo. Wielu rannych umierało, codziennie chowano 90–95 osób. Ranni leżeli w zimnych barakach, bez jedzenia i pomocy medycznej".

Ta relacja jeńca na pewno jest przesadzona – „Chodziło mianowicie o to, by za pomocą odpowiednio ostrej propagandy zmusić Polskę do uniemożliwienia rosyjskim, ukraińskim i białoruskim organizacjom zbrojnym werbowania jeńców czerwonoarmistów do swoich szeregów [...]". W bardzo krytycznym raporcie przewodniczącego Rosyjsko-Ukraińskiej Delegacji Wojskowej z 9 grudnia 1920 roku z inspekcji obozu w Tucholi napisano, że w wyniku skrajnie złych warunków internowania jeńców w tymże obozie „miały miejsce wśród nich masowe zachorowania i 45 wypadków śmiertelnych"*.

Cytowany profesor Zbigniew Karpus przeprowadził wraz z profesorami Waldemarem Rezmerem i Giennadijem Matwiejenką (ten ostatni z Uniwersytetu Moskiewskiego im. Łomonosowa) badania, których wyniki opublikowano w wydanej w 2004 roku rosyjskojęzycznej książce „Czerwonoarmiści w polskiej niewoli w l. 1919–1922: Zbiór dokumen-

* Ibidem.

tów i materiałów"*. Badacze ustalili, że w polskich obozach „zmarło od 16 do 20 tys. jeńców, ale nie na skutek egzekucji, lecz epidemii tyfusu, cholery, dyzenterii i grypy, które zbierały obfite żniwo również wśród żołnierzy armii polskiej i ludności zniszczonego wojną kraju. [...] Do dziś jednak nie możemy się doczekać publicznej prezentacji tej książki w Moskwie"**.

> Los jeńców rosyjskich w obozach jenieckich, m.in. w Strzałkowie, Wadowicach, Pikulicach, Szczypiornie, Aleksandrowie, Tucholi, Dąbiu był niezmiernie ciężki, tak samo jak los jeńców polskich w niewoli rosyjskiej. Zrujnowana wojną dopiero co odrodzona po 120 latach niewoli Polska nie była w stanie zapewnić odpowiednich warunków własnym rannym i chorym żołnierzom, tak samo jak jeńcom rosyjskim. [...] Śmiertelność jeńców rosyjskich w Polsce obrazuje dramatyzm sytuacji, ale nie była ona czymś wyjątkowym dla ówczesnych czasów. W podobnych proporcjach marli jeńcy polscy i polscy obywatele powracający z Rosji.***

Jeżeli strona rosyjska pragnie zbilansować ofiary obozów jenieckich, to udokumentowana konkluzja brzmi tak, że jej konto obciąża 21 857 polskich jeńców zamordowanych na rozkaz najwyższych sowieckich władz partyjno-państwowych w 1940 roku (nie wspominając o tysiącach innych ofiar, które zginęły na skutek warunków bytowania i chorób w miejscach, do których dostały się wbrew swojej woli), natomiast w polskich obozach jenieckich zmarło od 16 do 20 tysięcy jeńców – przyczyną ich śmierci mogły być

* *Красноармейцы в польском плену в 1919–1922 гг.: Сборник документов и материалов*, Российский гос. военный архив; Летний сад, Москва 2004.

** „Gazeta Wyborcza", 11 kwietnia 2007, s. 12.

*** Marek Tarczyński, *Konsul mistyfikator*, op. cit.

w niektórych wypadkach również zaniedbania lub zła wola personelu obozów, lecz nie wola władz państwowych.

Zupełnie inną sprawą jest natomiast rozstrzeliwanie bolszewickich jeńców z rozkazu polskich dowódców polowych.

> W związku z nasileniem grabieży i mordowania [polskiej] ludności cywilnej 22 sierpnia 1920 r. dowódca 5 Armii Polskiej gen. Władysław Sikorski wydał odezwę do żołnierzy rosyjskich 3 Korpusu Kawalerii: „Każdy przyłapany na rabunku czy w walce z bezbronną ludnością będzie na miejscu rozstrzelany". 24 sierpnia pod Mławą rozstrzelanych zostało 200 czerwonoarmistów 3 Korpusu Kawalerii, którym udowodniono wymordowanie kompanii z 49 pp, wziętej do niewoli przez Rosjan dwa dni wcześniej.*

Znany z okrucieństwa III Korpus Kawalerii Gaj-Chana** zgotował więc polskim jeńcom „mały Katyń", w następstwie czego sprawcy ponieśli karę przewidzianą prawem wojennym. Jeśli zaś znalazłyby się dowody, że któryś z polskich dowódców polowych nakazał egzekucję jeńców, nie udowodniwszy im, że popełnili zbrodnię wojenną, to czyn taki należałoby potępić – a dowódcę, gdyby żył, ukarać – lecz nadal nie można by go uznać za działanie w imieniu lub na rozkaz najwyższych władz państwowych, jak było z mordem katyńskim.

Jak zatem wynika z badań polskich i rosyjskich historyków, Gorbaczowowi nie udało się zrelatywizować zbrodni

* Marek Tarczyński, *Rosja szuka anty-Katynia*, op. cit.

** Gaj Dmitriewicz Gaj vel Gajk Bżyszkian (1887–1937), Ormianin, był dowódcą II, a od lipca 1920 r. III Korpusu Kawalerii, atakującego Płock, na prawym skrzydle frontu Tuchaczewskiego, a następnie osłaniającego odwrót 4. Armii do Prus Wschodnich, gdzie został internowany. Aresztowany w 1935 r. pod zarzutem udziału w antyradzieckiej organizacji terrorystycznej, rozstrzelany 11 grudnia 1937 r.

katyńskiej, nie znalazł bowiem jej odpowiednika po stronie polskiej. Co prawda jest w Rosji kilka osób i tyleż gazet, które wciąż propagują nieprawdziwą wersję losów bolszewickich jeńców wojennych w niewoli polskiej, jednak profesor Natalia Lebiediewa ma słuszność, twierdząc, że są to osoby i instytucje o marginalnym wpływie na opinię publiczną. Prawdziwym problemem może być jednak to, że władze zdają się sprzyjać powielaniu kłamstwa o „polskim Katyniu".

Na koniec tego wątku należy zwrócić uwagę, że byłoby warto, aby osoby usiłujące policzyć sowieckich jeńców rzekomo zamordowanych w Polsce spróbowały policzyć – i ogłosiły publicznie – ilu żołnierzy Armii Czerwonej, którzy dostali się wtedy do polskiej niewoli, zamordowano kilkanaście lat później w ZSRR w ramach „wielkiej czystki", bo mieli pecha, że dali się wziąć do polskiej niewoli, i byli tak nierozsądni, że zdecydowali się wrócić z niej do ZSRR.

Natomiast zupełnie nie powiódł się Gorbaczowowi zamiar uwolnienia partii i państwa od odpowiedzialności za zbrodnię katyńską, w czym niemała była zasługa Borysa Jelcyna.

W maju 1991 roku, czyli po kwietniowym terminie wyznaczonym przez Michaiła Gorbaczowa w cytowanym rozporządzeniu z 3 listopada, prokurator generalny ZSRR N. Trubin wystosował do prezydenta list, w którego końcowych fragmentach wyczuwalne jest zniecierpliwienie i ironia.

Szanowny Michaile Siergiejewiczu!

Zgodnie z Waszym rozporządzeniem z 3 listopada 1990 roku Główna Prokuratura Wojskowa prowadzi śledztwo karne w sprawie losów 15 tysięcy polskich jeńców wojennych, w tym wyższych oficerów i innych osób przetrzymywanych w latach 1939–1940 w obozach byłego NKWD w Kozielsku, Starobielsku i Ostaszkowie. [...]

Zebrane materiały pozwalają na ustalenie wstępnych wniosków, że polscy jeńcy wojenni mogli być rozstrzelani na podstawie decyzji Kolegium przy NKWD ZSRR w kwietniu–maju 1940 przez Urzędy NKWD w obwodach smoleńskim, charkowskim i kalinińskim. Rozstrzelani pochowani są w lesie katyńskim pod Smoleńskiem, w rejonie miejscowości Miednoje 32 km od Tweru i w parku leśnym pod Charkowem.

Jednakże do tej pory nie udało się odnaleźć akt śledczych rozstrzelanych jeńców ani protokołów Kolegium przy NKWD ZSRR, chociaż mamy wiele poszlak, że takie dokumenty istniały wówczas, tj. w kwietniu–maju 1940.

Poza tym z zeznań świadków – wysoko postawionych funkcjonariuszy NKWD – wynika, że istniała uchwała KC WKP(b), podpisana przez Stalina, o likwidacji siłami Urzędów NKWD polskich jeńców [...].

W związku z tym proszę Was o polecenie Wydziałowi Ogólnemu KC KPZR, aby sprawdził materiały archiwalne (zwłaszcza wspólne decyzje KC WKP(b) i Rady Komisarzy Ludowych ZSRR) w wymienionej sprawie i ich kopie przekazał Prokuraturze ZSRR. [...]

Sądząc z zachowania strony polskiej, nie jest wykluczone, że po zakończeniu śledztwa rząd Polski postawi problem wypłaty odszkodowań za wszystkich poległych oficerów.

Prokurator Generalny ZSRR
N. Trubin*

Z treści przedostatniego akapitu można by wnioskować, że Wydział Ogólny odmawiał prokuratorowi udostępnienia poszukiwanych przez niego akt samowolnie albo na polecenie samego Gorbaczowa. Byłby to jednak wniosek niesłuszny. Wydział Ogólny nie mógł bowiem odmawiać dostępu do akt, których nie miał. Dokumenty, których domagał się Trubin, cały czas leżały w Teczce specjalnej numer 1 w archi-

* Cyt. za: „Gazeta Wyborcza", 16 października 1992, s. 4.

wum prezydenta Rosji. 3 listopada 1990 roku Gorbaczow nakazał zatem szukać czegoś, co sam ukrywał. Kiedy mniej więcej w tym samym czasie major Oleg Zakirow, wspomniany w rozdziale piątym, starając się przełamać sabotowanie przez rejonowe oddziały KGB dekretu Rady Najwyższej ZSRR z wiosny 1989 roku o dalszej rehabilitacji ofiar stalinowskich represji*, umożliwił dziennikarzowi „Moskowskich Nowosti", Giennadijowi Żaworonkowowi, napisanie i opublikowanie artykułu o masakrze w Katyniu opartego na zeznaniach świadków Titkowa i Klimowa – Gorbaczow zatelefonował do redaktora naczelnego gazety, Jegora Jakowlewa, i domagał się wyrzucenia Żaworonkowa (Jakowlew odmówił)**.

29 sierpnia 1991 roku, wkrótce po trzydniowym puczu, który 19 sierpnia wszczęli przeciw prezydentowi Związku Radzieckiego zwolennicy dawnego reżimu, prezydent Rosji zawiesił, a de facto zdelegalizował, Komunistyczną Partię Związku Radzieckiego. Był to jeden z kamieni milowych rozpadu ZSRR. W grudniu Związek Radziecki faktycznie i formalnie przestał istnieć, Michaił Gorbaczow ustąpił, a prezydent Rosji Borys Jelcyn kontynuował działania zmierzające do ostatecznego rozprawienia się z so-

* Dekret mówił o „dalszej rehabilitacji", ponieważ wcześniej były już dwie: wkrótce po śmierci Stalina oraz po XX zjeździe KPZR w 1956 r., na którym Chruszczow wygłosił referat o „kulcie jednostki", czyli o zbrodniach Stalina. Obie akcje rehabilitacyjne były niepełne, zarówno jeśli chodzi o zasięg osobowy, jak i zadośćuczynienie dla rodzin ofiar. Np. wg instrukcji gen. Iwana Sierowa z 1955 r., zaakceptowanej przez KC KPZR i Prokuraturę Generalną, jako powód śmierci osoby represjonowanej często podawano przyczynę naturalną, jedną z 47 jednostek medycznych (wg instrukcji z 1954 r., np. zawał serca), podczas gdy ofiara zmarła wskutek strzału w tył głowy.

** Krystyna Kurczab-Redlich, op. cit.

wietyzmem. W pewnym sensie polscy oficerowie zgładzeni w Katyniu stali się wówczas po raz trzeci przedmiotem gry politycznej.

W przeciwieństwie do Gorbaczowa, który co najmniej do końca swojego urzędowania wierzył w możliwość realizacji komunistycznej utopii, Jelcyn już dużo wcześniej wyzbył się złudzeń i jak na byłego członka nomenklatury wysokiej rangi miał zadziwiająco duży instynkt demokratyczny (nawet zbrojne obalenie Dumy jesienią 1993 roku nie może znacząco naruszyć tej opinii). Szczególnie od 1991 roku zdawał sobie sprawę, że podstawowym zadaniem, od wykonania którego w decydującej mierze będzie zależeć przyszła demokratyzacja Rosji, jest zdelegalizowanie, skompromitowanie i wykorzenienie wszelkich wpływów partii komunistycznej. W związku z tym szukał poparcia wszędzie, gdzie tylko mógł się go spodziewać. Między innymi miał nadzieję, że rząd polski wspólnie z rządem Rosji wystąpi z oskarżeniem publicznym przeciwko Komunistycznej Partii Związku Radzieckiego, jako organizacji przestępczej, która była inicjatorem i poprzez swoich członków wykonawcą milionów bezprawnie orzeczonych wyroków śmierci na niewinnych osobach, w tym na polskich jeńcach wojennych z lat 1939–1940. Podczas poufnych rozmów strona polska oświadczyła, że nie dysponuje żadnymi dokumentami potwierdzającymi odpowiedzialność KPZR za zbrodnię katyńską. W odpowiedzi Rosjanie obiecali dostarczyć takie dokumenty. 14 października 1992 roku profesor Rudolf Pichoja w imieniu prezydenta Jelcyna przekazał prezydentowi Wałęsie uwierzytelnione kopie dokumentów z Teczki specjalnej numer 1. Jednocześnie kopie tych samych dokumentów Jelcyn przesłał do rosyjskiego Trybunału Konstytucyjnego, który miał rozważyć wniosek o uznanie KPZR za organizację nielegalną od chwili jej powstania. Prawdopodobnie ówczesna słabość wewnętrzna Polski była główną przyczyną, że polski rząd nie spełnił nadziei Jelcyna.

Kapelan Rodzin Katyńskich ksiądz prałat Zdzisław Peszkowski* w lutym 2007 roku w prywatnej rozmowie z dziennikarzem powiedział o zbrodni katyńskiej, że

> Za coś takiego należy się nowa Norymberga. Wystarczyło jeszcze w latach 90. powiedzieć [Rosjanom], że my takiej Norymbergi nie chcemy, ale pod warunkiem, że ta sprawa zostanie raz na zawsze zamknięta, winni będą wskazani i potępieni, a jeśli są jeszcze wśród żywych, to ukarani. Nie zrobiono tego, bo po przekazaniu dokumentów katyńskich przez Moskwę na parę lat zapanowało w tej kwestii milczenie [po stronie polskiej], a potem było już za późno.**

---

* Ks. Zdzisław Peszkowski (1918–2007) był we wrześniu 1939 r. podchorążym kawalerii. Dostał się do sowieckiej niewoli, był jeńcem obozu w Kozielsku, skąd trafił do obozu w Griazowcu. Święcenia kapłańskie przyjął w Stanach Zjednoczonych w 1954 r., do Polski wrócił dopiero po 1989 r.

** Marcin Wojciechowski, *Przebaczmy Rosjanom Katyń*, „Gazeta Wyborcza", 9 października 2007, s. 22 (fragmenty rozmowy z lutego 2007 r.). Wkrótce potem, po otrzymaniu do akceptacji tekstu w formie wywiadu, ks. Peszkowski stwierdził, że „mimo iż tekst bardzo mu się podoba, nie chciałby, żeby ukazał się w «Gazecie Wyborczej». Przepraszał, tłumaczył, że być może nie wszyscy jego znajomi zrozumieją, dlaczego wypowiedział się dla «Wyborczej»". Tytuł artykułu nawiązuje do postulowanej przez papieża Jana Pawła II i krzewionej przez ks. Peszkowskiego idei przebaczenia: „Przebaczając, nie zamazujemy rosyjskiej winy za Katyń, tak samo jak list polskich biskupów [z 1965 r.] nie zamazywał niemieckiej odpowiedzialności za II wojnę światową. [...] Mam też wrażenie, że nie zawsze jestem właściwie rozumiany zarówno przez polski Kościół, jak i przez Rodziny Katyńskie. Ale z drugiej strony trudno się dziwić tym, którzy doznali tak wielkiej krzywdy". Jednak można dodać, że trudno też znaleźć inne poza polskim społeczeństwo, które potrafiłoby wykorzystać nawet spowodowaną przez obcych tragedię narodową do prowadzenia potępieńczych swarów.

Bezprzedmiotowe byłyby rozważania, czy Borys Jelcyn udostępniłby stronie polskiej ostateczne i najważniejsze dowody sowieckiej winy za zbrodnię katyńską, gdyby nie liczył na pomoc Polski w postępowaniu przeciw KPZR. Prawdopodobnie by tak postąpił, tak ze względów politycznych, jak i moralnych. W każdym razie powinniśmy go zapamiętać jako tego, który to zrobił.

Wypada jednak żałować, że ani sam Jelcyn nie ujawnił zawartości postradzieckich archiwów odnośnie do zamachu, w wyniku którego 4 lipca 1943 roku zginął generał Władysław Sikorski – co usunęło ostatnią przeszkodę na drodze komunistów do przejęcia władzy w Polsce – ani też strona polska nie dołożyła żadnych starań, aby spowodować odtajnienie takich dokumentów. Prawdopodobnie rząd polski albo wierzył w oficjalną brytyjską wersję wypadku (czyżby jeszcze w nią wierzył?), albo uważał, że Moskwa nie ma żadnych dokumentów potwierdzających zamach. Najbardziej kompromitujące dla rządu byłoby domniemanie, że po prostu zapomniał o polskim premierze.

Jak pamiętamy z rozdziału trzeciego, w 1940 roku NKWD pogrzebał polskich oficerów rozstrzelanych w Katyniu w ośmiu zbiorowych mogiłach. Trzy lata później Komisja Techniczna Polskiego Czerwonego Krzyża ekshumowała szczątki ofiar i przeniosła je do sześciu bratnich mogił; jeden (ósmy) dół śmierci pozostał właściwie nienaruszony, a ponadto osobno pochowano zwłoki dwóch zidentyfikowanych generałów, Smorawińskiego i Bohaterewicza. Nieco ponad pół roku później, z początkiem 1944 roku, gdy komisja Burdenki zakończyła działalność, Sowieci przenieśli ciała polskich oficerów do dwóch wielkich mogił*. Po latach mogiły te zostały rozmyślnie zniszczone, posadzono też tam nowy las. Wreszcie w 1991 roku zaczęły się polsko-radzieckie prace eksploracyjne, a następnie ekshumacyjne, we wszystkich trzech znanych wówczas miejscach rozstrzelania obywateli polskich. W konsekwencji w 2000 roku premier Jerzy Buzek uroczyście otworzył trzy polskie cmentarze wojenne: 17 czerwca w Charkowie, 28 lipca w Katyniu i 2 września w Miednoje. W ten sposób upamiętniono większość ofiar decyzji Biura Politycznego WKP(b) z 5 marca 1940 roku**.

Jednak już w połowie lat dziewięćdziesiątych, kiedy bezpośredni wpływ Jelcyna na bieżącą politykę zaczął słabnąć, Moskwa zaczęła powoli uchylać się od odpowiedzialności za zbrodnię katyńską. Zrazu były to kroki i sygnały nieoficjalne, lecz od 1998 roku proces ten przybrał na sile. Latem tamtego roku w centrum Waszyngtonu, w Ronald Reagan

---

* Córka ppłk. B. Szczyradłowskiego, wspomnianego w rozdz. 3., opisuje takie oto zdarzenie z 1946 r.: „Była repatriacja. Wracaliśmy pociągiem do Polski. Któregoś dnia transport zatrzymał się nieopodal stacji Katyń. Puste pole, trochę dalej las. Maszynista oświadczył, że dalej nie jedzie, bo nie ma opału. Mężczyźni ruszyli do lasu po drewno. Wtedy konwojujący nas żołnierze powiedzieli, że mamy iść z nimi, żeby obejrzeć groby polskich oficerów. Idźcie, popatrzcie, tam leżą wasi – wołali. Ruszyliśmy w głąb rzadkiego, iglastego lasu. Tam zobaczyliśmy olbrzymi rozkopany dół. W środku zwłoki. Jeszcze w całości, nie zdążyły się rozpaść. Widać było wyraźnie mundury i guziki z orzełkami" (Krystyna Szczyradłowska-Peca, wywiad w: „Gazeta Wyborcza", 5 grudnia 2007, s. 15). Wątpliwe, aby całe to zdarzenie było czymś innym niż wyjątkowo bezczelną, brutalną próbą zastraszenia repatriantów. Nic dziwnego, że wielu Polaków, którzy wrócili z ZSRR, latami nie wspomniało choć słowem o swoim pobycie na tej „nieludzkiej ziemi".

** Uwagi na temat sporów dzielących środowisko Rodzin Katyńskich dotyczących charakteru trzech cmentarzy ofiar – patrz aneks 3. „Kontrowersje wokół cmentarzy".

Building, otwarto sponsorowaną przez amerykańską korporację wystawę fotografii z okresu drugiej wojny światowej pochodzących ze zbiorów Muzeum Armii Rosyjskiej. „Rzecz nie do uwierzenia, ale w pamiątkowym programie sprzedawanym na wystawie rosyjscy wystawcy powtórzyli radzieckie kłamstwo, że to naziści, a nie NKWD, zamordowali polskich więźniów w Katyniu"*. We wrześniu tegoż roku rosyjski prokurator Jurij Czajka oficjalnie zażądał od polskiego ministra sprawiedliwości wszczęcia śledztwa dotyczącego śmierci tysięcy rosyjskich żołnierzy wziętych do niewoli przez Polaków podczas wojny polsko-bolszewickiej w latach 1919–1920. Czajka ocenił, że 83,5 tysiąca tych jeńców zmarło „w polskich obozach koncentracyjnych w rezultacie okrutnych i nieludzkich warunków. [...] Posiadane przez nas informacje pozwalają nam zakonkludować, że wobec należących do Armii Czerwonej jeńców wojennych popełniono ludobójstwo". „Informacje" te były już wcześniej rozpowszechniane w Rosji (między innymi przez „Niezawisimą Gazietę"), ale pismo prokuratora Czajki nadało im rangę oficjalnego stanowiska rosyjskich władz**. Strona polska odpowiedziała, że rzeczywiście w obozach dla radzieckich jeńców zmarło wiele tysięcy osób, lecz przyczyną ich zgonu były przede wszystkim choroby, a być może również niedożywienie – dotykające w tamtym czasie również znacz-

* Benjamin J. Stein, *Can We Talk?*, „American Spectator", November 1998, s. 66. W sierpniu 2006 r. „Krasnaja Zwiezda", gazeta rosyjskich sił zbrojnych, przypomniała, że według raportu komisji Burdenki polskich oficerów zamordowali w Katyniu Niemcy.

** Benjamin B. Fischer, *Stalin's Killing Field. The Katyn Controversy* (https://www.cia.gov/library/center-for-the-study-of-intelligence/kent-csi/docs/v43i3a-06p.htm). Także „Życie", 12–13 września 1998, s. 1.

ną część ludności polskiej – i odniesione podczas działań wojennych rany. W celu bezspornego ustalenia przyczyny śmierci radzieckich jeńców oraz liczby zmarłych (o wiele niższej niż podana przez Czajkę – 16–20 tysięcy, jak już wiemy) strona polska zaprosiła rosyjską do wspólnych badań archiwów obu państw. Polska oferta została odrzucona. Zatem po 55 latach od odrzucenia prośby MKCK o zgodę na przeprowadzenie bezstronnego śledztwa w Katyniu Moskwa znów nie dopuściła do uczciwego śledztwa.

Powtórzmy, że od czasu procesu norymberskiego władze radzieckie kwalifikowały mord w lesie katyńskim jako zbrodnię przeciw ludzkości i obstawały przy tym nawet po 13 kwietnia 1990 r., gdy przyznały się do winy, a po rozpadzie Związku Radzieckiego stanowisko to podtrzymała Rosja za prezydentury Borysa Jelcyna. Dopiero podczas drugiej kadencji prezydenckiej Władimira Putina, rozpoczętej w 2004 r., Kreml zmienił zdanie i rosyjska Prokuratura Generalna oznajmiła polskiemu Instytutowi Pamięci Narodowej, że odtąd nie uznaje masowego mordu w Katyniu za zbrodnię przeciw ludzkości, która – zgodnie z prawem międzynarodowym publicznym – nie podlega przedawnieniu. Rosjanie nie podali motywów tej decyzji, zakończyli śledztwo, a 116 ze 183 tomów jego dokumentacji utajnili i odmówili przekazania Polakom. (Obecnie Kreml protestuje również przeciwko kwalifikowaniu jako zbrodni ludobójstwa Wielkiego Głodu na Ukrainie, rozmyślnie wywołanego przez Stalina. Powoduje to z kolei zrozumiałe protesty Kijowa.)

Można się domyślać, że do takiej zmiany postawy Rosjan przyczyniło się ogólne pogorszenie stosunków polsko-rosyjskich, a być może również obawa przed polskimi roszczeniami odszkodowawczymi i ujawnieniem współpracy NKWD z Gestapo w planowaniu zbrodni katyńskiej*, ale przede wszystkim to, że obecną rosyjską elitę władzy w większości stanowią osoby wywodzące się z tajnych służb. („Czy ci ludzie kiedykolwiek przestawali być czekistami, czy byli po prostu kierowani do innych prac, zachowując swoją pozycję w strukturze aparatu policyjnego?"**) Osoby te, nie bacząc na to, że oficjalnego przyznania się do winy nie sposób cofnąć i wymazać, postanowiły zakończyć procedurę prawną, która widocznie w ich odczuciu przynosiła im i ich instytucji większą hańbę niż sama zbrodnia popełniona przez ich poprzedników. Nie można też wykluczyć, że w utajnionych tomach akt znajdują się informacje wykraczające poza wąsko rozumianą sprawę masakry polskich oficerów i dotyczące kwestii, których ujawnienie mogłoby znacznie poszerzyć ewentualny akt oskarżenia, jak choćby wątek śmierci generała Sikorskiego.

Trzeba jednak podkreślić, że podczas rozmów z delegacją polskiego Instytutu Pamięci Narodowej latem 2004 roku rosyjska Naczelna Prokuratura Wojskowa skłaniała się ku uznaniu zbrodni katyńskiej za zbrodnię wojenną, lecz strona polska z niewiadomych powodów nie zgodziła się

---

* Jeśli w owych utajnionych dokumentach znajdują się takie informacje, to prawdopodobnie jest tam też pełny wykaz agentury NKWD w polskich obozach; może również wymienia się w nich wspomniany wcześniej film z egzekucji; niewykluczone także, że jeśli zniszczone przez Szelepina w 1959 roku akta osobowe polskich jeńców zostały zmikrofilmowane, to ich treść włączono do owych utajnionych tomów; wreszcie jest możliwe, że zawierają one dokumenty odnoszące się do antyżydowskiej prowokacji kieleckiej 4 lipca 1946 roku.

** George F. Kennan w rozmowie z J. K. Zawodnym 30 maja 1972 r. (*Katyń*, dok. nr 9, s. 282).

na tę formułę. Był to błąd, który przyczynił się do zamrożenia postępu w rozwiązywaniu sprawy katyńskiej, ponieważ wkrótce potem Kreml nakazał prokuraturze uznanie zbrodni katyńskiej za serię przestępstw kryminalnych, podlegających przedawnieniu, co więcej – których sprawcy już nie żyją. W konsekwencji w rozumieniu strony rosyjskiej łańcuch moralnej i prawnej odpowiedzialności został przerwany.

(Przemawiając w Katyniu 17 września 2007 roku, prezydent Lech Kaczyński posłużył się eklektyczną formułą, że zbrodnia katyńska była „aktem ludobójstwa popełnionym wobec oficerów obcej armii". Stwierdził również, że ludzie rządzący obecnie Rosją „nie ponoszą żadnej odpowiedzialności za tamte zdarzenia", co jest prawdą, lecz wymagającą uzupełnienia, gdyż państwo rosyjskie, sukcesor prawny ZSRR, ponosi za nie odpowiedzialność prawną i moralną.)

Umorzenie śledztwa w sprawie katyńskiej 21 września 2004 roku przez prowadzącą ją rosyjską Naczelną Prokuraturę Wojskową wywołało protest nie tylko strony polskiej, ale i Międzynarodowego Stowarzyszenia Memoriał, założonego przez obywateli rosyjskich dążących do ujawnienia i wyjaśnienia ukrytych lub zakłamywanych dotąd zdarzeń z najnowszej historii Rosji.

W ciągu 62 lat, które minęły od odkrycia mogił katyńskich, o zbrodni powiedziano i napisano dużo, jednak wiele zasadniczych kwestii pozostało bez wyjaśnienia. Niemniej 11 marca 2005 w wystąpieniu podczas specjalnej konferencji prasowej naczelny prokurator wojskowy Rosji Aleksander Sawienkow poinformował o umorzeniu śledztwa w sprawie „zbrodni katyńskiej", powołując się na „brak faktu zbrodni ludobójstwa" i śmierć osób uznanych za winnych w sprawie. Uważamy, że umorzenie śledztwa jest niedopuszczalne.

Po pierwsze – nawet jeśli nie była to zbrodnia ludobójstwa, to należy ogłosić, jak są kwalifikowane te egzekucje – jako zbrodnia wojenna, zbrodnia przeciw ludzkości czy jako zabójstwo z premedytacją i okolicznościami obciążającymi? Zamknięcie śledztwa bez kwalifikacji prawnej wygląda na próbę odmowy ponoszenia jakiejkolwiek odpowiedzialności za przestępstwo.

Po drugie – do tej pory nie ustalono tożsamości znacznej części ofiar zbrodni (prawie 4 tysięcy), mianowicie więźniów rozstrzelanych na Białorusi. Naczelna Prokuratura Wojskowa powołuje się na to, że przestępstwa popełnione poza granicami obecnej Rosji powinny być ścigane przez organa sprawiedliwości odpowiednich krajów. W tym przypadku argument nie jest przekonywający, ponieważ decyzję o rozstrzelaniu polskich obywateli podjęto w Moskwie, stąd kierowano całą operacją, tu spływały wszystkie doniesienia i raporty o jej przebiegu. [...]

Po trzecie – wyjaśnienia wymaga stwierdzenie naczelnego prokuratora wojskowego Rosji, że z „absolutną pewnością" potwierdzony jest fakt śmierci jedynie 1803 jeńców, podczas gdy wiadomo powszechnie, że zginęło ich ponad 14,5 tysiąca. [...]

Wreszcie, śledztwo w sprawie „zbrodni katyńskiej" nie może być zamknięte bez ustalenia i ujawnienia nazwisk wszystkich osób, które brały udział w jej popełnieniu – zarówno inicjatorów (którzy już są znani), jak i wykonawców wszystkich szczebli. Rozumiemy, że nie można oddać pod sąd przestępców, którzy już nie żyją. Jednak ich nazwiska powinny być ogłoszone. [...]

Nie do przyjęcia jest również decyzja rosyjskiej Naczelnej Prokuratury Wojskowej o utajnieniu większości materiałów śledztwa (łącznie z postanowieniem o umorzeniu sprawy karnej). Ta decyzja jest sprzeczna z prawem, ponieważ zgodnie z ustawą O tajemnicy państwowej: „informacje o faktach naruszenia praw i wolności człowieka i obywatela [...] nie podlegają objęciu przez tajemnicę państwową i nie mogą być utajniane" (art. 7). [...]

Zarząd Międzynarodowego Stowarzyszenia Memoriał

Po opublikowaniu powyższego oświadczenia Memoriał wystosował list do zastępcy prokuratora generalnego Federacji Rosyjskiej, naczelnego prokuratora wojskowego Rosji A. N. Sawienkowa.

Jednym z podstawowych kierunków działalności Stowarzyszenia Memoriał jest badanie historii masowych represji politycznych w byłym Związku Sowieckim. W szczególności od dawna zajmujemy się kwestiami związanymi z represjami wobec Polaków i obywateli polskich. Na ten temat opublikowaliśmy wiele badań i informacji osobowych poświęconych ofiarom represji. Stale zwracają się do nas w tej sprawie osoby z Polski i innych krajów, wśród nich także krewni straconych w kwietniu i maju 1940 roku więźniów obozów jenieckich NKWD w Kozielsku, Ostaszkowie i Starobielsku. Dlatego nie jest nam obojętna sytuacja, jaka wytworzyła się dziś wokół tak zwanej sprawy katyńskiej.

11 marca bieżącego roku Naczelna Prokuratura Wojskowa Rosji zorganizowała specjalną konferencję prasową poświęconą śledztwu w „sprawie katyńskiej". Relacje z tej konferencji pojawiły się w wielu rosyjskich i zagranicznych elektronicznych i drukowanych środkach masowego przekazu. Jednak pełny tekst oświadczenia Naczelnego Prokuratora Wojskowego nie został opublikowany. W relacjach prasowych przytaczano jedynie wyrywkowe cytaty z tego oświadczenia i, najwidoczniej, z odpowiedzi na pytania. Na podstawie tych cytatów trudno byłoby stworzyć sobie wiarygodny obraz tego, co padło na konferencji. Zarazem jednak sam fakt oficjalnego oświadczenia Naczelnej Prokuratury Wojskowej w takiej kwestii jak „sprawa katyńska" ma wyjątkowe znaczenie.

W związku z tym bylibyśmy niezwykle zobowiązani, gdybyśmy mogli otrzymać pełny tekst Pańskiego oświadczenia, a także wyjaśnienia dotyczące następujących kwestii związanych z wyżej wspomnianą konferencją prasową:

1. Kiedy zostało wszczęte postępowanie karne, w ramach którego prowadzono śledztwo w sprawie zagłady więźniów wyżej wymienionych obozów?

2. Na jakiej podstawie wszczęto to postępowanie i jakie sformułowano zarzuty?

3. Kiedy i na jakiej podstawie do śledztwa włączono zbadanie kwestii, czy okoliczności towarzyszące „sprawie katyńskiej" kwalifikują ją jako zbrodnię ludobójstwa?

4. Czy zbadanie tej kwestii zostało rzeczywiście wydzielone jako odrębna sprawa, jak można pośrednio się domyślać na podstawie cytatu przytoczonego przez kilka źródeł („Gazieta", „Lenta", „Grani"): „Postępowanie karne zostało umorzone z powodu braku zaistnienia przestępstwa, ponieważ fakt ludobójstwa narodu polskiego nie miał miejsca ani na płaszczyźnie państwowej, ani w sensie prawnym", podczas gdy w innym przytoczonym cytacie podaje się odmienne uzasadnienie umorzenia śledztwa: „Postępowanie karne wobec konkretnych odpowiedzialnych osób zostało umorzone z powodu ich śmierci" (1 kanał Telewizji Rosyjskiej, „Gazieta", „Nowyje Izwiestija")?

5. Na jakiej podstawie prawnej utajniono 116 ze 183 tomów materiałów śledztwa w sprawie zagłady więźniów obozów jenieckich NKWD w Kozielsku, Ostaszkowie i Starobielsku?

6. Na jakiej podstawie prawnej utajniono postanowienie o umorzeniu postępowania karnego wobec winnych i odmówiono publicznego ujawnienia ich nazwisk?

7. Czy jest zgodny z pełnym tekstem oświadczenia Naczelnego Prokuratora Wojskowego Rosji opublikowany w prasie cytat, że z całą pewnością ustalono fakt zginięcia jedynie 1803 spośród 14 542 więźniów trzech wspomnianych obozów, przy czym tylko 22 z nich zostało zidentyfikowanych?

8. Czy odpowiada oryginalnemu tekstowi oświadczenia Naczelnego Prokuratora Wojskowego Rosji przytoczone w niektórych publikacjach twierdzenie, że na terytorium dzisiejszej Rosji znajdowało się (pod strażą?) tylko 10 710 obywateli polskich, a na terytorium dzisiejszej Ukrainy tylko 3832?

9. Czy zostali zrehabilitowani wszyscy lub część rozstrzelanych

w „sprawie katyńskiej" zgodnie z ustawą Federacji Rosyjskiej z 18 października 1991 roku o rehabilitacji ofiar prześladowań politycznych?

Przewodniczący Zarządu Stowarzyszenia Memoriał
A. B. Roginski

koordynator Komisji Polskiej Stowarzyszenia Memoriał
A. E. Gurjanow

W odpowiedzi na tę serię precyzyjnie i kompetentnie sformułowanych pytań władze Memoriału otrzymały rutynową biurokratyczną odpowiedź zawierającą kilka absurdalnych stwierdzeń:

Informuję, że 21 września 2004 roku Naczelna Prokuratura Wojskowa umorzyła postępowanie karne wszczęte 22 marca 1990 roku przez prokuraturę okręgową w Charkowie w Ukraińskiej SRS w związku z faktem odkrycia w strefie parkowo-leśnej miasta Charkowa miejsc pochówku szczątków polskich obywateli. Sprawę tę następnie przekazano Naczelnej Prokuraturze Wojskowej, która podjęła działania wyjaśniające 30 września 1990 roku.

W toku postępowania ustalono, że wobec obywateli polskich przetrzymywanych w obozach NKWD ZSRS organy NKWD ZSRS w trybie przewidzianym w Kodeksie Postępowania Karnego RSFRS z 1923 roku prowadziły śledztwo z oskarżenia o dokonanie przestępstwa przeciwko państwu.

Na początku marca 1940 roku zgodnie z wynikami śledztwa sprawy karne zostały przekazane do rozpatrzenia organowi pozasądowemu – „trójce", która rozpatrzyła sprawy karne dotyczące 14 542 obywateli polskich (10 710 osób na terytorium RSFRS, 3832 – na terytorium USRS), uznała ich za winnych przestępstwa przeciwko państwu i podjęła decyzję o ich rozstrzelaniu.

W toku śledztwa ustalono z całą pewnością, że w wyniku decyzji „trójki" zginęło 1803 obywateli polskich, z czego udało się zidentyfikować 22.

Działania konkretnych wysoko postawionych osób na odpowiedzialnych stanowiskach w ZSRS zostały zakwalifikowane zgodnie z artykułem 193-17 Kodeksu Karnego RSFRS punkt b jako nadużycie władzy mające bardzo poważne następstwa przy jednoczesnym występowaniu wyjątkowo obciążających okoliczności. 21 września 2004 roku postępowanie karne w stosunku do wspomnianych osób umorzono na podstawie artykułu 24 punkt 4 Kodeksu Postępowania Karnego Federacji Rosyjskiej z powodu śmierci winnych.

W trakcie śledztwa w sprawie z inicjatywy strony polskiej wersja o ludobójstwie narodu polskiego w okresie rozpoznawanych wydarzeń z wiosny 1940 roku została starannie przebadana i nie znalazła potwierdzenia. Z uwagi na powyższe sprawa karna dotycząca znamion ludobójstwa została umorzona z powodu niezaistnienia przestępstwa na podstawie artykułu 24 punkt 1 KPK FR.

Działania odpowiedzialnych funkcjonariuszy NKWD ZSRS wobec obywateli polskich były umotywowane względami natury karnoprawnej i nie miały na celu likwidacji jakiejkolwiek grupy demograficznej.

Akta sprawy składają się ze 183 tomów. Zgodnie z ustawą Federacji Rosyjskiej o tajemnicy państwowej, stwierdzono, że w 36 tomach „sprawy katyńskiej" znajdują się dokumenty, w tym postanowienie o umorzeniu postępowania karnego z 21 września 2004 roku, zawierające informacje stanowiące tajemnicę państwową i opatrzone gryfem „tajne" oraz „ściśle tajne". Oprócz tego w dalszych 80 tomach wspomnianej sprawy, zdaniem Komisji, są dokumenty zawierające poufne i służbowe informacje nieprzeznaczone do rozpowszechnienia i znajduje się na nich gryf „do użytku służbowego". Sześćdziesiąt siedem tomów nie zawiera dokumentów oznaczonych wymienionymi gryfami.

Prokuratura Rosji powiadomiła Generalną Prokuraturę Rzeczypospolitej Polskiej o zakończeniu śledztwa we wspomnianym postępowaniu karnym i o gotowości udostępnienia możliwości zaznajomienia się z 67 tomami sprawy niezawierającymi dokumentów stanowiących tajemnicę państwową.

Obecnie rozpatruje się kwestię możliwości zastosowania wobec rozstrzelanych obywateli polskich ustawy FR o rehabilitacji ofiar prześladowań politycznych.

Naczelnik zarządu nadzoru przestrzegania
przepisów o bezpieczeństwie federalnym
Generał major sądownictwa
W. K. Kondratow*

Witomiła Wołk-Jezierska, córka jednej z ofiar katyńskich, porucznika Wincentego Wołka, jeszcze w 1998 roku wystąpiła do strony rosyjskiej o uznanie ojca za ofiarę represji politycznych w rozumieniu specjalnej ustawy z 1991 roku o rehabilitacji tego rodzaju ofiar. W połowie lat dziewięćdziesiątych kilkaset rodzin złożyło identyczne pozwy i otrzymało odpowiedź, że „sprawa może być rozpoznana dopiero po zamknięciu rosyjskiego śledztwa"**. W świetle tej odpowiedzi ponowny wniosek córki, złożony w 2004 roku, tuż po zamknięciu śledztwa, był całkowicie uzasadniony proceduralnie. Był to niejako krok zastępczy, nieadekwatny do statusu prawnego polskich oficerów, jednak rodziny pragnęły przynajmniej w ten sposób uzyskać satysfakcję od strony rosyjskiej. Odpowiedź Naczelnej Prokuratury Wojskowej Federacji Rosyjskiej nadeszła do ambasady polskiej w Moskwie 28 lutego 2006 roku. Według prokuratury polskich oficerów nie można uznać za ofiary represji politycznych, ponieważ „nie znaleziono dowodów, że zostali oni pociągnięci do odpowiedzialności karnej" na mocy radzieckiego

* Za: „Nowe Państwo", 12 maja 2005; „Karta", nr 44, 2005.
** Za: „Gazeta Wyborcza", 4–5 marca 2006, s. 3.

kodeksu karnego z 1926 roku, a w konsekwencji nie ma podstaw, by ich „zrehabilitować".

Rzeczywiście, przywołany tu radziecki kodeks karny z 1926 roku przewidywał, że skazany zostanie uprzednio formalnie oskarżony i osądzony. Tymczasem rozkaz Stalina z 5 marca 1940 roku nakazywał „sprawy tych osób [polskich oficerów i cywilów] rozpatrzyć w trybie specjalnym, bez wzywania aresztowanych, bez stawiania zarzutów, formułowania aktów oskarżenia i zamykania śledztw". Rosyjska prokuratura wyciągnęła stąd dogmatyczny wniosek, że polskich oficerów i cywilów można uznać jedynie za ofiary serii pojedynczych zwykłych zbrodni kryminalnych, które dawno się przedawniły. (Notabene wynika z tego, że sekretarzowi generalnemu WKP(b), Iosifowi Stalinowi, nie tylko udowodniono złamanie radzieckiej procedury karnej, ale i został on uznany za wielokrotnego sprawcę kierowniczego pospolitego morderstwa, czyli kogoś w rodzaju ojca chrzestnego mafii.) Zamiast zastosować różne wykładnie prawa – na przykład, w tym wypadku, logiczną, statyczną, dynamiczną, funkcjonalną – by wypełnić lukę prawną, rosyjska prokuratura wojskowa posłużyła się instrumentem ironicznie zwanym w żargonie prawniczym wykładnią według woli aktualnego ustawodawcy, czyli zastosowała się do woli Kremla*.

Oficjalne czynniki polskie sądzą, iż Moskwa obawia się, że gdyby polskich oficerów i cywilów uznano za ofiary represji

* Kuriozalny jest przepis dający prokuraturze, a więc organowi podległemu władzy wykonawczej, prawo interpretacji ustaw uchwalonych przez władzę ustawodawczą. W cywilizowanych państwach interpretacja prawa jest wyłącznym przywilejem niezawisłej od administracji władzy sądowniczej, a niekiedy najwyższych organów władzy ustawodawczej.

politycznych, to po pierwsze, zgodnie z ustawą z 1991 roku, żyjących jeszcze wykonawców rozkazu Stalina należałoby pociągnąć do odpowiedzialności karnej – tak samo należałoby oczywiście postąpić w wypadku uznania mordu katyńskiego za zbrodnię ludobójstwa lub zbrodnię wojenną – a tymczasem stanowisko Rosji jest takie, że wykonawcy rozkazów, nawet zbrodniczych, nie ponoszą za nie odpowiedzialności. (Wobec tego najwyższe władze Federacji Rosyjskiej powinny zaproponować pośmiertną rehabilitację większości zbrodniarzy nazistowskich skazanych w procesie norymberskim i w wielu innych procesach, którzy powoływali się na wykonywanie rozkazów swoich przełożonych.) Po drugie, rodziny ofiar miałyby podstawy do wystąpienia o odszkodowanie, a władze rosyjskie zapowiedziały, że nie będą uwzględniać takich wniosków, nie zważając na własną deklarację, że Rosja jest prawnomiędzynarodowym sukcesorem ZSRR.

Przekazując decyzję odrzucającą wniosek Witomiły Wołk-Jezierskiej, rosyjska prokuratura generalna odmówiła ujawnienia treści swojego wcześniejszego postanowienia o umorzeniu śledztwa w sprawie katyńskiej, a właśnie to postanowienie było podstawą zarówno wniosku, jak i odmownej decyzji prokuratury. Paradoksalnie, dzięki tej odmowie pani Wołk-Jezierska uzyskała podstawę prawną, by odwołać się do Europejskiego Trybunału Sprawiedliwości w Strasburgu. Jej pełnomocnicy uważają, że: Rosja naruszyła Europejską Konwencję Praw Człowieka, nie przeprowadzając rzetelnego postępowania w sprawie Katynia; zabójstwo polskiego oficera naruszyło zawarte w konwencji prawo do życia; odmowa przekazania uzasadnienia postanowienia o umorzeniu śledztwa w sprawie katyńskiej narusza prawo do sądu, ponieważ pozbawia powódkę „skutecznego środka odwołania"; „Trybunał Strasburski w czasie postępowania zapewne oceni też, czy zbrodnia katyńska była ludobójstwem"*.

Radziecka, a następnie rosyjska prokuratura prowadziła śledztwo w sprawie katyńskiej od 27 września 1990 roku**. Zgodnie z dwustronnym porozumieniem polski udział (Komisja Ścigania Zbrodni przeciwko Narodowi Polskiemu, będąca częścią Instytutu Pamięci Narodowej) w tym śledztwie miał charakter wyłącznie pomocniczy. Dopiero po umorzeniu śledztwa przez rosyjską prokuraturę generalną w 2004 roku, IPN rozpoczął własne śledztwo. Jak powiedział w 2005 roku profesor Witold Kulesza, szef KŚZPNP, zasadniczym celem polskiego śledztwa jest dokonanie

> oceny charakteru, w jakim polscy oficerowie znaleźli się w niewoli. [...] Chodzi o ustalenie, na jakich podstawach polscy żołnierze zostali wzięci do niewoli. W procesie norymberskim zapadło orzeczenie, że agresja niemiecka na Polskę była zbrodnią przeciwko pokojowi. Natomiast nie oceniono charakteru agresji 17 września. [...] To bardzo ważne, bo Związek Sowiecki uzasadniał wkroczenie na tereny Polski ochroną ludności ukraińskiej i białoruskiej, a tajny protokół [do paktu

---

* „Gazeta Wyborcza", 22–23 kwietnia 2006, s. 1.

** „Tak to wyglądało – powiedział [o filmie *Katyń*] były prokurator wojskowy, generał w stanie spoczynku Aleksandr Trietecki. – Gdy 17 lat temu, 27 września 1990 roku, powierzono mi prowadzenie dochodzenia w sprawie mordu na polskich oficerach, oznajmiłem, że śledztwo musi być wszechstronne, obiektywne i pełne. Tak też pracowaliśmy, by sprawiedliwości stało się zadość – przypomniał Trietecki. Jego zdaniem, wszyscy powinni zrozumieć i przyjąć to, co się stało" (http://www.dziennik.pl/Default.aspx?TabId=96&BackToCategory=4&ShowArticleId=65640). Wypowiedź gen. Trieteckiego jest zgodna z prawdą. On i jego współpracownicy, którzy pierwsi poprowadzili zarządzone przez Gorbaczowa śledztwo w sprawie katyńskiej, pracowali uczciwie i w dużej mierze wyjaśnili kulisy tej sprawy.

Ribbentrop–Mołotow] mówił coś innego: że te dwa państwa wcześniej podzieliły strefy wpływów. [...] Rok temu Główna [Naczelna] Prokuratura Wojskowa Federacji Rosyjskiej przysłała nam pismo, w którym stwierdziła, że żołnierze Armii Czerwonej po 17 września mogli dokonywać na terenach II RP tylko zwykłych zabójstw, których ściganie uległo przedawnieniu. Zbrodni wojennych mogli dokonać tylko żołnierze niemieccy. Prokuratorzy rosyjscy twierdzą, że pakt Ribbentrop–Mołotow był paktem obronnym przed niemieckim niebezpieczeństwem. Skoro był obronny, to nie było żadnego współdziałania Związku Radzieckiego i III Rzeszy.

Wobec takiego punktu widzenia musimy przedstawić naszą argumentację. Tu chodzi wyłącznie o dialog prawniczy.*

Równolegle do śledztwa polskiego kontynuuje swoje prace rosyjski Memoriał. Jesienią 2006 roku złożył on w Naczelnej Prokuraturze Wojskowej wniosek o rehabilitację 16 obywateli polskich.

Wybraliśmy siedmiu zamordowanych w Twerze i pochowanych w Miednoje oraz dziewięciu z Katynia. Wśród nich były dwie osoby, których szczątki wydobyte ze zbiorowej mogiły katyńskiej zidentyfikowała najpierw w 1943 r. komisja niemiecka, a potem w 1944 r. również radziecka komisja Nikołaja Burdenki. Zrobiliśmy to, żeby prokuratorzy nie odpowiadali nam, jak to robili wcześniej, że nie mogą nic zrobić w sprawie rehabilitacji ofiar, bo nie znają ich losu.

Jednak 7 lutego 2007 roku prokurator Michaił Gamalejew odrzucił wniosek Memoriału, z uwagi na to, że „nie ma akt sprawy karnej ani innych dokumentów, na podstawie których zastosowano wobec nich [ofiar] środki przymusu państwowego". Wówczas Memoriał zwrócił się do moskiewskiego sądu rejonowego z żądaniem unieważnienia decyzji

* Prof. W. Kulesza, wywiad w: „Gazeta Wyborcza", 18 maja 2005, s. 4.

prokuratora i nakazania ujawnienia akt śledztwa. W orzeczeniach z 15, 16 i 19 lutego sąd uznał, że „Memoriał jako organizacja społeczna ma wprawdzie prawo występować do prokuratury z wnioskami o rehabilitację konkretnych ofiar zbrodni komunistycznych, ale nie ma prawa odwoływać się od tych decyzji". Natomiast Memoriał miał prawo w ciągu dziesięciu dni odwołać się od orzeczenia sądu. Jednak orzeczenie doręczono wnioskodawcom dopiero 1 marca... Memoriał złożył zażalenie w sądzie wyższej instancji, który je przyjął, lecz w swoim orzeczeniu podzielił zdanie sądu pierwszej instancji. Memoriał zapowiedział kolejne apelacje, a wreszcie 29 listopada 2007 roku skierował skargę do Europejskiego Trybunału Praw Człowieka w Strasburgu, gdzie zapewne spotka się ona ze skargami kilku rodzin polskich i rodu Romanowów*.

(Nie słychać, aby polskie władze poparły zgłoszoną w 2007 roku kandydaturę Memoriału do Pokojowej Nagrody Nobla. Niewdzięczność względem majora Olega Zakirowa nie była zatem odosobnionym przypadkiem.)

W grudniu 2007 roku została reaktywowana polsko-rosyjska komisja do spraw trudnych, której działalność przez poprzednie pięć lat była zamrożona (współprzewodniczącym ze strony polskiej został profesor Adam Daniel Rotfeld, ze strony rosyjskiej profesor Anatolij Torkunow). Jednym z przedmiotów obrad komisji ma być sprawa katyńska. Wyniki prac komisji będą kolejnym testem intencji Moskwy.

---

* „Gazeta Wyborcza", 2 marca 2007, s. 11; 14 marca 2007, s. 7; 23 maja 2007, s. 11. W lutym 2008 r. Memoriał po raz trzeci otrzymał sądowe zawiadomienie, że jako organizacja społeczna nie ma prawa domagać się rehabilitacji ofiar stalinizmu.

Pierwszą decyzją komisji było ustalenie terminu wznowienia jej działalności dopiero na maj 2008 roku.

4 lutego 2008 roku, cztery dni przed wizytą premiera Donalda Tuska w Moskwie, w dodatku „Niezawisimoj Gaziety" poświęconym obronności ukazał się artykuł głoszący, że „potwornej zbrodni na Polakach [w Katyniu] są winni hitlerowcy". Wiktor Litowkin, znany ekspert wojskowy i zastępca szefa tego dodatku, uznał, że o zbrodni katyńskiej można dyskutować na takiej płaszczyźnie, a ponadto zainteresowała go teza autora artykułu, że „zamordowanych Polaków zmuszono wcześniej do pracy przy budowie bunkra Hitlera"*. Był to kolejny tego rodzaju artykuł w rosyjskiej prasie w ciągu kilku miesięcy, jednak zbieżność ukazania się tekstu w „Niezawisimoj Gazietie" z terminem wizyty polskiego premiera może budzić przykre skojarzenie z głosami radzieckiej prasy, która sygnalizowała cenne inicjatywy

---

* „Gazeta Wyborcza", 5 lutego 2008, s. 11.

Informując w wydaniu z 24 lutego 2008 r. o nominowaniu filmu *Katyń* do Oscara, największy szwedzki dziennik „Dagens Nyheter" napisał, że jest to „Dramat polskiego oficera i jego żony rozgrywający się w związku z nazistowską masakrą polskich oficerów w lesie katyńskim w 1940 r." (PAP, 24.02.2008). Następnego dnia dziennik, uprzedziwszy protest polskiej ambasady, opublikował sprostowanie i wyrazy ubolewania, usprawiedliwiając się błędem. Trudno zdecydować, co w tej sytuacji byłoby gorsze: ignorancja czy zła wola. W każdym razie w odniesieniu do krajów Zachodu łatwiej – niestety – uwierzyć, że błąd był spowodowany ignorancją, u której źródeł leży niski poziom tamtejszego szkolnictwa.

Nominacja do Oscara dla *Katynia* przyczyniła się do poprawy edukacji historycznej nie tylko Szwedów, ale i Amerykanów – w tym wielu członków Akademii Filmowej, dla których było odkryciem, że w 1939 r. III Rzesza i ZSRR wspólnie podbiły Polskę, zawarłszy pakt Ribbentrop–Mołotow. Gdyby film Wajdy został zaprezentowany w Niemczech wcześniej niż w lutym br., to być może również publiczna telewizja ARD byłaby odważniejsza i nie odmówiłaby udziału w produkcji dokumentu o powstaniu warszawskim, tłumacząc, że wyeksponowanie roli Stalina może jej „zaszkodzić [...] w dobrych stosunkach z Moskwą".

polskich komunistów przebywających w ZSRR tuż przed przyjazdem generała Władysława Sikorskiego do Moskwy w grudniu 1941 roku. Wiele się od tamtej pory zmieniło na Kremlu, lecz pewne techniki uznawane tam za dyplomatyczne pozostały bez zmian. Jak stwierdził Andriej Kolesnikow, publicysta dziennika „Wiedomosti", „Rosja wciąż nie pojmuje, co się wydarzyło w 1940 r., i wciąż szuka usprawiedliwień dla tamtej zbrodni"*. Słowa prezydenta Putina skierowane do premiera Tuska, że Katyń jest zbrodnią stalinowską, miały prawdopodobnie wywołać wrażenie, że Moskwa jest przychylnie usposobiona wobec polskiego stanowiska w tej sprawie, lecz sens tych słów jest wręcz odwrotny. Jak bowiem zauważył Aleksandr Gurjanow z Memoriału, „To dokładne powtórzenie sformułowania z depeszy radzieckiej agencji TASS z 13 kwietnia 1990 r., kiedy oficjalnie zakomunikowano, że za egzekucje Polaków był odpowiedzialny m.in. Ławrientij Beria i jego podwładni. To wtedy oficjalnie nazwano tragedię katyńską «jedną ze zbrodni stalinowskich» i tego sformułowania trzyma się Moskwa do dziś". Andrzej Przewoźnik, sekretarz Rady Ochrony Pamięci Walk i Męczeństwa, dodał zaś, że „w kategoriach prawnych nie ma pojęcia «zbrodnia stalinowska». Jest za to pojęcie zbrodni wojennej lub zbrodni przeciwko ludzkości. Wierzę, że kiedyś przywódca Rosji nazwie w ten sposób katyńską zbrodnię"**.

Raz jeszcze należy podkreślić, że na zabitych w Katyniu, Charkowie, Twerze, Bykowni i wielu innych, nieznanych jeszcze miejscach popełniono zbrodnię wojenną (tak jak zbrodnia ludobójstwa nie ulega ona przedawnieniu), może

* Za: „Gazeta Wyborcza", 14 lutego 2008, s. 11.

** „Gazeta Wyborcza", 21 lutego 2008, s. 2.

więc lepiej się stało, że nie zostali oni zaliczeni do ofiar „represji politycznych", chociaż jest oczywiste, iż rozkazując ich zamordować, Stalin kierował się motywami politycznymi. „Pomordowanych w Katyniu nie trzeba rehabilitować. Muszą tylko odnaleźć swe miejsce w historii polskiej walki i męczeństwa, by można im jawnie, otwarcie oddać hołd i uczcić ich pamięć wszędzie. A przede wszystkim na ziemi ojczystej" – pisał w 1976 roku Stanisław Zadrożny*. Ten warunek został już spełniony po stronie polskiej. Wkładem strony rosyjskiej ma być pełne ujawnienie wszystkich okoliczności zbrodni i wzięcie za nią pełnej odpowiedzialności. Tymczasem zaś 68 lat po śmierci prawie 22 tysiące polskich ofiar Stalina znalazły się w 2004 roku w czarnej dziurze prawnej.

Jak pisał Stanisław Swianiewicz,

> Liczba Żydów wymordowanych przez Gestapo jest o wiele większa niż liczba Polaków wymordowanych lub zamęczonych przez NKWD, lecz stosunki między nimi [Niemcami] a Żydami zostały znormalizowane. Stało się tak dlatego, że powojenne rządy niemieckie bezwzględnie i bezapelacyjnie potępiły mordy dokonane na bezprzykładną skalę przez hitlerowców w różnych krajach europejskich. Tymczasem nikt nie wie, ilu spośród sowieckich neostalinowców właśnie w decyzji katyńskiej widzi jeden z objawów mądrości Stalina jako męża stanu.**

W 1988 roku Stefan Melak uzupełnił te słowa ostrzeżeniem, że „do świadomości Rosjan winna dotrzeć wreszcie ta

* *W Katyniu zginął kwiat inteligencji*, „Orzeł Biały", Londyn, nr 140, kwiecień 1976, za: A. L. Szcześniak, *Katyń. Relacje, wspomnienia, publicystyka*, op. cit., s. 182.

** Stanisław Swianiewicz, *W cieniu Katynia*, Instytut Literacki, Paryż 1976, s. 351.

bezlitosna prawda, że tak długo, jak długo nie potępią mordu katyńskiego, podobne Katynie mogą powtarzać się ustawicznie"*. W cytowanej już przedmowie do książki Janusza K. Zawodnego profesor Zbigniew Brzeziński napisał: „Dziś jeszcze [7 grudnia 1988 roku], gdy tłumiąc w sobie gniew piszę te słowa, polityczni spadkobiercy morderców z Katynia nie mogą zdobyć się na to, by uznać winę, wskazać prawdziwych zabójców i w ten sposób obmyć przynajmniej ręce". Michaił Gorbaczow ujawnił winę Związku Radzieckiego, a Borys Jelcyn wyraził skruchę, lecz obecne stanowisko Kremla przekreśliło te gesty, przynajmniej w aspekcie moralnym. „Polityczni spadkobiercy morderców z Katynia" wciąż nie rozumieją, czym była i na zawsze pozostanie zbrodnia katyńska – dla Polaków i dla Rosjan.

W czerwcu 2007 roku, podczas zwołanej przez siebie konferencji wykładowców nauk społecznych, Władimir Putin „Apelował, aby wpajać młodym Rosjanom dumę z historii radzieckiego mocarstwa oraz usunąć ze szkolnych książek «obraźliwe fragmenty» podważające prawdę [?] o zwycięskiej II wojnie światowej"**. Podobna konferencja odbyła się już w 2002 roku, a jej pokłosiem było zastosowanie się wielu historyków do wezwania prezydenta, by „oczyścić historię z politycznych plew". Polegało to na przemilczaniu lub zniekształcaniu wstydliwych dla obecnego rosyjskiego rządu faktów („plew"). W 2007 roku Putin o wiele dobitniej sprecyzował swoje pojmowanie historii.

---

* Stefan Melak, *Katyń*, Archikonfraternia Literacka, Zeszyty Studium Nauki Społecznej Kościoła, Zeszyt Specjalny, Warszawa 1988, s. 35.

** Tomasz Bielecki, *Historia dla Rosjan*, „Gazeta Wyborcza", 27 sierpnia 2007, s. 12.

„A co do jakichś tam problematycznych stronic w naszej historii..." – zadumał się Putin. I przyznał: „Tak, one były. Tak, one były w historii każdego państwa. A u nas było ich mniej niż u niektórych. I u nas one nie były takie straszliwe jak u niektórych innych. Tak, nasza historia ma straszne stronice, przypomnijmy choćby rok 1937. Ale w innych krajach nie było lepiej, było straszniej".*

Jeżeli mówiąc, że w historii Rosji było mniej „strasznych stronic" niż w innych krajach i że w innych krajach były one bardziej straszne, Putin miał na myśli czynnik ilościowy, a tak wynika z kontekstu, to biorąc pod uwagę całą historię nowożytną, mógłby poprzeć tę tezę tylko przykładem komunistycznych Chin i być może jeszcze cesarskiej Japonii. Natomiast w kręgu cywilizacji nie tylko zachodniej, ale w ogóle chrześcijańskiej nie mógłby znaleźć niczego, co potwierdzałoby jego stwierdzenie. Jednak – co ważniejsze – Putin zupełnie abstrahował od czynnika moralnego, który odnosi się nie tylko i nawet nie tyle do strasznych czynów, ile do ich konsekwencji dla sprawców. Niemcy przyznali się do zbrodni popełnionych w imieniu narodu niemieckiego, a poczucie winy za te zbrodnie obciąża sumienie wielu z nich nawet ponad sześćdziesiąt lat po wojnie. Nie chodzi o to, by idąc w ślady Niemców, Rosjanie oskarżali się o zbrodnie popełnione przez ich przodków w trzecim pokoleniu, tym bardziej że ofiarami często byli ich dziadkowie i rodzice, ale o to, by mieli świadomość tych zbrodni. Postulat ten nie ma służyć budzeniu poczucia winy lub poniżeniu Rosjan, lecz zmianie ich spojrzenia na własną

---

* Za: Wacław Radziwinowicz, *Nie narzucajcie nam poczucia winy*, „Gazeta Wyborcza" – „Katyń", 15–16 września 2007, s. 10.

historię, aby przestali wierzyć w fałszywych bohaterów na Kremlu i nigdy więcej nie skopiowali „strasznych stronic", które oni zapisali.

Nie powinno być wątpliwości, że warunkiem pełnego wyjaśnienia i ujawnienia wszelkich aspektów sprawy katyńskiej jest pojawienie się wewnętrznych i międzynarodowych okoliczności wymuszających odstąpienie Rosji od neoimperialnej polityki, wprowadzanej na pełną skalę od początku drugiej kadencji prezydenta Władimira Putina, czyli od roku 2004. Nie powinno być również wątpliwości, że takie okoliczności się pojawią.

ZAKOŃCZENIE

W kwietniu 2003 roku, a więc prawie półtora roku przed umorzeniem rosyjskiego śledztwa w sprawie katyńskiej, polskie źródło przypomniało, że

> W 2001 roku szef pionu śledczego IPN prof. Witold Kulesza mówił, [...] że strona polska niezmiennie przyjmuje, iż mord katyński jest nieprzedawniającą się zbrodnią ludobójstwa. Zaznaczył, że podstawą tej kwalifikacji prawnej jest nadal obowiązujący w polskim prawie tzw. dekret sierpniowy PKWN z 1944 r., który tak właśnie określa mordowanie m.in. jeńców wojennych i osób cywilnych przez osoby – jak głosi dekret – działające „na rękę władzy okupacyjnej państwa niemieckiego lub z nim sprzymierzonego". „A przecież wiosną 1940 roku ZSRR był państwem sprzymierzonym z Trzecią Rzeszą" – przypomniał Kulesza.
>
> Jego zdaniem, ta kwalifikacja otwiera drogę do roszczeń wobec państwa rosyjskiego ze strony rodzin zamordowanych. „Sądzę, że tego obawia się Rosja, nie formułując takiej kwalifikacji mordu w Katyniu" – ocenił Kulesza.
>
> W lutym tego roku [2003] premier Rosji Michaił Kasjanow zapowiadał, że jego rząd w najbliższym czasie podejmie decyzje umożliwiające represjonowanym obywatelom polskim uzyskanie odszkodowań na tych samych zasadach jak obywatele rosyjscy. Obecnie skorzystanie przez Polaków z przepisów ustawy jest praktycznie uniemożliwione przez wymóg uzależniający przyznanie odszkodowania od stałego zameldowania w Federacji Rosyjskiej. Kwota odszkodowań ma charakter symboliczny.

Jest zależna od długości trwania represji. Według przepisów z 2000 roku, za każdy miesiąc przysługuje 75 rubli (10 zł). Łączna wypłacana kwota nie może być jednak większa od 10 tys. rubli (1400 zł).*

Pełnomocnik prawny Witomiły Wołk-Jezierskiej, mecenas Roman Nowosielski, stwierdził w połowie 2006 roku:

> – Uważamy, że zachodzi konieczność wznowienia postępowań karnych. [...] I dopiero w zależności od decyzji prokuratury rosyjskiej będzie można wreszcie podjąć skuteczne środki ochrony prawnej przed trybunałem strasburskim. Jeżeli uzna, że Rosja złamała prawo, to potwierdzi prawdę historyczną. I o to chodzi skarżącym. Nie chcą bogacić się na śmierci bliskich. Żądają zadośćuczynienia w wysokości symbolicznego jednego euro. Chcą tylko prawdy i niczego więcej.**

Nie ulega wątpliwości, że odwrót strony rosyjskiej od kwalifikowania zbrodni katyńskiej jako zbrodni przeciwko ludzkości, lub zbrodni wojennej, ma kilka przyczyn. O jednej z nich była już mowa w zakończeniu poprzedniego rozdziału – jest to arogancja byłego mocarstwa, które przejściowo odzyskało wątłe (bo oparte na tak niepewnym czynniku, jak wysokie światowe ceny surowców energetycznych) pozory siły i uważa, że daje mu to tytuł do lekceważenia prawa międzynarodowego.

Druga przyczyna wynika bezpośrednio z rzeczywistej słabości Rosji: jej władze, dążąc do integracji zatomizowanego, w przeważającej większości ubogiego społeczeństwa zagubionego po upadku imperium sowieckiego, chcą wyprzeć

---

* PAP – Polonia dla Polonii, 11 kwietnia 2003 – http://polonia.pap.net.pl, także: http://www.wspolnota-polska.org.pl/index.php?id=kw2_3_13

** Jerzy Pawlas, *Sprawa Katynia cały czas czeka na finał*, „Tygodnik Solidarność", nr 25, 2006.

z jego świadomości wszystko, co mogłoby stanowić pożywkę dla kompleksu narodowej winy lub niższości, i przy okazji skonsolidować naród wokół siebie. Dążenia te są jednak niespójne i niejednoznaczne. Z jednej strony władze starają się odwoływać do wielkości carskiej Rosji, a zamiast rocznicy bolszewickiego przewrotu 7 listopada 1917 roku czczą rocznicę wypędzenia polskiego garnizonu z Kremla 4 listopada 1612 roku, z drugiej zaś sławią Stalina za jego rzekomo wielki wkład w pokonanie III Rzeszy, nie wspominając o tym, że umożliwił on Hitlerowi rozpoczęcie drugiej wojny światowej, a następnie agresję na sam Związek Radziecki.

Wiosną 2007 roku emitowano w Rosji dwunastoodcinkowy serial „Testament Lenina", oparty na kilkunastu utworach Warłama Szałamowa, w którym radzieckie łagry expressis verbis nazwano obozami koncentracyjnymi, co jest ewenementem. 8 sierpnia zakończyły się w Moskwie miesięczne uroczystości poświęcone pamięci ofiar stalinowskiej wielkiej czystki z końca lat trzydziestych, zorganizowane przez Cerkiew i – ku zaskoczeniu obserwatorów – szeroko relacjonowane przez kanały rosyjskiej państwowej telewizji. 30 października 2007 roku prezydent Władimir Putin niespodziewanie wziął udział w uroczystościach żałobnych z okazji Dnia Ofiar Represji Politycznych na byłym poligonie NKWD w Butowie, gdzie w latach 1937–1938 rozstrzelano co najmniej 20 tysięcy ofiar stalinowskich czystek. Wydawałoby się, że zarówno udział prezydenta w uczczeniu ofiar reżimu, jak i wypowiedziane przez niego słowa świadczą o jednoznacznym odcięciu się od spuścizny stalinizmu i o potępieniu jej. Jednak Putin przybył do Butowa jako osoba prywatna, a jego wypowiedź dla prasy miała formę bezosobową. „Okres stalinowskich czystek był tragedią szczególną. Jej skala była ogromna – zesłano, unicestwiono, rozstrzelano miliony ludzi"*. Z tej wypowiedzi nie wynika, kto dokonał tej zbrodni ani jakie wnioski z wydarzeń sprzed siedemdziesięciu lat powinna wyciągnąć Rosja. Putin, pułkownik Federalnej Służby Bezpieczeństwa, spadkobierczyni NKWD, admirator założyciela Czeki Feliksa Dzierżyńskiego i niewątpliwie najwybitniejszego szefa KGB Jurija Andropowa, nie zdołał wyzwolić się ze swoich ograniczeń i jasno wskazać winnych ludobójstwa w Butowie. Gdyby otwarcie potępił zbrodniarzy z NKWD, którzy zastrzelili w Butowie obywateli radzieckich, to konsekwencją tego musiałoby być jednoznaczne potępienie zbrodni katyńskiej popełnionej przez NKWD na obywatelach polskich. Zamiast tego Putin stał się pierwszą po Stalinie głową państwa zasiadającą na Kremlu, o której coraz częściej mówi się i pisze bez podawania imienia i pełnionej przez niego funkcji państwowej – samo nazwisko ucieleśnia władzę. Można odnieść wrażenie, że pozwalając na wszystkie te uroczystości, a nawet pojawiając się na nich, Putin starał się zrównoważyć częściową rehabilitację Stalina, a zarazem zbierał głosy wyborców przed wyborami do Dumy w grudniu 2007 roku i wyborami prezydenckimi (w których wystartował wysunięty przez niego kandydat) w marcu 2008 roku. Natomiast moralną – a nawet polityczną – ocenę ludobójczych czystek pozostawiono Cerkwi, której wpływ na społeczeństwo rosyjskie nie jest zbyt duży.

Wreszcie po trzecie – chociaż, jak pamiętamy, premier Kasjanow zamierzał umożliwić „represjonowanym obywatelom

---

* Za: „Gazeta Wyborcza", 31 października–1 listopada 2007, s. 10.

polskim uzyskanie odszkodowań na tych samych zasadach jak obywatele rosyjscy", czyli praktycznie symbolicznych – należy założyć, że Moskwa obawia się, że rodziny polskich ofiar mogłyby domagać się o wiele wyższych odszkodowań. A wtedy rodziny ofiar radzieckich miałyby słuszne prawo domagać się równego potraktowania. To zaś byłoby ponad możliwości budżetu rosyjskiego państwa. Trafne jest spostrzeżenie, że „Gdy po rozpadzie ZSRR Rosja stała się jedynym prawnym spadkobiercą imperium, nikt nie zdawał sobie sprawy, że oznacza to przejęcie ciężaru zbrodni stalinowskich"*. Dlatego zimą 2006 roku Władimir Putin podczas wizyt w Pradze i Budapeszcie stwierdził, że potępia interwencję sowiecką w 1956 roku na Węgrzech i 1968 roku w Czechosłowacji, lecz Rosja „może za to ponosić odpowiedzialność moralną, ale nie prawną", co należy rozumieć jako wycofanie się z projektu Kasjanowa. Zresztą obawy Kremla przed roszczeniami odszkodowawczymi nie dotyczą Węgier i Czechosłowacji, a nawet indywidualnych roszczeń Polaków, lecz przede wszystkim państwowych roszczeń Litwy, Łotwy i Estonii, które mogłyby sięgnąć co najmniej dziesiątków miliardów dolarów.

Autor tej książki nie ma żadnego tytułu moralnego, aby udzielać rad członkom rodzin ofiar zbrodni katyńskiej. Jednak z czysto pragmatycznego i politycznego punktu widzenia wydaje się pożądane rozważenie zmiany brzmienia § 5, pkt. 1c Statutu Federacji Rodzin Katyńskich**. Powinno

* Marcin Wojciechowski, *Katyń. Lepsze pojednanie od odszkodowania*, „Gazeta Wyborcza", 8 marca 2006, s. 17.

** Klauzula ta głosi, że jednym z celów Federacji Rodzin Katyńskich jest „podejmowanie działań zmierzających do uzyskania odszkodowań od rządu Federacji Rosyjskiej" (http://www.federacja-katyn.org.pl/federacja_sta.php).

być jasne, że rodzinom ofiar bardziej zależy na pełnym ujawnieniu prawdy historycznej i bezwarunkowym przyjęciu odpowiedzialności historycznej za zbrodnię katyńską przez rząd Rosji, wyrażonym w oficjalnym, publicznym oświadczeniu tegoż rządu, niż na odszkodowaniach*. Dla uzyskania takiego obrazu wystarczyłoby, aby do wymienionej klauzuli dodać „w wysokości symbolicznego jednego euro", jak to ujął mecenas Roman Nowosielski w imieniu rodzin, które postanowiły szukać sprawiedliwości w Strasburgu. W sytuacji, kiedy uzyskanie słusznego odszkodowania – cokolwiek ten termin mógłby w tej sytuacji znaczyć – od Rosji wydaje się nierealne, takie postawienie sprawy byłoby najlepszym testem czystości intencji Kremla.

> Źle się stało, że w swoim czasie władze demokratycznej Rosji nie zdecydowały się na ujawnienie pełnych informacji na temat ostatnich chwil życia ponad 4 tys. oficerów Wojska Polskiego, jeńców obozu w Kozielsku. Choć zapewne mogły. W rezultacie w polskiej świadomości Katyń jawi się nadal jako zbrodnia nie do końca wyjaśniona. Stan taki nie służy nikomu. [...] Pora zrozumieć, że tu niczego nie da się przeczekać, licząc, że czas zatrze ślady i osłabi ludzką pamięć. Całe dzieje sprawy Katynia są tego najlepszym potwierdzeniem. Gdzie hipotekę obciąża ludobójstwo, tam solidarność ogólnoludzka musi wyprzedzać źle rozumianą lojalność plemienną. Akceptacja tej zasady nigdzie nie jest łatwa. Wiemy dobrze, jak trudna jest i w Polsce. Katyń to nasz ból, ale nie nasze brzemię. Pozostaje nadal liczyć na odważnych i mądrych Rosjan, od których zależy wyjaśnienie do końca sprawy mordu katyń-

---

* Tak też uważał Jerzy Łojek: „Należy natomiast odrzucić zdecydowanie postulat wypłacenia przez rząd ZSRR jakichkolwiek odszkodowań rodzinom ofiar. Mord 1940 roku nie ma ceny, którą można by go okupić!" (Leopold Jerzewski [J. Łojek], *Dzieje sprawy Katynia*, Wyd. Głos, Warszawa 1980, za: S. Melak, op. cit., s. 54).

skiego, która dość już ich państwu zaszkodziła. Należy ufać, że podołają zadaniu – we własnym, dalekosiężnym interesie.*

Miejmy nadzieję, że nie myli się prezes rosyjskiego oddziału Memoriału, Arsenij Roginski, gdy mówi, że „Do zamknięcia sprawy Katynia wystarczy ujawnienie dokumentów rosyjskiego śledztwa w tej sprawie oraz publiczne przyjęcie jednej, góra dwóch deklaracji polityczno-prawnych. Więcej kontrowersji nie ma"**.

Należy jednak stwierdzić, że podobnie jak wyzwolenie państw Europy Środkowej spod dominacji sowieckiej w 1989 roku mogło nastąpić dopiero wtedy, gdy ustrój totalitarny zaczął się załamywać w samym Związku Radzieckim, tak pełne uznanie przez Rosję prawdy i winy w związku ze zbrodnią katyńską będzie możliwe dopiero wtedy, gdy Rosja jednoznacznie i ostatecznie uzna swą winę wobec własnych obywateli, a w konsekwencji równie jednoznacznie i ostatecznie, bez żadnych zastrzeżeń, potępi stalinowski reżim i odetnie się od niego i jego dziedzictwa. Ten czas jeszcze nie nadszedł.

---

* Michał Synoradzki, Jacek Grodecki, Victoria Plewak, op. cit., s. 22.

** Wywiad w: „Gazeta Wyborcza", 19 września 2007, s. 20.

ANEKS 1

Liczba deportowanych – polemiki

W październiku 1941 roku zastępca ludowego komisarza spraw zagranicznych Andriej Wyszynski podał ambasadorowi Stanisławowi Kotowi, że ZSRR deportował 387 932 obywateli polskich. Natomiast zastępca ludowego komisarza spraw wewnętrznych Wasilij W. Czernyszow w raporcie dla Berii (przedstawionym następnie, w listopadzie 1945 roku, Stalinowi) napisał, że

> W okresie od 1939 do czerwca 1941 roku na terytorium ZSRR przybyło [sic!] 494.310 obywateli polskich. W tym samym okresie z liczby tej ubyło: przekazanych Niemcom byłych jeńców wojennych – 42.492; uwolnionych i skierowanych do Ukraińskiej i Białoruskiej SRR 42.000 osób. [...] Do momentu podpisania układu o przyjaźni między ZSRR a rządem Sikorskiego (30 lipca 1941 r.) w więzieniach, obozach i miejscach zesłań przebywały 389.382 osoby. Zgodnie z dekretem Prezydium Rady Najwyższej ZSRR z 12 sierpnia 1941 r. – 389.041 osób zostało objętych amnestią. W 1942 roku do Iranu ewakuowanych zostało 119.865 osób (76.110 z armii Andersa i 43.755 osób cywilnych). Obecnie w ZSRR pozostaje 218.000 Polaków.*

---

* Dokument cyt. przez Dmitrija Wołkogonowa, w: „Politiczieskoje obrazowanije", nr 12, 1989; za: Tadeusz Pióro, *Na Wschodzie i na Zachodzie. Ilu Polaków zginęło w II wojnie*, „Polityka", nr 20, 19 maja 1990, s. 13.

Jak pisze generał Tadeusz Pióro, syn pułkownika lekarza rozstrzelanego w Charkowie, „Zwraca tu uwagę nieścisłość: 389 382 – 119 865 = 269 517. 51 517 osób gdzieś się w tym raporcie «zapodziało»".

Według niego „Wiarygodność raportu NKWD przedłożonego Stalinowi jest – delikatnie mówiąc – wątpliwa, albowiem jest on zbyt ogólnikowy, brak w nim informacji o uwięzionych, skazanych, zesłanych do obozów pracy, eksterminowanych". Trzeba jednak podkreślić zbieżność sumarycznych liczb podanych przez Wyszynskiego i Czernyszowa: prawie 388 tysięcy i nieco ponad 389 tysięcy deportowanych. Liczba 494 310 Polaków „przybyłych" do ZSRR po odjęciu od niej 42 492 jeńców przekazanych Niemcom odpowiada w przybliżeniu około 446 tysiącom polskich obywateli przebywających w ZSRR, o których na przełomie 1941 i 1942 roku wiedziała polska ambasada w Moskwie. Ponadto notatka Berii dla Stalina z maja 1944 roku*, w której również podał on, że 389 382 Polaków deportowano, a 389 041 objęła „amnestia" (według stanu z września 1941 roku), zawiera bardzo dokładne zestawienie kategorii polskich obywateli w ZSRR, którego brakowało w dokumencie Czernyszowa, co skłoniło Tadeusza Piórę do podważania jego wiarygodności. Okazuje się, że w tym zbiorczym wykazie uwzględniono 120 962 osoby przetrzymywane w więzieniach, obozach i miejscach zsyłki, 243 106 osób w „miejscach specjalnego osiedlenia" oraz 25 314 jeńców wojennych.

---

* Zamieszczona w: Krystyna Kersten, *Ewidencja Berii. Ilu Polaków naprawdę wywieziono do ZSRR?*, „Polityka", nr 2, 8 stycznia 1994, s. 25.

Krystyna Kersten, córka oficera rozstrzelanego w Katyniu, podważa wiarygodność notatki Berii – podobnie jak Tadeusz Pióro raportu Czernyszowa – wskazując, że w rozmowach z ZSRR władze polskie stale operowały pojęciem „obywatele polscy", natomiast Moskwa od 1 grudnia 1941 roku, na kilkadziesiąt godzin przed spotkaniem Sikorski–Stalin na Kremlu, zaczęła zawężać ten termin do osób narodowości polskiej, co bardzo zaniżało statystyki deportacji. O ile – abstrahując od politycznych motywów i prawa międzynarodowego – można się doszukać bardzo wątpliwych podstaw takiej uzurpacji w odniesieniu do przedstawicieli narodów, których większość, jak Ukraińcy, Białorusini, Ormianie, żyła w ZSRR, o tyle dziwne jest, że Kreml uparcie odmawiał polskiego obywatelstwa na przykład Żydom – sprawia to wrażenie, jakby uważał ich za „naród radziecki". Żydzi dopiero w umowach Polskiego Komitetu Wyzwolenia Narodowego z Ukrainą, Białorusią i Litwą (9 i 22 września 1944 roku) uzyskali prawo wyboru obywatelstwa. W związku z owym wybiórczym podejściem Sowietów do kwestii obywatelstwa Krystyna Kersten uważa, że w dokumentach radzieckich nie podano rzeczywistej liczby polskich obywateli na terytorium ZSRR, lecz zaniżono ją o 40–50 procent, ponieważ uwzględniają one wyłącznie etnicznych Polaków.

Według Jana Czerniakiewicza* z Rosji, Kazachstanu, Kirgizji, Uzbekistanu, Tadżykistanu i Gruzji wróciło do Polski 259 tysięcy obywateli polskich. Do tej liczby należy dodać około 170 tysięcy żołnierzy Andersa i Berlinga.

---

* *Repatriacja ludności polskiej z ZSRR 1944–1948*, PWN, Warszawa 1987.

Krystyna Kersten pisze, że wspomniane w rozdziale trzecim tej książki

> Obliczenia Gurjanowa są oparte na założeniu, że zasady określone w instrukcji Berii z grudnia 1939 r. „O trybie przesiedlenia polskich osadników z zachodnich obszarów USRR i BSRR" oraz instrukcji dla naczelników transportów „specjalnych" z 17 stycznia 1940 r. były przestrzegane. Transporty miały liczyć 55 wagonów, w tym 52 wagony do przewozu przesiedleńców. Jeden wagon był przewidziany dla 25–30 osób. W 1940 r. w 209 transportach przewieziono wedle tych szacunków 277–280 tys. osób (1340 osób na jeden transport, przeciętnie 25 osób w wagonie). Wszystkie relacje, przede wszystkim spisywane na gorąco wypracowania dzieci oraz zeznania żołnierzy Armii Polskiej na Wschodzie (część została opublikowana przez Irenę Grudzińską-Gross i Jana Grossa w tomie *W czterdziestym nas Matko na Sybir zesłali*) wskazują, że liczba osób w wagonach wahała się od 30 do 50, 60 i więcej. Również liczba wagonów w transporcie była jedną z podstaw polskich szacunków rozmiarów wysiedleń i deportacji.

Gdyby nawet przyjąć te zastrzeżenia, wyrażone w 1994 roku, gdy wiedza historyków o omawianym tu przedmiocie była o wiele mniejsza niż obecnie, to rozmiar deportacji można by powiększyć najwyżej dwukrotnie, czyli z 327 do 600 tysięcy osób, co nadal byłoby liczbą co najmniej dwukrotnie mniejszą od dawnych szacunków.

Albin Głowacki zakwestionował z kolei zastrzeżenia, które miała Krystyna Kersten (i pośrednio Tadeusz Pióro) odnośnie do wiarygodności dokumentów NKWD. Pisze on, że pierwszym dowodem tej wiarygodności może być to, że właśnie dzięki archiwom NKWD Polacy dowiedzieli się, że oprócz zamordowanych w Katyniu, Charkowie i Twerze zginęło także ponad 7 tysięcy więźniów na Ukrainie i Białorusi. Po wtóre,

Biurokraci z NKWD zarejestrowali bowiem każdą rodzinę i każdego deportowanego, m.in. na kartach ewidencji personalnej. Jedna była przechowywana w rejonowej komendanturze NKWD, drugą przesyłano do Wydziałów Zakładów Poprawczych urzędu NKWD, trzecią – do Wydziału Osiedli Pracy Gułagu NKWD ZSRR. Z każdego deportowanego, przyjętego w „specposiołku", z każdego „wolnego zesłańca" trzeba się było rozliczyć. [...] Dlaczego funkcjonariusze NKWD mieliby – w okresie do czerwca 1941 r. – świadomie fałszować wewnątrzresortową dokumentację statystyczną? Czemu miałoby wtedy służyć ewentualne zaniżanie poufnej przecież liczby deportowanych obywateli polskich? Przed kim pragnęliby wówczas ukrywać prawdziwe dane i w jakim celu? Na czyje polecenie? W okresie powszechnej w ZSRR mody na „przekraczanie" planowych zadań można byłoby oczekiwać wręcz czegoś odwrotnego, a mianowicie np. zawyżania przed zwierzchnikami liczby „wrogów ludu", z którymi rzekomo zdołano się szybko i sprawnie już uporać, za co gorliwców mogło spotkać wyróżnienie, awans czy nagroda.*

I na koniec swojego artykułu Albin Głowacki zwraca uwagę na podstawową kwestię w polemice dotyczącej wiarygodności informacji Berii z maja 1944 roku: zawiera ona dane wyłącznie o aresztowanych i wywiezionych w głąb ZSRR, czyli „specprzesiedleńcach" i „wolnych zesłańcach". „W świetle znanej mi dokumentacji źródłowej NKWD brak jest podstaw do zakwestionowania tych właśnie danych w odniesieniu do tych dwóch kategorii osób". Natomiast ambasadę Rzeczypospolitej w Moskwie i później Związek Patriotów Polskich interesowali wszyscy obywatele polscy, którzy znaleźli się w ZSRR, niezależnie od rodzaju represji, a więc nie tylko te kategorie, które wymienił Beria.

* Albin Głowacki, *Widmo Berii w statystyce?*, „Polityka", nr 6, 5 lutego 1994, s. 24.

Z kolei z Albinem Głowackim polemizował Andrzej Korzon*, zadając między innymi pytanie, „czy raporty oddziałów konwojujących transporty deportacyjne odzwierciedlały stan faktyczny liczby zmarłych w drodze, czy też dopasowywały ich liczbę do warunków przewozu [„znośnych”] przewidzianych w [...] instrukcjach. [...] Jakieś inne względy mogły spowodować tworzenie podwójnej statystyki osób deportowanych”. Wydaje się jednak, że – po pierwsze – trudno byłoby stworzyć dwie równoległe, wewnętrznie spójne statystyki na tak olbrzymią skalę. Wreszcie – po drugie – nawet gdyby założyć, że w interesie wykonawców wywózek leżało zaniżenie liczby zmarłych w drodze, bo rzeczywiście mogłoby to świadczyć o niestosowaniu się do instrukcji, to zaniżenie ogólnej liczby deportowanych absolutnie nie było w ich interesie. (Jak stwierdził profesor Józef Buszko, „NKWD miało swoje plany ewakuacji [tzn. deportacji] i liczba wywożonych była z góry określona, zdarzało się, że dla dopełnienia kontyngentu brano «pierwszych z brzegu»”.) A właśnie gdyby przyjąć, że zaniżono liczbę deportowanych po to, aby ukryć liczbę (i odsetek) zmarłych, to nie tylko powracamy do pierwszego argumentu, ale również dostrzegamy, że wykonawcy mogli się narazić na gniew decydentów z powodu niewykonania rzeczy najważniejszej z punktu widzenia tych drugich – wywiezienia wszystkich tych, których wywieźć należało.

Podsumowując, liczby podane przez autorów *Represji sowieckich...* wypada uznać za dobrze udokumentowane.

---

* „Polityka”, nr 21, 21 maja 1994, s. 25.

ANEKS 2

Samotni skazańcy

Icek Erlichson (Edison) najpierw, w 1939 roku, zamknięty przez Sowietów w lwowskim więzieniu Brygidki, został następnie przewieziony do obozu jenieckiego w Starobielsku, a stąd do łagru numer 9 w lasach katyńskich, z którego wraz z Alfredem Binensztokiem i dwoma innymi jeńcami uciekł jesienią 1940 roku; schwytanego po kilku dniach przewieziono do więzienia w Chersoniu, wreszcie skazano na pobyt w łagrze na Kołymie. W tym krótkim wyliczeniu etapów przymusowej peregrynacji Erlichsona na „nieludzkiej ziemi" zdumienie może budzić jego wspólny z Alfredem Binensztokiem pobyt właśnie w łagrze numer 9, i to aż do jesieni 1940 roku. Zajmiemy się tu pokrótce tym przypadkiem na tyle, na ile pozwalają dostępne dziś źródła – cytowane tu jedynie wybiórczo, tytułem przykładu – właśnie po to, aby uzmysłowić czytelnikom niepewność tych źródeł, a tym samym to, że daleko jest jeszcze do całkowitego wyjaśnienia wszystkich aspektów i szczegółów sprawy Katynia.

Najpewniejsze źródło, polski *Rocznik oficerski rezerw. 1934**, podaje następujące informacje o Alfredzie Binensztoku:

---

* Opracowany i wydany przez Biuro Personalne Ministerstwa Spraw Wojskowych, Warszawa 1934, reprint, Rada Ochrony Pamięci Walk i Męczeństwa oraz Instytut Polski i Muzeum im. Generała Sikorskiego, Warszawa–Londyn 2003.

s. 230 – Lista starszeństwa oficerów rezerw sanitarnych
Grupa dentystów
Podporucznicy
Starszeństwo z dniem 1-go lipca 1925 r.
Pozycja 10: Binensztok Alfred (26.10.1896).

s. 795 – Kadra zapasowa 9 szpitala okręgowego
A. Oficerowie rezerwy
Korpus oficerów sanitarnych
Grupa lekarzy dentystów
Podporucznicy
[na ósmej pozycji] Binensztok Alfred (26.10.1896) P.K.W. Pińsk.

s. 1082 – [spis alfabetyczny oficerów wymienionych w *Roczniku*] Binensztok Alfred.

Dostrzegamy rozbieżność między relacją Erlichsona-Edisona a źródłem oficjalnym: Binensztok miał stopień podporucznika, nie zaś majora, jak pisał Erlichson, ani kapitana, jak wynikałoby ze wspomnień jego żyjącej w Brazylii rodziny*. Jest to naturalne i zrozumiałe, ponieważ jako rezerwista nie miał okazji wykazać się w służbie osiągnięciami, które predestynowałyby go do awansu po 1925 roku (data starszeństwa).

Kolejne źródło oficjalne to *Charków. Księga cmentarna polskiego cmentarza wojennego***. Zapis dotyczący Binensztoka brzmi następująco:

Ppor. sł. zdr. rez. Alfred Binesztok [sic] s. Dawida i Hawy, ur. 26 IV 1896 w Warszawie. Absolwent Gimnazjum im. Finkla w Warszawie,

---

* http://www2.sirkis.com.br/noticia.kmf?noticia=5528147&canal=258&total=42&indice=20

** Praca zbior., Rada Ochrony Pamięci Walk i Męczeństwa/Oficyna Wydawnicza Rytm, Warszawa 2003.

Szkoły Dentystycznej A. Troppa i Państwowego Instytutu Dentystycznego w Warszawie (1921). W WP od 1919 ochotniczo w szeregach Grupy Poleskiej. Uczestnik wojny 1919. Od 1920 w rezerwie. Przydzielony do 87 pp, w którym odbywał ćwiczenia rezerwy, następnie do kadry zapasowej 9 Szp. Okr. Dentysta w Pińsku, *bdd* [brak dalszych danych].

Otrzymujemy potwierdzenie, że Binensztok był podporucznikiem. Natomiast błędnie wydrukowano w *Księdze* jego nazwisko i datę (miesiąc) urodzenia (powinien być kwiecień zamiast października, jak w *Roczniku*). Za cenną wskazówkę należy uznać końcową informację – *bdd*, czyli brak dalszych danych dotyczących losu osoby.

Na stronie internetowej www.katedrapolowa.pl/ofiary.php pod pozycją numer 884 według listy Instytutu Pamięci Narodowej można znaleźć następującą notę:

ppor. Alfred Binesztok [sic] ur. 1896-10-26, Warszawa, dr dent., 9 szp. okr., zm. 1940, Charków.

Źródło to jest wtórne wobec cytowanej wyżej fundamentalnej *Księgi cmentarnej*...

Wreszcie wypada dodać, że pierwszą publikacją, w której znalazło się nazwisko „Binensztok Alfred, ppor.", była *Lista katyńska, jeńcy obozów Kozielsk – Ostaszków – Starobielsk, zaginieni w Rosji Sowieckiej*, opracowana przez majora Adama Moszyńskiego i po raz pierwszy opublikowana przez Wydawnictwo „Gryf" w Londynie w 1949 roku. Trzeba podkreślić, że – podobnie jak inne osoby wymienione na *Liście* – Binensztok występuje tam jako jeniec (obozu w Starobielsku), nie zaś jako rozstrzelany oficer (w tym wypadku w Charkowie). I właśnie ta różnica stanowi o wiarygodności *Listy* i rzetelności jej autora, który przez dziesięciolecia kontynuował swoje badania i weryfikował otrzymywane informacje, oraz stanowi klucz do wstępnego rozstrzygnięcia zagadnienia będącego tematem tego aneksu: czy Erlichson-Edison nie mylił się – lub nie konfabulował – pisząc o spotkaniu Alfreda Binensztoka w łagrze numer 9 w lesie katyńskim? Pomyłka w podaniu stopnia Binensztoka mogłaby świadczyć na jego niekorzyść.

Co jednak niezbicie wynika z wszystkich przytoczonych źródeł? Wyłącznie to, że podporucznik Alfred Binensztok, lekarz dentysta z zawodu, urodzony w 1896 roku, był jeńcem obozu w Starobielsku. Żadne źródło nie podaje w sposób udokumentowany daty i miejsca jego śmierci. Jego zwłoki nie zostały zidentyfikowane podczas ekshumacji w Piatichatkach pod Charkowem. Został on zaliczony do ofiar masowego mordu w Charkowie tylko symbolicznie. Ponieważ był jeńcem Starobielska, a ślad po nim zaginął, założono, że zginął wiosną 1940 roku w Charkowie.

Jaka zatem jest konkluzja?

Nie wiemy, dlaczego Binensztok został wywieziony z obozu w Starobielsku, a równocześnie nie mamy podstaw, by podawać w wątpliwość relację Icka Erlichsona-Edisona, że spotkał on Binensztoka w obozie numer 9 w lesie katyńskim. Stan jego pamięci nie dopuszczałby aż tak dużej pomyłki, a konfabulacja nie miałaby żadnego sensu.

Podanie przez Erlichsona nieprawidłowego stopnia oficerskiego Binensztoka miałoby w wypadku bardziej popularnego nazwiska – i kilkakroć rzeczywiście miało – poważne konsekwencje dla badaczy sprawy katyńskiej*, niezmiernie utrudniając identyfikację ofiary, lecz akurat gdy chodzi o nazwisko Binensztok, ten czynnik nie wchodzi w grę.

Nieco podobny problem jest z oficerem określonym przez Erlichsona jako major Śliwiński, którego poznał on w Starobielsku w 1940 roku. Na *Liście* majora Moszyńskiego występuje sześciu oficerów o tym nazwisku:

Śliwiński ......, ppor. art.
Śliwiński Antoni
Śliwiński Marian Włodzimierz, por., 1905, s. Ludwika i Heleny
Śliwiński Stanisław, por. piech. rez.
Śliwiński Stanisław, ppor. rez., 1918, s. Jana i Marii – 11 p. art.
Śliwiński Władysław, rtm., d-ca 3 szwadronu 26 p. uł.

Jak widać, nie ma tu oficera w stopniu majora, ale ranga jednego z nich, imieniem Antoni, jest niepewna (nie została podana).

Natomiast na najnowszej, zweryfikowanej liście zamieszczonej na stronie internetowej Katedry Polowej, znajduje się tylko czterech oficerów o nazwisku Śliwiński.

1. Mjr Antoni ŚLIWIŃSKI, ur. 1897-07-27,
miejsce urodzenia: Cebulowo,
dca 91 dyonu panc. Now. BKaw., zm. 1940, Charków
2. Por. Marian ŚLIWIŃSKI, ur. 1905-06-08,
miejsce urodzenia: Kraków,
dr praw, 74 pp, zm. 1940, Charków

* Na przykład wśród ofiar było dwóch kapitanów noszących nazwisko Wajda i urodzonych w tym samym roku (1900). Karol Erazm Wajda z 73. pułku piechoty był jeńcem Kozielska i zginął w Katyniu, a Jakub Wajda (ojciec reżysera *Katynia*) z 72. pułku piechoty był jeńcem Starobielska (nr 453) i zginął w Charkowie.

3. Por. Stanisław ŚLIWIŃSKI, ur. 1900-11-07,
miejsce urodzenia: Lublin,
nauczyciel, adiutant 206 pp rez., zm. 1940, Charków
4. Ppor. Stanisław ŚLIWIŃSKI, ur. 1918-06-09,
miejsce urodzenia: Jekatierinosław w Rosji,
nauczyciel, oficer zwiad., 11 pal, zm. 1940, Charków

A zatem dane oficerów noszących imiona Stanisław (dwóch) oraz Marian zostały potwierdzone i uzupełnione, obecność na liście ofiar Władysława Śliwińskiego i podporucznika tegoż nazwiska o nieustalonym imieniu została uznana za bezpodstawną, natomiast okazało się, że Antoni Śliwiński był majorem. Mamy zatem do czynienia z następującymi możliwościami: albo Erlichson poznał właśnie majora Antoniego Śliwińskiego – ale w takim razie na liście byłby błąd, ponieważ Erlichson ponownie spotkał żywego oficera na Kołymie w 1941 roku i jeszcze raz, już w stopniu pułkownika, latem 1942 roku w Jangi-Jul, tuż przed wyruszeniem ostatniego polskiego transportu wojskowego do Persji – albo pomyłkowo nazywa majorem któregoś z pozostałych trzech oficerów z najnowszej listy, co także oznaczałoby, że na liście jest błąd, skoro oficer ten nie zginął w Charkowie, albo oficerem zwanym przez niego majorem Śliwińskim był ów wykreślony z najnowszej listy podporucznik artylerii, którego nazwisko Moszyński podał bez imienia. Autor tej książki uważa, że w grę wchodzi pierwsza możliwość, co implikowałoby konieczność dalszej weryfikacji najnowszej listy ofiar obozu w Starobielsku.

Spotyka się u Erlichsona również przekręcenia nazwisk. Na przykład w bloku 21 w obozie starobielskim poznał – równocześnie z majorem Śliwińskim – innego polskiego oficera pochodzenia żydowskiego, którego określa jako Maks Machenbojm. Tymczasem poprawne brzmienie tego nazwiska jest Machonbaum. Tak widnieje zarówno na *Liście* Moszyńskiego, jak i na najnowszej urzędowej liście ofiar z obozu w Starobielsku.

> Ppor. Maks MACHONBAUM, ur. 1906-09-08,
> miejsce urodzenia: Warszawa,
> technolog, OK I, zm. 1940, Charków.

Podobny błąd popełnił autor w innym miejscu, pisząc, że po przybyciu do Kujbyszewa został w siedzibie polskiej komendantury przyjęty przez jej szefa, generała Wieligowskiego. Nie było generała o takim nazwisku w Wojsku Polskim. „Polska komendantura" to najprawdopodobniej Polska Misja Wojskowa w ZSRR, której szefem był generał Romuald Wolikowski.

Jednak tego rodzaju pomyłki są mało znaczące, jeśli chodzi o wiarygodność relacji Erlichsona. Powinny one nawet – paradoksalnie – budzić uznanie dla jego pamięci, która nie zawodzi go w o wiele ważniejszych z ogólnego, historycznego punktu widzenia fragmentach jego narracji, oraz potwierdzają jego wiarygodność. Autorzy fałszywek czy apokryfów dobrze wiedzą, że najłatwiej wzbudzić zaufanie czytelników, w tym także badaczy, snując fałszywą narrację na jak najprawdziwszych, bezbłędnie podanych szczegółach, które łatwo można zweryfikować. Tymczasem u Erlichsona widzimy coś odwrotnego – bez wahania podaje on szczegóły, które zapamiętał w zdeformowanej postaci.

Wracając do postaci Binensztoka, powinniśmy więc przyjąć, że tak jak podaje Erlichson, istotnie został on – a także, między innymi, starszy od niego kapitan Brzozowski – przeniesiony z obozu w Starobielsku do łagru numer 9 koło Katynia, i dopiero jesienią 1940 roku został rozstrzelany za próbę ucieczki. (Jak zresztą wynika z relacji Erlichsona, do ucieczki pchnęło go ostrzeżenie, że wszyscy oni i tak zostaną wkrótce rozstrzelani.) Niezależnie od relacji Erlichsona, teza ta znajduje potwierdzenie: Józef Czapski, który wyjechał ze Starobielska w kilkunastoosobowej grupie jeńców dopiero 12 maja, pisał we *Wspomnieniach starobielskich*, że w Charkowie „wysadzono dwu z nas"*. Może jednym z tych dwóch był Binensztok, może odłączono go od jakiegoś innego, wcześniejszego transportu, a może – tak jak Erlichson i Brzozowski – wcześniej został karnie wywieziony ze Starobielska. Dlaczego jednak jego i kilku innych jeńców, w tym Erlichsona, nie rozstrzelano w Charkowie, skoro i tak wszyscy oni mieli wkrótce zginąć? Oto jedna z zagadek NKWD.

Na podstawie powyższej analizy należy uznać, że relacja Icka Erlichsona z jego czteroletniego pobytu w Związku Radzieckim jest autentyczna, a drobne nieścisłości, spowodowane tym, że autor pisał tę relację po kilku latach, nie tylko nie podważają jego wiarygodności, lecz przeciwnie – należy mieć podziw dla jego pamięci do o wiele ważniejszych szczegółów niż stopnie wojskowe lub to, jak dokładnie brzmiały nazwiska jego towarzyszy niedoli. Konkludując, prawdziwe są słowa autora, że „To książka-dokument. Zostały w niej utrwalone wydarzenia, w których uczestniczyłem. Nie ma w niej żadnych ubarwień. Piszę o tym, co widziałem i przeżyłem".

Można przypuszczać, że nazwiska Binensztoka, lub na przykład kapitana Brzozowskiego, nie ma na żadnej – ani

* J. Czapski, *Wspomnienia starobielskie,* op. cit., s. 44. Adam Moszyński podaje, że na stacji Babynino wysadzono jeszcze jedną osobę.

rosyjskiej, ani ukraińskiej, ani białoruskiej – sowieckiej liście katyńskiej, jeżeli nie został on zgładzony na podstawie decyzji Biura Politycznego z 5 marca 1940 roku.

Losy podporucznika Alfreda Binensztoka zostały tu szerzej omówione jedynie jako narzucający się przykład, a zarazem dowód, jak wielka jest jeszcze sfera niewiedzy w sprawie katyńskiej. Gdyby nie prawie zupełnie nieznana i niedostępna nawet w największych polskich bibliotekach książka I. E. Edisona, nawet tak pobieżna analiza tego jednego przypadku byłaby niemożliwa. On zaś z kolei dowodzi, że nawet po ewentualnym ujawnieniu wszystkich list katyńskich konieczne będą badania zmierzające do ustalenia losów pojedynczych jeńców polskich, jak wspomniani przez Erlichsona Binensztok, major W., porucznik Sokół, kapitan Brzozowski i z pewnością wielu innych, a także na przykład kapelanów wojskowych, wywiezionych z trzech głównych obozów w nieznanym kierunku, oraz cywilów, jak choćby konsul Jerzy Matusiński z Kijowa – oraz ostateczna weryfikacja tych list, bo obecność na nich wielu nazwisk wzbudza wątpliwości.

Przypadek rotmistrza Stanisława Kuczyńskiego-Iskandera jest tu kolejnym dobrym przykładem. Urodzony 8 października 1907 roku, wnuk jednego z organizatorów armii tureckiej, Kuczyński był z cywilnego wykształcenia architektem. Czesław Madajczyk pisał, że „Już w listopadzie 1939 roku został wywieziony [z obozu] w nieznanym kierunku i ślad po nim zaginął. Wcześniej złożył podanie do poselstwa tureckiego w Moskwie z prośbą o wyreklamowanie go do Turcji"*. Janusz K. Zawodny podaje, że Kuczyńskiego

* C. Madajczyk, op. cit., s. 17.

wywieziono z obozu „w końcu listopada lub w początkach grudnia 1939 r."* Według Madajczyka Kuczyński był jeńcem Kozielska. Informacja ta jest nieprawdziwa, ponieważ mamy pewność, że Kuczyński przebywał w obozie w Starobielsku. Madajczyk prawdopodobnie oparł się na jednym z dziewięciu dokumentów, które komisja Burdenki zaprezentowała jako napisane przez Polaków po maju 1940 roku i wydobyte przez nią z mogił katyńskich na przełomie roku 1943 i 1944. Eksperci polscy zakwestionowali je, wskazując w odniesieniu do dokumentu związanego z Kuczyńskim, że oficer ten nigdy nie był w Kozielsku, a zatem nie mógł zostać zamordowany w Katyniu**.

Jednak sprawa nie jest prosta. Dokumentem tym była nie wysłana pocztówka w języku polskim zaadresowana na Warszawę, ul. Bagatelia (sic) 15, m. 47, na nazwisko Ireny Kuczyńskiej, datowana w czerwcu 1941 roku (dlatego Sowieci przedstawili ją jako dowód, że polscy jeńcy jeszcze wówczas żyli), napisana przez Kuczyńskiego***. Żaden jeniec Kozielska nie żył w czerwcu 1941 roku, z wyjątkiem tych, którzy wiosną 1940 roku zostali przewiezieni do Griazowca, zatem Madajczyk błędnie posłużył się tym dokumentem jako dowodem, że Kuczyński był jeńcem Kozielska. Nie można jednak zakładać, że pocztówka została sfałszowana. Odwrotnie – należy raczej przyjąć, że Sowieci mieli dość autentycznych dokumentów, aby wybrać spośród nich kilka, które

---

* J. K. Zawodny, op. cit., s. 84.

** *Fakty i dokumenty dotyczące polskich jeńców wojennych pojmanych w ZSRS podczas kampanii 1939 roku*, [nie ujawniony redaktor zbioru – dr Wiktor Sukiennicki], Londyn 1946.

*** Za: J. K. Zawodny, op. cit., s. 79.

po podrzuceniu do mogił katyńskich wytrzymałyby próbę weryfikacji. Konkludując, omawiany dokument może być autentyczny, a to z kolei prowadzi do wniosku, że po wywiezieniu z obozu w Starobielsku rotmistrz Kuczyński żył jeszcze co najmniej do czerwca 1941 roku. Napisał kartkę, która nie została wysłana przez NKWD do adresatki. Otwarte pozostają pytania: gdzie się znajdował, pisząc tę pocztówkę, kiedy ją napisał (być może dopiero w 1943 roku i antydatował ją na żądanie NKWD), jaka jest jej treść, gdzie ten dokument znajduje się obecnie (czy w zespole akt komisji Burdenki?) oraz jakie były dalsze losy Kuczyńskiego. Jest pewne, że po włączeniu pocztówki do materiałów komisji Burdenki, czyli po ogłoszeniu rzekomej śmierci Kuczyńskiego w Katyniu, Sowieci nie mogli go już wypuścić na wolność, nawet jeśli był jeszcze wtedy, w styczniu 1944 roku, wśród żywych. Jest też pewne, że skoro Sowieci byli zmuszeni wrzucić do mogił katyńskich kartkę napisaną przez byłego jeńca Starobielska, to znaczy, że w 1943 roku nie żył już żaden z byłych jeńców Kozielska, wywiezionych w nieznanym kierunku pojedynczo lub małymi grupkami zimą 1939/1940 roku, którego można by skłonić do napisania podobnej kartki. Należy bowiem absolutnie wykluczyć, że NKWD zaniedbał tak ważnej sprawy jak maskowanie swojego sprawstwa zbrodni katyńskiej i odpowiedzialni za to funkcjonariusze wrzucili do mogiły taką kartkę, jaką akurat mieli pod ręką.

Prawdopodobnie akta personalne Kuczyńskiego nie zostały zniszczone przez Szelepina w 1959 roku, ponieważ raczej nie znajdował się on na liście 21 857 osób rozstrzelanych na podstawie decyzji Biura Politycznego z 5 marca 1940 roku.

ANEKS 3

Kontrowersje wokół cmentarzy

Nieliczni członkowie rodzin ofiar zbrodni katyńskiej, w tym zwłaszcza Witomiła Wołk-Jezierska*, córka zamordowanego w Katyniu porucznika Wincentego Wołka, nie chcą uznać cmentarzy w Katyniu, Charkowie i Miednoje za miejsca pamięci i domagają się ekshumacji wszystkich szczątków oraz przeniesienia ich do Polski. Argumentują to tym, że część szczątków ofiar pogrzebanych w Miednoje zbezcześciły nieczystości wypływające z sąsiadującego niegdyś z dołami śmierci szamba. Koncepcja ta jednak wydaje się nierealna choćby z tego względu, że z przyczyn obiektywnych nie można w uporządkowany sposób rozdzielić szczątków poszczególnych ofiar, aby następnie urządzić im indywidualne groby, a ponadto do tradycji należy zakładanie cmentarzy wojennych w miejscu, w którym zmarli zginęli, lub w pobliżu takiego miejsca. Przykładem może być cmentarz polski na Monte Cassino, liczne w południowo-wschodniej Polsce cmentarze żołnierzy armii austro-węgierskiej i rosyjskiej, którzy zginęli w początkowym okresie pierwszej wojny światowej, czy kwatera żołnierzy alianckich na Cmenta-

---

* Autorka książki *Kulisy zbrodni katyńskiej*, Nortom, Wrocław 2005. Jej zdanie podzielał także nieżyjący już Jerzy Łojek, syn zabitego w Katyniu mjr. dr. med. Leopolda Łojka, autor wspomnianych *Dziejów sprawy Katynia*.

rzu Rakowickim w Krakowie. Przeciw temu przykładowi wysuwane są kontrargumenty, że polscy jeńcy wojenni nie padli na polu bitwy, lecz leżą tam, gdzie ich zamordowano, a żołnierze radzieccy, którzy zginęli w Polsce, walcząc z cofającymi się armiami niemieckimi w 1944 i 1945 r., zostali w znacznej części ekshumowani z tymczasowych mogił polowych i pochowani na dużych cmentarzach wojennych w Polsce. Inny argument opiera się na encyklopedycznej definicji cmentarza jako miejsca, „gdzie w grobach pojedynczych lub zbiorowych grzebie się w n i e s i o n y c h tam zmarłych". Tej definicji odpowiada tylko cmentarz w Katyniu, gdzie – jak wyżej wspomniano – członkowie Komisji Technicznej PCK urządzili ofiarom mordu sześć nowych mogił zbiorowych oraz dwie pojedyncze. Rzeczywiście, w Piatichatkach pod Charkowem i w Miednoje ofiary pozostały tam, gdzie je wrzucili oprawcy, jednak odprawiony w tych miejscach ceremoniał pochówku zmienił ich pierwotny charakter, podobnie jak poświęcenie zwykłej budowli zmienia ją w świątynię.

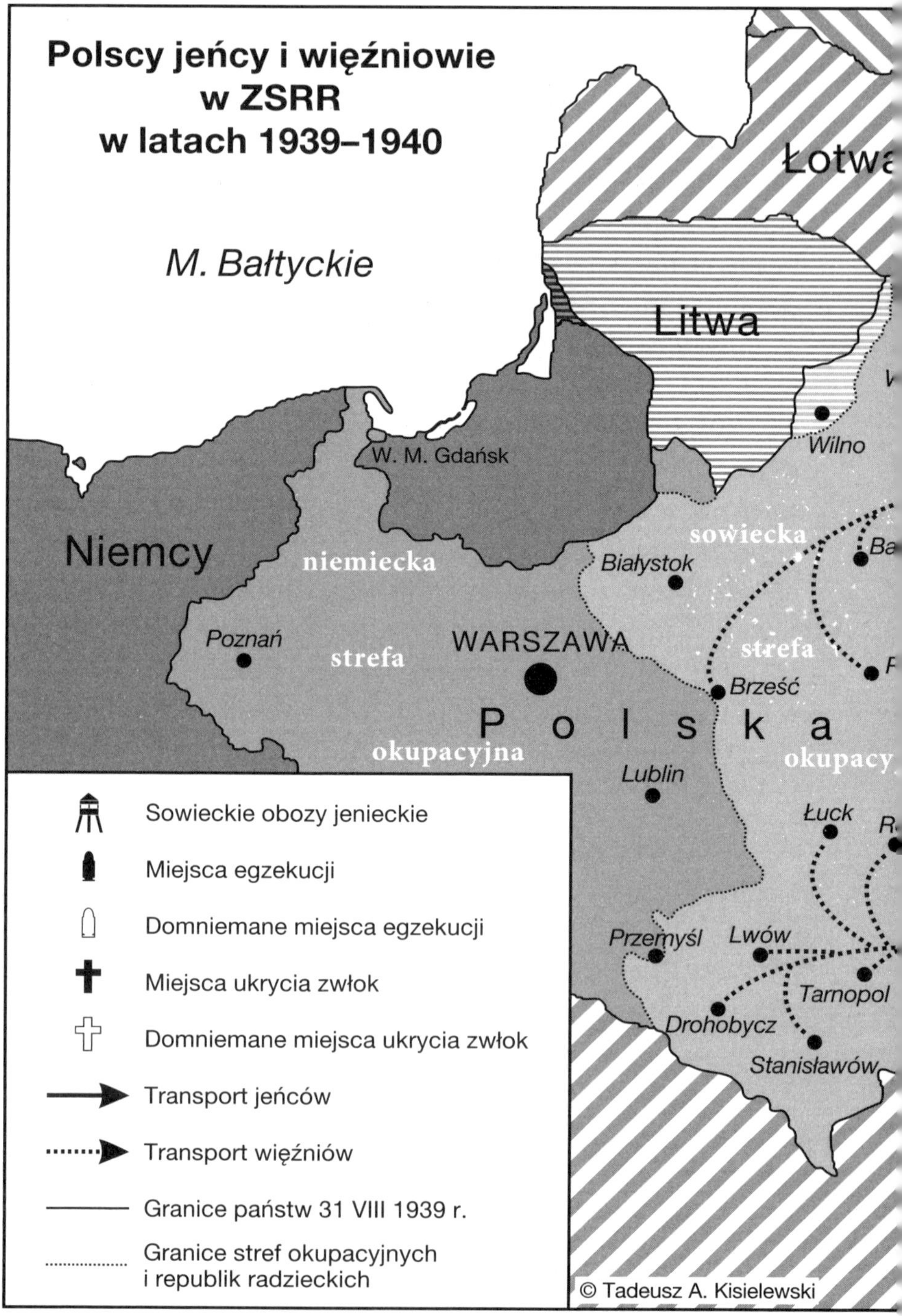

Polscy jeńcy i więźniowie
w ZSRR
w latach 1939–1940
Łotwa
M. Bałtyckie
Litwa
Wilno
W. M. Gdańsk
Niemcy
niemiecka
sowiecka
Białystok
Poznań
strefa
WARSZAWA
strefa
Brześć
P o l s k a
okupacyjna
okupacy
Lublin
Łuck
Przemyśl
Lwów
Tarnopol
Drohobycz
Stanisławów
Sowieckie obozy jenieckie
Miejsca egzekucji
Domniemane miejsca egzekucji
Miejsca ukrycia zwłok
Domniemane miejsca ukrycia zwłok
Transport jeńców
Transport więźniów
Granice państw 31 VIII 1939 r.
Granice stref okupacyjnych
i republik radzieckich
© Tadeusz A. Kisielewski

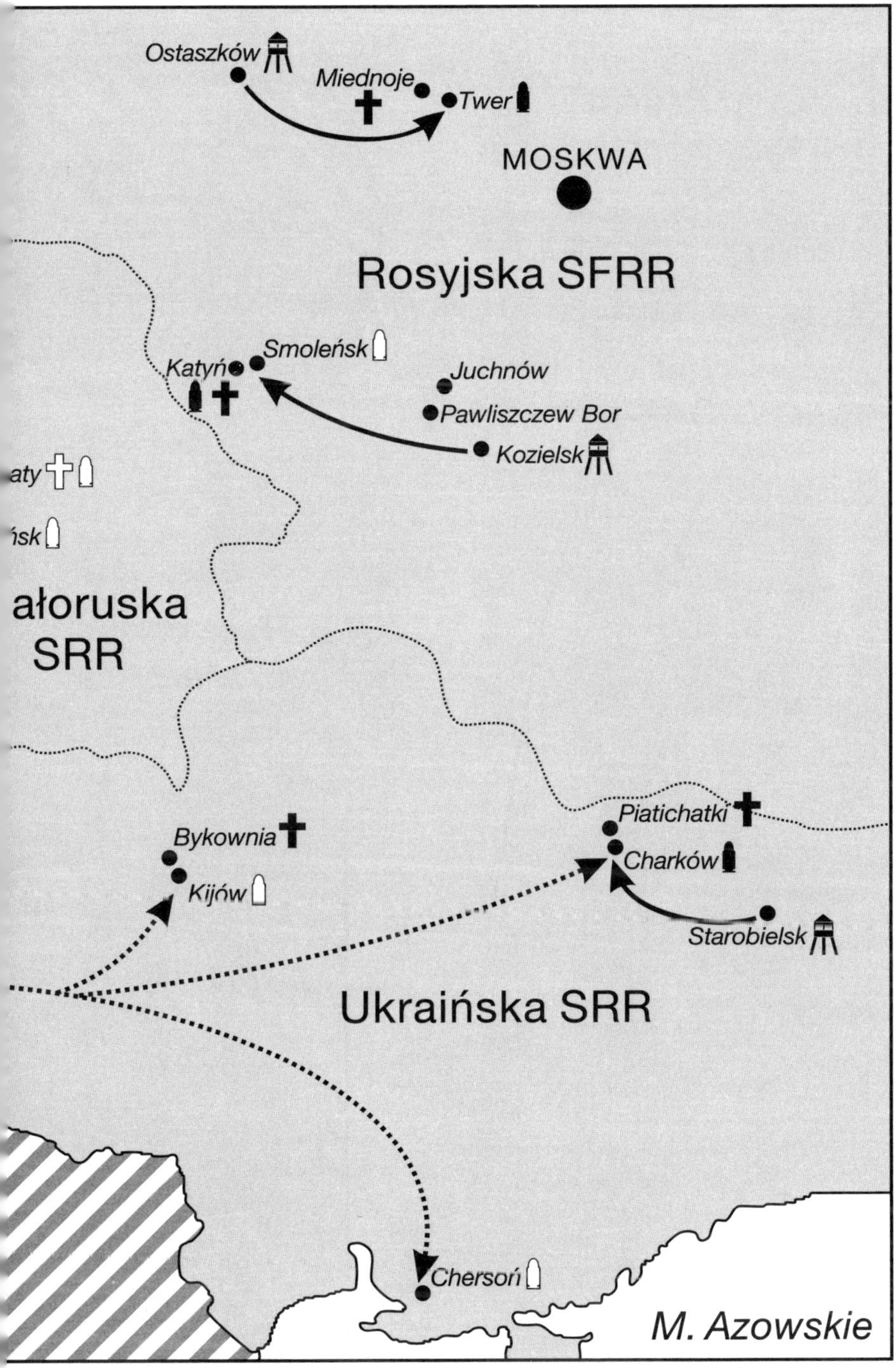

Ostaszków
Miednoje
Twer
MOSKWA
Rosyjska SFRR
Smoleńsk
Katyń
Juchnów
Pawliszczew Bor
Kozielsk
aty
ńsk
ałoruska
SRR
Bykownia
Kijów
Piatichatki
Charków
Starobielsk
Ukraińska SRR
Chersoń
M. Azowskie

INDEKS NAZWISK